이야기
프랑스사

이야기 프랑스사

보급판 1쇄 인쇄 · 2020. 8. 15.
보급판 1쇄 발행 · 2020. 9. 1.

지은이 · 윤선자
발행인 · 이상용 이성훈
발행처 · 청아출판사
출판등록 · 1979. 11. 13. 제9-84호
주소 · 경기도 파주시 회동길 363-15
대표전화 · 031-955-6031 팩시밀리 · 031-955-6036
E - mail · chungabook@naver.com

ISBN 978-89-368-1169-3 04900
       978-89-368-1158-7 04900 (세트)

* 값은 뒤표지에 있습니다.
* 잘못된 책은 구입한 서점에서 바꾸어 드립니다.
* 이 책에 대한 문의사항은 이메일을 통해 주십시오.

The History of France

이야기
프랑스사

|골 지방의 선사시대부터 20세기 프랑스까지|

윤선자 지음

청아출판사

머리말

프랑스는 지도상에서 서유럽의 중앙에 자리 잡고 있다. 그런 만큼 프랑스의 역사는 이탈리아와 영국, 오스트리아와 독일 등 서유럽 국가와 지속적인 관계를 가지면서 형성되고 발전되어 왔다. 프랑스의 역사 여행을 하다보면 이들 나라의 역사적 발자취도 어렴풋이나마 파악할 수 있는 것은 그 때문이다. 또 프랑스의 역사는 여러 국가와의 다양한 관계 속에서 형성된 역사인지라 그만큼 역동적이고 흥미진진하다.

오늘날 프랑스는 '문화 대국'을 자처하며 새로운 도약을 시도하고 있다. 이러한 시도가 세계와 역사의 중심이 미국과 중국으로 이동해가고 있는 현재, 얼마나 유효할 수 있을지는 두고 볼 일이다. 그러나 이제까지 프랑스의 역사가 세계사의 큰 흐름을 형성해왔음은 분명한 사실이다. 그런 점에서 프랑스 역사에 대한 이해는 프랑스 사회와 문화를 이해하기 위해서, 그리고 세계사의 큰 흐름을 파악하기 위해서도 필요한 일이다. 모름지기 그 나라의 사회와 문화, 관습을 이해하는 데 있어 가장 중요한 것은 그들의 역사를 살펴보는 것이다. 필자는 프랑스를 이해하고자 하는 사람들에게 많은 도움이 되기를 바라는 마음에서 이 책을 저술하였다.

이 책은 프랑스 역사를 가능하면 체계적으로 어느 한 분야에 치중하지 않고 역사의 다양한 모습을 모두 포함할 수 있도록 서술되었다. 독자들은 각 장에 소개된 사회, 경제, 정치, 종교, 사상과 문화 등을 통해 그 시대의 다양한 모습을 볼 수 있을 것이다. 역사는 부분이 아니라 전체이다. 전체의 모습을 볼 수 있을 때 그 사회와 문화에 대한 참다운 이해가 가능하다.

역사는 그 사회로 들어가기 위한 '길'이지만, 그 길은 분석적이고 지루한 길이 아니다. 흥미진진한 이야기를 들으면서 걸어가는 즐겁고 유쾌한 길이다. 아마《이야기 프랑스사》를 기획한 출판사의 의도도 여기에 있을 것이다. 그런 점에서 필자는 독자들이 프랑스 사회로 들어가기 위해 선택한 긴 역사 여행이 지겹고 따분한 길이 되지 않도록 최선을 다하였다. 독자들 역시 좀 더 많은 관심과 애정을 가지고 그 길에 들어선다면 흥미 있는 역사 여행이 되리라고 믿는다.

윤선자

차례

2 중세의 형성

3 중세의 발전

1
켈트족과 로마인

켈트족과 로마인

프랑스에서는 구석기 시대 사람들이 처음 살기 시작한 이래 신석기 시대에 프랑스인의 직접적인 선조들이 뿌리 내렸다. 이후 철기 시대 골인이라고 불리는 켈트족이 이주해서 선주민의 문화와 융합하였다. 이렇게 형성된 문화를 켈트 문화라고 부른다. 그리고 당시의 패권 국가였던 로마 제국의 지배 아래 골 지방은 갈리아라는 속주로 로마에 편입되어 독특한 갈로-로마 문명을 형성하였다.

골 지방의 선사 시대

석기 시대(기원전 180만~1800년)

프랑스 지역에 사람이 처음으로 살기 시작한 시기는 기원전 180만 년에서 기원전 1만 년 전인 구석기 시대부터였다. 당시의 구석기인은 주로 채집과 수렵을 하며 동굴에서 생활했고, 기원전 60만 년부터는 불을 사용했던 것으로 보인다. 구석기인 중에서 가장 최근에 알려진 인종은 도르도뉴 강 유역에서 흔적이 발견된 크로마뇽인이다. 발견된 크로마뇽인의 뼈는 남자 3명, 여자 1명, 아기 1명인데, 이들 뼈는 현대 유럽인종과 비슷한 모습이다. 이 시대의 대표적인 유물인 라스코Lascault 동굴 벽화도 이들에 의해 그려진 것이다.

스페인의 알타미라 동굴 벽화와 함께 후기 구석기 시대의 대표적인 미술품으로 알려진 라스코 동굴 벽화는 기원전 3만 5000년에서 기원전 1만 년 사이에 그려졌을 것으로 추정된다. 그것은 1940년 도르도뉴 현의 몽티냑 마을에서 장난삼아 중세 시대의 비밀 통로를 찾던 네 명의 소년들에 의해 발견되었다. 소년들은 비밀 통로 대신 라스코 동굴의 벽화를 발견한 뒤 교장선생님께 알렸고, 교장선생님은 잘 아는 고고학자에게 연락했다. 이로써 후기 구석기인의 위대한 작품이 세상에 모습을 드러내게 되었다.

동굴 속에는 길이 1~5미터의 그림 수백 개가 그려져 있었는데 주로 사슴과 소, 들소, 말 등이었다. 당시 구석기인들의 사냥감이었던 이 동물들은 매우 사실적이고 생동감 있게 그려져 있다. 현재 라스코 동굴은 벽화의 보존을 위해 폐쇄된 상태이고, 대신

부근에 원본과 똑같은 벽화를 그린 제2의 라스코 동굴을 만들어 일반인에게 개방하고 있다.

프랑스 구석기인의 또 다른 대표적인 유물은 레스퓌그Lespuque의 비너스 상이다. 크기가 14.6센티미터로 전체적인 모습은 다소 투박해 보인다. 유난히 커다랗게 표현된 배꼽과 풍만한 가슴, 생식기 등은 구석기인들의 다산 숭배 의식을 잘 보여준다.

레스퓌그의 비너스 구석기인의 다산 숭배 의식을 보여준다.

구석기 시대가 끝나갈 무렵이 되자 소빙하기가 끝나고 기후가 온화해지기 시작했다. 이때부터 신석기가 시작되는 기원전 5000년까지를 중석기 시대라고 한다. 중석기인들도 구석기인들처럼 수렵과 채집 위주의 생활을 하였지만 기원전 8000년경부터는 서서히 개와 양, 소 등을 사육하기 시작하였다. 로니의 소설《불의 전쟁》을 원작으로 한 장 자크 아노 감독의 영화〈불을 찾아서〉는 바로 이 시대를 배경으로 한 것이다. 영화를 보면, 구석기 시대부터 불을 사용하기는 했지만 불이 중석기인 전체에게 전해지기까지 수천 년의 세월이 필요했음을 알 수 있다.

중석기 시대가 지나고 기원전 5000년경부터 신석기 시대가 시작되었다. 신석기 시대에는 식물을 경작하고 정착생활을 하였다. 신석기 시대 경작과 정착이 인류 생활에 가져온 엄청난 변화 때문에 흔히 그것을 '신석기 혁명'이라고 부른다.

경작이 최초로 등장한 시기는 중석기 시대 말기였지만, 본격화된 것은 기원전 5000년경이다. 이때부터 한곳에 정착생활을 하면서 촌락이 형성되었고 경작한 곡물을 저장하기 위한 도자기도 제작됐다. 이 도

자기의 유형에 따라 프랑스의 신석기 문화는 두 가지로
분류된다. 하나는 조개껍질로 장식된 도자기를 사용한
카르디알Cardial 문화이고, 다른 하나는 소용돌이나
나선형 무늬의 도자기를 사용한 리본 문화이다.

카르디알 문화는 지중해 지역에서 전파되어
프랑스 남부 지방을 중심으로 발달하였다. 카르
디알 문화인들은 처음에는 채집과 동굴생활을 하
였지만, 양이나 점차 염소의 사육과 밀과 보리의 경작
을 병행하면서 촌락 생활로 들어갔다.

카르디알 문화의 도자
기

카르디알 문화가 지중해에서 유입된 것에 비해 리본 문화는
도나우 강 지역에서 전파되어 프랑스 동부의 엔과 이욘 지방을 중
심으로 발달하였다. 리본 문화인들은 신석기인답게 본격적인 농
경생활과 촌락생활을 하였다.

카르디알 문화와 리본 문화의 이동 경로는 이후 프랑스 문화
에 지대한 영향을 끼치게 될 문화의 두 가지 유입 경로가 이때부
터 형성되기 시작했음을 잘 보여준다. 그 중 하나는 그리스와 로
마 문화가 지중해를 거쳐 들어오는 경로이고, 다른 하나는 루마니
아와 우크라이나 지방의 문화가 도나우 강을 거쳐 들어오는 경로
이다. 이 두 가지 중 어느 쪽의 문화를 받아들였느냐에 따라 나중
에 프랑스 지방의 문화는 큰 차이를 보이게 된다.

도자기의 모양과는 상관없이 이 시대 대서양 연안 지역을 중
심으로 발달한 또 다른 신석기 문화가 있었는데, 그것이 바로 거
석 문화이다. 거석 문화의 대표적인 유적지는 카르나크와 메넥,
케르마리오 등이다.

마치 지구를 다녀간 외계인의 흔적처럼 여기저기 우뚝 솟아

있는 선돌과 고인돌, 열석(列石)에 대해서는 지금도 학자들 사이에 의견이 분분하다. 그 의미와 기능, 용도에 대한 오랜 연구에도 불구하고 정확한 답을 찾지 못하고 있는 것이다. 다만 추측할 수 있는 것은 거대한 기념비를 건축한 것으로 보아 그들 사회가 서열 사회였으며, 거석들의 형태가 세계 7대 불가사의 중 하나인 영국의 스톤헨지와 비슷한 점으로 보아 그 둘 사이에 어떤 관련이 있을 것이라는 점이다.

기원전 4000년경 지중해 이동 경로를 통해 또 다른 신석기 문화인 샤세Chassey 문화가 유입되어 프랑스 남부 지역에 자리를 잡았다. 이 샤세 문화는 기원전 3800년에서 기원전 2700년 사이 프랑스 전역으로 확산되었다. 이 시기에 프랑스 인구가 증가하고 농업이 더욱 발전하였으며 가축 사육도 본격화되었다.

청동기 시대 (기원전 1800~700년)

프랑스에서 금속을 다루는 제련술이 처음 출현한 시기는 신석기 시대 말기의 일이다. 원래 제련술은 기원전 6000년경 동방에서 최초로 사용되었는데, 그것이 4000여 년이라는 시간이 걸려 이 시대 프랑스에 전파된 것이다.

프랑스에 제련술을 전파한 집단은 캄파니포름족les Campaniformes 이다. 이들이 사용한 종 모양의 찻잔이 프랑스 전역에서 발굴되는 점으로 보아 당시 청동기 문화가 프랑스 전역에 고루 퍼져 있었음을 알 수 있다. 그러나 발전 정도는 지역마다 다양하였다.

청동기 시대 말기에 더욱 발달한 청동 문화를 보유한 유골단지 종족이 중부 유럽에서 프랑스 지역으로 이동해 들어왔다. 그들은 사람이 죽으면 화장을 하여 그 재를 마을 외곽에 있는 항아리에 매장하는 관습을 가지고 있어서 유골단지 종족으로 불린다. 당시 이러한 관습은 대서양과 지중해 연안을 제외한 전 프랑스 지역으로 확대되었다.

청동기 시대에는 제련술과 더불어 농업생산력이 크게 발달하여 잉여생산물이 증가하였다. 잉여생산물의 증가로 재산의 사유화가 가능하게 되어 사유재산제가 발달하였다. 사유재산제의 발달에 의해 계층 분화가 촉진된 결과, 전사계층을 중심으로 하는 지배계급과 농업생산에 종사하는 피지배계급이 형성되었다.

청동기 시대의 거대한 개인 무덤은 이러한 계층 분화와 강력한 지배계급의 존재

캄파니포름의 항아리

를 확인시켜 주는 증거이다. 그 대표적인 것이 이욘의 라 콜롱빈느에서 발견된 한 귀부인 무덤이다.

철기 시대 (기원전 700~50년)

최초로 철을 사용한 사람들은 기원전 1500년경 터키 고원 지대의 히타이트 왕국 사람들이었다. 히타이트 왕국이 기원전 1200년경 멸망하면서 그들의 철기 문화가 해상 민족인 페니키아인들에 의해 지중해 유역에 전파되었다.

프랑스에 철기 문화가 유입되는 경로 역시 앞에서 지적한 바 있는 '두 가지의 유입 경로'를 따랐다. 페니키아가 지중해에 전달한 철기 문화는 '지중해 경로'를 따라 프랑스 남부 지역에 전파되었다. 그 과정은 이후 마살리아의 건설과정에서 더욱 자세히 살펴보도록 하겠다. 반면 프랑스 내륙 지방의 철기 문화는 할슈타트인 Hallstatts에 의해 '중부 유럽 경로'를 따라 전파되었다.

할슈타트인은 기원전 700년경 중부 유럽을 거쳐 도나우 강을 통해 프랑스 내로 이주하였다. 프랑스로 이주하기 이전 그들의 대표적인 유적지는 오늘날 오스트리아의 북부 산악 지대에 위치한 '할슈타트 유적지'이다. 할슈타트란 '소금이 많이 나는 땅'이라는 뜻으로 당시에는 소금이 무엇보다 중요했기 때문에 할슈타트인들은 그곳이 험준한 산악 지대임에도 불구하고 터를 잡았던 것이다.

프랑스로 들어온 할슈타트인들은 토착세력인 유골단지 종족의 관습을 계승하면서 다른 한편으로는 독창적인 문화를 형성하였는데, '전차 무덤'이 그 좋은 예이다. 전차 무덤이란 죽은 사람과 함께 그가 생전에 사용하던 전차나 수레를 함께 매장한 무덤을 말한다.

프랑스의 대표적인 전차 무덤은 부르고뉴의 샤티용 쉬르 센느에 있는 빅스의 귀부인 무덤이다. 빅스의 귀부인 무덤에서 발굴된 유물은 현재 샤티옹 쉬르 센느에 있는 필랑드리에 박물관에 전시되어 있다. 그 중에서 가장 유명한 것은 높이가 164센티미터에 이르는 거대한 청동항아리인데, 영국이나 시칠리아에서 발견된 청동항아리와 놀랄 정도로 닮아 있다. 그것이 의미하는 것은 이 시대 할슈타트인이 프랑스 남부에 진출한 그리스인들과 활발하게 교류하였다는 사실이다.

프랑스 남부 지방의 철기 문화는 할슈타트 문화와는 별도로 발전하였다. 그것은 기원전 600년경 지금의 마르세유에 그리스 식민지인 마살리아_{Massalia}가 건설되면서 시작되었다.

마살리아는 페니키아어로 '식민지'라는 뜻인데 지형학적으로 처음부터 식민지가 될 운명이었다. 이 지역은 지중해의 상업적

요충지로서 예전부터 카르타고와 에트루리아, 그리스가 서로 차지하려고 욕심을 부리던 곳이었다. 그러나 이곳을 정복해 마살리아 식민지를 건설한 사람들은 소아시아의 그리스 식민지인 포카이아인들이었다. 마살리아 식민지 건설에는 다음과 같은 이야기가

빅스의 귀부인 무덤에서 출토된 청동항아리

전해지고 있다.

마살리아 지역에 최초로 발을 디딘 사람은 군인들이 아니라 포카이아의 평범한 청년들이었다. 그들은 이 지역의 풍경과 경제적 가치에 매료되어 고향으로 돌아가 자신들의 여행담을 사람들에게 이야기하였다. 그 이야기를 들은 사람 중에는 시모스와 프로타스도 끼어 있었다. 그들은 이야기를 듣고 사람들을 모아 그 지역으로 건너갔다. 그들은 그곳에 도착하여 세고브리쥬의 왕 나노스에게 식민지를 건설할 수 있는 땅을 달라고 요구하였다. 그런데 마침 그날은 공주의 결혼식 날이었다. 당시 관습에 의하면 결혼식 날에 공주가 물을 청한 사람이 그녀의 신랑이 되었는데, 공주가 프로타스에게 물을 청하였다. 프로타스는 관습대로 왕의 사위가 되었고, 식민지를 건설할 땅도 하사받아 순조롭게 마살리아를 건설하였다.

마살리아 식민지가 건설되면서 이곳에 철기 문화가 들어왔다. 이후 프랑스 남부 지방은 그리스와 로마의 영향을 본격적으로 받게 되어 그 흔적이 오늘날까지 남아 있다.

켈트 문화의 성립과 발전

골 지방의 새 주인, 켈트족

기원전 500년경 더욱 발달한 철기 문화를 소유한 켈트족이 대대적으로 프랑스로 이주하였다. 원래 켈트족은 독일 남부 지방에 살고 있던 인도유럽어족의 일파였다. 그들은 기원전 386년 북부 이

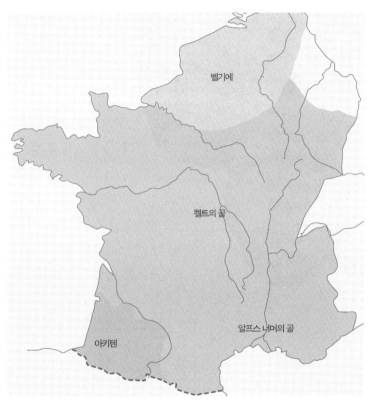

벨기에

켈트의 골

알프스 너머의 골

아키텐

탈리아로 들어가 로마를 약탈하기도 하였지만 점차 프랑스와 스페인 지역으로 이주해서 그곳에 정착하였다.

켈트족이 프랑스 내로 이주한 이유는 새로운 경작지를 찾기 위해서였거나 혹은 발트 해 연안의 점점 악화되는 기후 조건을 피하기 위해 남하한 게르만족의 압박 때문이었을 것이다.

프랑스 내로 이주한 켈트족은 토착민인 론 강 유역의 리구리아인과, 피레네 산맥 지역의 이베리아인을 동화시키면서 기원전 5세기에서 3세기 사이에 남부 지방을 제외한 프랑스 전 지역을 지배하였다. 켈트족이 지배하는 이 지역을 로마인들은 골Gaule 지방

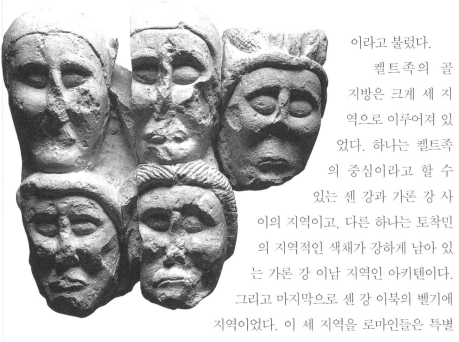

이라고 불렀다.

켈트족의 골 지방은 크게 세 지역으로 이루어져 있었다. 하나는 켈트족의 중심이라고 할 수 있는 센 강과 가론 강 사이의 지역이고, 다른 하나는 토착민의 지역적인 색채가 강하게 남아 있는 가론 강 이남 지역인 아키텐이다. 그리고 마지막으로 센 강 이북의 벨기에 지역이었다. 이 세 지역을 로마인들은 특별

골 사람들의 모습을 빚은 부조

히 '긴 머리의 골Gallia comata'이라고 불렀다. 그리고 이 '긴 머리의 골'과 비교해 켈트족이 거주하지 않고 로마의 영향을 많이 받는 프랑스 남부 지방을 '알프스 너머의 골Gaule transalpine'이라고 불렀다. '긴 머리의 골'과 '알프스 너머의 골'은 오늘날에는 프랑스라는 동일 국가로 묶여 있지만, 당시만 해도 전혀 다른 별개의 지역이었다.

켈트족의 정치와 사회

켈트족들은 자신들의 기록을 남기지 않았다. 그래서 그들의 정치와 사회, 문화에 관한 정보는 거의 그리스 · 라틴계의 문헌, 특히 율리우스 카이사르의《갈리아 전기》에 의지하고 있다.

카이사르에 의하면 골 지방은 72개의 민족과 400~500개의

부족, 그리고 수많은 씨족들로 이루어져 있었다. 각 민족들은 산이나 강의 자연적 경계로 구분되는 성읍 국가를 이루고 있었다. 이 성읍 국가는 다시 여러 개의 파구스pagus로 나누어졌는

골의 성벽 골 사람들의 주거지인 요새화 광장을 감싸고 있었던 성벽이다.

데, 이것이 한 부족이 거주하는 기본 단위였다. 부족들이 거주하는 파구스에서 오늘날 지방pays이라는 말이 파생하였다. 파구스의 이름은 대개 그 지역에 정착한 부족의 명칭과 동일하였는데, 그것이 이후 프랑스의 지역명으로 정착되는 경우가 많았다. 예를 들어 파리Paris는 당시 파리시Parisii 부족이 거주하던 파구스였다.

기원전 200년부터 성읍 국가의 중심부에 요새화 된 주거지, 즉 요새화 광장opidum이 형성되기 시작했다. 보통 90~160헥타르 넓이인 요새화 광장 주위에는 성과 '골의 성벽'이라 불리는 돌로 된 벽이 세워지고, 그 안에는 신전과 귀족 저택, 시장, 수공업자들의 작업장 등이 만들어졌다. 요새화 광장은 군사적 방어와 경제적 활동의 중심이었고 생활의 기본 터전이었다.

켈트족 사회는 왕chef-roi을 중심으로 귀족*과 예속민*으로 구성되어 있었다. 귀족들은 대토지를 소유하였을 뿐만 아니라 원로원이나 행정관vergobert직을 맡아 예속민을 지배하고 통치하였다. 켈트족의 정치 체제는 처음에는 왕정이었지만 점차 귀족정으로 바뀌면서 귀족들의 세력이 강력해졌다.

켈트족의 경제생활은 농경과 수렵, 목축이 중심이었다. 특히

* 귀족 : 기사, equites.
* 예속민 : 전사나 재산이 없는 자유민.

켈트인들은 우수한 농업 기술을 보유하였다. 그들은 바퀴와 보습 달린 쟁기, 큰 낫을 사용할 줄 알았고, 밀과 보리를 경작해 맥주를 만들 줄도 알았다. 그리고 말과 양도 사육하였는데 특히 양은 양모를 만들기 위해 많이 사육하였다. 양모는 발목까지 내려오는 바지와 망토와 같은 켈트족의 전통 복장을 만들기 위해 필수적인 것이었다. 켈트족들은 남프랑스와 교역을 활발하게 하여 화폐를 주조하기도 하였다.

숲 속의 희생 제의, 드루이드교

켈트족은 정치적으로는 성읍 국가와 파구스 등으로 분열되어 있었지만 종교적으로는 모두 드루이드교druidisme를 믿었다. 그런데 드루이드교에 관해서는 오늘날 알려진 것이 극히 적다. 그 이유는 카이사르가 《갈리아 전기》*에서 드루이드교에 관해 거의 언급하지 않았을 뿐만 아니라 드루이드들이 주로 구전을 통해 종교적 가르침을 전수하였기 때문이다. 다만 그들이 다신교를 신봉하면서 영혼불멸 사상이나 점성술, 의학, 마술에 많은 관심을 가지고 있었다는 것을 어느 정도 짐작할 수 있을 뿐이다.

켈트족의 종교적 일체성은 골 지방 전체의 드루이드들이 일년에 한 번 오를레앙 지방의 카르뉴트 숲에 모여 함께 제사를 지냈다는 사실에서 확인할 수 있다. 드루이드들은 신전을 특별히 따로 세우지 않고 영험하다고 믿는 숲 속이나 호수 부근에서 제사를 지냈다. 제사 의식에는 절단된 인간의 머리나 산 사람의 피가 사용되기도 하였다. 심지어 칼로 사람을 찔러 죽여 그가 느끼는 고통의 크기로 미래를 점쳤다고도 한다. 이런 야만적인 성격은 로마

* 《갈리아 전기》: 카이사르가 갈리아 원정 당시의 군사활동을 기록한 것. 갈리아 정복을 중심으로 게르마니아, 브리타니아 원정까지 언급하고 있으며, 객관적이고 간결한 서술로 당시의 역사를 읽을 수 있는 사료적 가치가 높은 책이다.

가 드루이드교를 배척한 요인 중 하나였다.

이외에도 드루이드들은 동짓날이 되면 참나무에 올라가 겨우살이를 채집하는 성스러운 임무를 담당하였고, 하짓날에는 불을 지펴 희생 제물을 바치는 의식도 거행하였다. 겨우살이란 활엽수에 붙어 사는 기생 식물인데, 당시 겨울에 채집한 겨우살이는 만병통치약으로 통하는 성스러운 식물이었다.

켈트족의 이러한 관행은 오늘날에도 남아 있다. 현재의 프랑스인들은 정월 초하루가 되면 겨우살이를 따기 위해 나무에 오르기도 하고, 하지(夏至) 성 요한 축일에는 광장에 화톳불을 피우기도 한다. 이처럼 종교의식 행위가 오랜 세월 동안 유지되는 것을 보면 인류의 종교적 관행은 정치나 경제 제도에 비해 참으로 끈질긴 생명력을 가지고 있음을 알 수 있다.

드루이드들은 종교적 권리 외에도 군장의 선출이나 정치적 분쟁을 해결하는 등 정치적 권리도 행사하였다. 또한 그들은 귀족들의 교육을 담당하는 등 켈트 사회의 지도층 역할을 하였다. 드루이드들은 나중에 골 지방이 로마의 속주로 편입되었을 때 가장 강력한 저항세력이 되었다.

골 지방의 그리스 식민지, 마살리아

프랑스 남부 지방, 즉 '알프스 너머의 골'은 '긴 머리의 골'과는 매우 다른 독자적인 길을 걷고 있었다. 이 지역은 이미 기원전 600년경 마살리아가 건설되면서 그리스와 로마의 지중해 문화의 영향을 강하게 받았다. 오늘날 프로방스 지방의 특징인 지중해식 문화는 이때부터 비롯된 것이다. 예를 들어 전통 축제인 니스 카니발의 '꽃 싸움'은 그리스의 신 데메테르와 아도니스, 페르세포네를 숭배하기 위한 축제에서 유래한다. 이외에도 이 시대에 지중해성 작물인 올리브와 포도가 유입되어 재배되었고, 멀리 페르시아의 장미가 그리스를 거쳐 들어왔다.

　마살리아에 포도 재배가 확산되면서 자연스럽게 포도주가 주요 수출품이 되었다. 또한 포도주를 담기 위한 도자기도 함께 발달하였다. 이후 마살리아는 주요 상업 요충지로서 토산품인 포도주와 도자기뿐만 아니라 동부 지중해의 포도주와 올리브유, 도자기와 내륙 지방의 주석을 중개무역하면서 더욱 성장하였다. 그 밖에도 꾸준히 영토를 확장한 마살리아는 아비뇽과 카바이용을 지배하였고 골의 남부 지방, 특히 론 강을 중심으로 자체의 식민지를 개척하여 앙티폴리스*, 니카이아* 등을 건설하였다.

　마살리아와의 교역을 통해 인근 지역의 토착민인 켈트-리구리아족과 켈트-이베리아족도 문화적·상업적으로 발달하였다.

* 앙티폴리스 : 지금의 앙티브.
* 니카이아 : 지금의 니스.

그러나 그러한 접촉이 반드시 평화적인 것만은 아니어서 마살리아의 영토 팽창과 식민지 건설은 토착민과 빈번한 마찰을 일으켰다. 마살리아는 그때마다 로마에 지원을 요청하였는데, 이 요청이 로마가 골 지방에 진출하게 된 직접적인 계기가 되었다.

로마의 진출과 갈로-로마 문명의 형성

로마의 침입과 켈트족의 저항

켈트족이 프랑스 지역에 정착한 기원전 5세기에서 기원전 3세기 사이에 로마는 이탈리아 반도를 통일하였다. 이탈리아 반도를 통일한 로마는 점차 골 지방으로 세력을 뻗치기 시작하였다. 골 지방과 로마의 관계는 처음에는 경제적 관계였지만 포에니 전쟁을 계기로 정치적 관계로 확대되었다.

기원전 218년 제2차 포에니 전쟁에서 한니발은 스페인과 골의 남부 지방을 경유하여 알프스 산맥을 넘어 로마를 공격하였다. 이때 마살리아는 적극적으로 로마에 군사적 지원을 해주었다.

세 번에 걸친 포에니 전쟁을 승리로 이끈 로마는 스페인 지역에 두 개의 속주를 건설하였다. 이때부터 론 강의 서부 지역이 스페인 속주와 로마를 연결시키는 중간 통로로 중요해지기 시작하였고, 로마인들의 진출도 증가하였다.

론 강 지역에 가장 먼저 진출한 사람은 로마 상인들이었다. 그런데 그들의 진출은 토착민인 켈트-리구리아족과 잦은 마찰을 일으켰다. 켈트-리구리아족은 로마 상인들을 약탈하였을 뿐만 아

니라 주변 지역의 그리스 식민지까지 침략하였다. 결국 기원전 154년에는 그들이 마살리아의 식민지인 앙티브와 니스까지 공격하자 마살리아는 로마에 지원을 요청하였다. 그리고 로마는 이 요청을 계기로 본격적으로 프랑스 남부 지역으로 진출하였다.

로마는 로마 상인과 그리스 식민지를 보호한다는 명분으로 아콰에 섹스티에에 군사를 주둔시키고, 기원전 118년에는 골 지방에 식민지 나르본Narbonne을 건설하여 이탈리아와 이베리아를 연결하는 요충지로 삼았다. 그리고 이 나르본을 발판으로 프로방스 지방을 로마의 속주로 편입시켰다. '프로방스Provence'라는 명칭은 당시 로마인들이 알프스 너머 골 지방을 '속주a province'라고 부르는 데서 비롯되었다.

프로방스를 속주로 편입시키면서 로마인들의 이주가 더욱 활발해졌고 로마인의 토지 독점과 징세, 상업 활동도 증가하였다.

또 이 지역에 로마 문화가 급속도로 전파되었고 곳곳에 로마식 도시들이 건설되었다.

로마는 이 지역에 진출하면서 프로방스의 토착 귀족들을 배척하기보다는 흡수하는 정책을 사용하여 안정된 통치 기반을 마련하였다. 이런 안정된 통치 기반은 로마가 알프스 산맥 너머 '긴 머리의 골'로 진출하는데 많은 도움을 주었다.

하지만 로마가 골 지방으로 진출할 수 있는 직접적인 계기를 마련해 준 것은 켈트족 자신들이었다. 켈트족들이 라인 강 너머에 있는 호전적인 게르만족의 침입을 막기 위해 로마를 끌어들인 것이다.

기원전 58년, 스위스 지역에 거주하는 켈트족의 한 일파인 헬베트족이 게르만족의 위협을 받고 서쪽으로 이주하였다. 그런데 이 헬베트족이 이주하면서 에두엥족을 약탈하는 일이 발생하였다. 이에 에두엥족은 로마에 지원을 요청하였고, 당시 갈리아의 총독으로 있던 카이사르가 그 요청을 받아들여 게르만족을 라인 강 너머로 쫓아내었다. 이것이 화근이었다. 원래부터 골 지방에 야심을 가지고 있던 카이사르는 계속해서 기원전 57년에서 53년에 걸쳐 지금의 벨기에 지역과 아키텐 지역의 켈트족을 점령하였다.

기원전 52년, 로마에 대한 켈트족의 마지막 대항전이 있었다. 항전의 선두에 선 사람은 아르베른족의 귀족 베르킨게토릭스였다. 그는 로마의 진출로 인해 기득권을 빼앗긴 전통 귀족들과 드루이드를 규합한 후 골의 중서부 켈트족의 지원을 받아 로마를 총공격하였다. 켈트족의 총공세에 밀린 카이사르는 한때 제르고비 전투에서 패해 프로방스까지 퇴각하기도 하였다.

그러나 카이사르는 다시 반격하여 승기를 잡았다. 후퇴를 거듭하던 베르킨게토릭스는 알리스 생트 렌느의 교외에 위치한 알레지아에서 마지막 격전을 벌였다. 알레지아는 방어를 위한 천연의 요새였지만 카이사르의 조직적인 포위와 굶주림으로 인해 결국 두 달 만에 항복하였다.

항복한 베르킨게토릭스는 그 뒤 카이사르의 개선식에 강제로 끌려 다니다가 비참한 죽음을 맞이하였다. 하지만 베르킨게토릭스의 용감한 저항은 세월이 한참 흐른 뒤인 19세기 말에 프랑스의 민족적 상징으로 되살아났고, 그의 영웅적인 저항을 기리기 위해 알레지아에는 그의 거대한 조상이 세워졌다.

카이사르의 골 정복은 그 개인과 로마 역사 모두에 중요한 결과를 가져왔다. 개인적으로는 골 지방에서 나오는 막대한 재화를 기반으로 카이사르가 권력을 장악해 독재자가 될 수 있었으며, 역사적으로는 결국 카이사르의 독재로 인해 로마의 공화정이 몰락하고 제정이 시작되었기 때문이다.

베르킨게토릭스의 주화 당시 지배력 있는 귀족들은 자신의 얼굴이 새겨진 주화를 만들어서 영향력을 과시했다.

베르킨게토릭스의 패배에도 불구하고 켈트족들의 근거지가 완전히 소탕된 것은 아니었다. 간헐적인 저항이 계속 되다가 골 지방이 로마에 의해 완전히 합병된 것은 아우구스투스 때였다.

일반 서민으로 태어나 고대 로마의 황제가 된 아우구스투스는 기원전 28년에 아키텐의 켈트족을, 다시 기원전 16~기원전 14년 사이에는 알프스 산맥 지대에 남아 있던 켈트족을 완

카이사르의 발 아래 무기를 버리는 베르킨게토릭스

전히 토벌하여 골 정복을 완료하였다. 그는 골 정복을 기념하기 위해 피레네 산맥과 알프스 산맥에 전승기념비를 세웠다. 그는 계속해서 엘베 강 너머까지 로마 제국을 확대하려 하였으나 게르만족에 의해 저지당했다. 이로써 로마 제국은 라인 강을 북쪽 경계로 해서 게르만족과 대치하게 되었다.

켈트족은 아우구스투스에 의해 완전히 정복된 뒤에도 크고 작은 저항을 계속하였다. 아우구스투스의 뒤를 이어 로마를 통치하게 된 티베리우스 황제가 골 지방에 무거운 세금을 부과하자 서기 21년, 루아르 강 유역에 살던 켈트족들이 반란을 일으켰다. 그러나 엄밀하게 말하자면 이 반란은 로마화된 켈트족의 귀족들이 일으킨 것이었다. 반란은 실패로 돌아가고 주동자였던 율리우스 사크로비르는 자살하였다.

또 서기 68년경 켈트족은 로마의 네로 황제의 어지러운 통치를 틈타 반란을 일으켰다. 이 반란은 에두엥족의 지도자 마릭을 중심으로 한 농민 반란이었다. 이 반란 역시 로마 군대와 토착 귀

갈리아인 포로 로마군에 의해 포로가 된 갈리아인의 모습.

족들에 의해 진압되었다.

2년 뒤인 서기 70년에는 골의 총독 비텔리우스가 사망하자 켈트족의 일부 수장들이 라인 강 유역에서 반란을 일으키고 골 제국을 선포하였다. 하지만 다른 부족의 수장들이 동참을 거부하고 로마 황제에 대한 충성을 선언하자 반란은 실패로 돌아갔다. 켈트족의 긴 저항의 역사는 이 반란을 마지막으로 끝이 났다.

이 시대의 크고 작은 켈트족의 반란은 성공하지 못한 채 역사의 뒷길로 사라졌다가 2000여 년이 지나 현대의 문학에서 다시 되살아났다. 오늘날 프랑스의 유명한 만화 《골 사람 아스테릭스》는 바로 이 시대 로마군에 대한 켈트족의 저항을 배경으로 하고 있다. 그것은 모두 31권까지 간행되어, 프랑스인뿐만 아니라 세계 42개 언어로 번역될 만큼 세계인의 사랑을 받고 있다. 그 이유는 탁월한 그림 솜씨와 재미 때문이기도 하지만, 무엇보다 켈트족이 로마군을 통쾌하게 물리치는 장면이 주는 민족주의적인 정서 때문이기도 하다.

켈트족의 반란이 실패한 후 골 지방은 로마에 완전히 병합되어 2세기 말 게르만족의 위협이 시작될 때까지 약 1세기 동안 '팍스 로마나Pax Romana'의 번영을 함께 누렸다. 이 시대 골 지방에 형성된 문명을 갈로-로마 문명이라고 부른다.

로마의 골 지방 지배

로마는 베르킨게토릭스와의 전투에서 승리한 기원전 52년, 골 지방을 속주로 편입시켰고 카이사르를 갈리아 총독으로 파견하였다. 카이사르는 골 지방을 갈리아 벨기카, 갈리아 이베리카, 갈리아 셸티카로 삼등분하여 통치하였는데, 이는 뒤에 아우구스투스에 의해 재편된다.

기원전 22년에 아우구스투스는 황제가 관리하던 골의 속주 전체를 알프스 이남과 이북으로 분리하여 그 중에서 알프스 이남을 원로원에게 양도하였다. 그 뒤로 원로원이 관할하게 된 이 속주가 갈리아 나르보넨시스인데, 이곳에는 집정관이라고 불리는 총독이 파견되어 수도 나르본에 거주하며 통치하였다.

아우구스투스는 알프스 이북의 골 지방을 다시 세 지역으로 나누어 각각의 지역에 속주 집정관legatus Augusti propraetore이라고 불리는 총독을 파견하였다. 세 지역을 구분하는 선은 대체로 카이사르가 정했던 것을 따르고 있지만 반드시 똑같지는 않았다. 아우구스투스에 의해 나누어진 세 지역은 생트*를 수도로 하는 피레네 산맥과 루아르 강 사이 아퀴타니아(아키텐) 지역, 리옹을 수도로 하

* 생트 : 후에 생트의 지명은 차례로 푸아티에, 보르도라고 변경된다.

갈리아
벨기카

• 두로코르토룸
(랭스)

갈리아
루구두넨시스

율리오마구스
(앙제스)

■ 케사르두눔
(투르)

아우구스토두눔
(오툉)

리모눔 •
(푸아티에)

루구도눔
(리옹)

메디올라눔(생트) •

아퀴타니아

• 각 지역의 수도
■ 로마식 대도시

갈리아
나르보넨시스

• 부르디갈라
(보르도)

네마우수스(님)
■ 아렐라테(아를)

■ 나르본
(나르본)

는 루아르 강과 센 강 사이의 루구두넨시스(리요네즈), 랭스를 수
도로 하는 라인 강 유역의 벨기카(벨기에) 지역이었다. 이 중에서
골 지방 전체의 수도는 리옹이었다. 여기에서는 매년 8월 1일 각
지역에서 뽑힌 세 명의 대표자들이 모여 사법과 행정에 관해 회의
를 하거나 황제 알현을 위한 준비를 하였다.

　골 지방이 이렇게 재편성되는 과정에 곳곳에 로마식 도시가
건설되었다. 기원전 43년 루그두눔의 건설을 시작으로 해서 아우
구스토두눔, 율리오마구스, 케사로두눔* 등이 차례로 건설되었

* 이 도시들은 차례로
현재의 리옹, 앙제스, 투
르에 해당한다.

다. 이러한 도시 이름에는 아우구스투스와 율리우스, 카이사르 등 로마 정치가들의 이름이 반영되어 있는데, 이것은 그 도시들이 그들에 의해 건설되었음을 알려주는 것이다.

이렇게 건설된 도시들은 지방 행정부와 행정관에 의해 관리되었다. 지방 행정부를 구성하고 있는 관리들은 골 지방의 전통적인 지배계층인 데쿠리온 계층 ordo decurionum 이었다. 이들은 징세와 시장 감독, 공공사업, 치안 등을 주로 담당하였다. 데쿠리온 계층이 골의 전통 가문 출신이라는 점은 골의 전통 귀족들이 로마에 융합되어 로마화되었음을 보여주는 것이다. 골의 귀족들은 로마화되면서 자신들의 이름도 로마식으로 바꾸었는데, 카이사르와 아우구스투스, 가이우스 율리우스와 같은 이름을 많이 사용하였다.

골 지방에 주둔한 로마의 군인들

골의 각각의 지방 행정을 담당한 관리는 토착세력인 데쿠리온 계층이었지만 골 전체를 통치하고 관리한 사람은 로마에서 파견된 총독과 재정관이었다. 총독은 수도인 리옹에 거주하면서 속주의 평화를 유지하고 법의 집행을 관장하는 등 최고 통치자 역할을 하였다. 그리고 재정관은 세금을 산출하고 징수하는 역할을 담당하였다.

이외에도 현지에 주둔한 로마 군인들은 골을 통치하기 위한 기반이었다. 로마 군인들은 군사적 요지인 라인 강 일대의 국경 지역을 중심으로 주로 배치되었지만, 그 외에도 소수는 아르젠토라트와 골의 수도 리옹과 같은 후방에도 배치되어 치안을 담당하였다. 스트라스부르는 이때부터 로마군 주둔 도시로서 발달하기 시작하였다. 로마 군인들은 처음에는 골의 정복 전쟁에 동원되었지만 평화 시대가 되면서 점차 교량이나 도로의 건설 등과 같은 공공사업에도 참여하였다.

군인들의 공공사업 참여에서도 알 수 있듯이 로마의 골 통치는 강압적이기보다는 합리적이고 유화적이었다. 로마는 골의 토착 귀족들에게도 공직에 취임할 수 있는 권리와 원로원 대표 자격을 부여하였으며 속주의 전 자유민에게도 로마 시민권을 점차 확대하였다. 이러한 로마의 유화적인 통치 방식이야말로 갈로-로마 Gallo-Romain 문명이 번성할 수 있었던 진정한 기반이었다. 갈로-로마 문명이란 로마 속주였던 골 지방의 문화를 말한다.

도시와 농촌의 로마식 생활

갈로-로마 문명은 농촌보다 주로 도시를 중심으로 번성하였다. 골 지방의 도시들은 '영원한 도시' 로마를 모방하여 건설되었다.

도시의 면적은 평균 50~70헥타르 정도였고 인구는 5천 명에서 2만 명 수준이었다. 도시에는 상가와 공공건물, 개인 주거지와 기능공들을 위한 특수주거지, 선박 · 가구 · 포도주 · 기름 · 은세공 등의 각종 작업장이 세워졌다. 그리고 교역과 만남의 장소인 포럼forum과 공중목욕탕, 극장, 원형경기장 등도 건설되었다. 이러한 문화 시설로 보아 당시 골 지방의 도시인들은 상당한 정도의 문화와 여가 생활을 누리고 있었음을 알 수 있다.

갈로-로마 시대에 건설된 대부분의 도시들은 오늘날까지도

메종 카레 기원전 4세기경 완성된 대표적인 로마 유적이다. (위)

퐁 뒤 가르 역시 급속히 로마화된 유적 중의 하나이다. (아래)

그 명맥을 이어오고 있다. 예를 들어 앞에서 지적한 나르본과 리옹, 오툉, 앙제르 투르와 함께 좀 더 나중에 건설된 파리와 아를, 랭스, 님 등이 대표적이다.

　로마인들은 센 강 주변에 요새를 구축하고 건물을 세워 도시를 건설하였는데, 그것이 파리이다. 그들은 시테 섬 안에 하늘의 신 주피터 신과 티베리우스 황제를 기리는 신전을 세웠는데, 현재는 그 자리에 노트르담 성당이 세워져 있다. 그러나 아무래도 북부 프랑스보다는 남부 프랑스 도시에 로마의 흔적이 많이 남아 있다. 그 중 대표적인 도시가 알퐁스 도데의 희곡 〈아를의 여인〉으로 유명한 아를이다.

아를은 카이사르와 폼페이우스가 권력 싸움을 할 때 승자인 카이사르의 편을 든 이후부터 번창하였다. 아를의 대표적인 로마 유적은 기원전 2세기에 건설된 거대한 원형 경기장과 극장, 공중목욕탕 등이다. 이 외에도 님의 퐁 뒤 가르Pont du Gard와 메종 카레 Maison Carrée 도 이 시대의 대표적인 유적들이다.

이처럼 도시들이 급속히 로마화되는 반면 농촌에는 골의 전통이 강하게 남아 있었다. 갈로-로마 시기의 처음에는 더욱 그러했다. 농부들은 여전히 켈트어를 사용했고 골의 전통적인 복장을

농사 짓는 모습을 표현한 골 시대의 유물.

입고 있었다. 하지만 농촌이라고 하여 언제까지 변화를 거부할 수 만은 없었다. 차츰 농촌에 대규모의 넓은 전원과 별장이 세워지면서 로마적인 요소가 침투하기 시작하였다.

농촌의 전원은 평균 50헥타르 정도의 넓은 경작지와 지주가 거주하는 별장으로 구성되어 있었다. 전원 소유자인 지주들은 인근의 농부나 노예에게 경작을 맡기고 사냥과 오락을 즐겼다. 이때의 전원이 중세 장원과 다른 점은 장원이 자급자족을 위한 생산 체계였던 것에 비해 전원은 교역을 목적으로 한 생산을 하였다는 점이다.

갈로-로마의 종교

골과 로마의 종교적 융합 | 골과 로마의 문화적 융합을 가장 잘 보여주는 것 중의 하나가 종교이다. 로마는 골의 전통적 종교였던 드루이드교를 탄압한 것 외에는 다른 모든 토착 종교에 대해 관대하였다.

로마가 드루이드교를 탄압한 이유는 드루이드들이 로마에 대항한 반란의 주도 세력이었다는 점 외에도 종교 자체의 성격에도 원인이 있었다. 드루이드교는 인간을 희생 제물로 바치는 비밀스럽고 파괴적인 성격을 가지고 있었는데 로마는 그런 요소가 통치에 위험하다고 생각한 것이다.

로마가 골을 지배하게 되면서 로마의 황제 숭배의식과 다신교 사상이 유입되었다. 이렇게 유입된 로마 종교는 켈트족의 전통적 종교와 융합되었고, 심지어 로마인들이 배척한 드루이드교조차 황제 숭배의식과 결합하였다. 예를 들면 매년 8월 1일 황제를 숭배하기 위해 리옹의 '로마와 아우구스투스 제단'에서 열린 갈리아 대표자 회의는 원래 드루이드교에서 행하던 카르뉴트 숲에서의 의례를 모방한 것이었다. 또 8월 1일에 모임을 가진 이유는 그날이 아우구스투스의 생일이자 켈트족 신인 루구스Lugus의 축일이었기 때문이었다.

이 외에도 로마와 켈트족의 종교적 융합을 보여주는 사례는 많다. 티베리우스 황제 때에 파리의 사공 조합이 제작한 '사공들의 기둥'에는 네 명의 로마 신들이 나타난다. 그런데 그 신들의 모습에는 전통적인 켈트 신의 모습이 투영되어 있다. 에수스에는 나무꾼의 모습이, 타르보스 트리가라누스에는 세 마리의 새를 거느린 황소의 모습이, 스메르 트리오스에는 켈트족의 헤라클레스의 모습이, 케르누노스에는 풍요의 상징인 사슴뿔의 모습이 투영되어 있는 것이다. 사슴뿔은 과거 켈트족들이 신의 남성적인 힘과 풍요, 재생을 상징하기 위해 가장 많이 사용했던 것이다. 또한 로마가 정복 초기부터 다른 신들에 비해 특히 강조한 군신 에르쿠리우스에서도 그러한 경향을 확인할 수 있다. 여기에도 역시 골의 토착적인 요소들이 가미되었다. 그 결과 골족의 전통적인 사냥 복장에 골족의 목걸이를 걸고 긴 수염을 기른 '골족처럼 생긴 로마 신 에르쿠리우스'가 등장하였다.

로마가 숭배한 태양신의 모습 켈트족들이 힘을 상징하기 위해 사용한 뿔이 융합되어 있다. 이것은 로마와 켈트의 종교적인 융합을 보여주고 있다.

로마의 종교를 수용한 계층은 주로 귀족들이었다. 이에 반해 대다수의 농민들은 여전히 켈트의 전통적 신앙에 충실하였다. 이로 인해 농민을 이교도란 뜻으로 Paysan이라고 부르게 되었는데, 여기서 나중에 이교도paganus라는 말이 유래하게 되었다.

기독교의 전파 | 이 시대에 처음으로 기독교가 골 지방으로 전파되었다. 기독교는 1세기경 마살리아를 중심으로 세력을 넓혀가다가 2세기경에는 리옹으로 확대되었다.

　　기독교가 골 지방에 처음 전래될 당시에는 수많은 오리엔트 종교 중 하나에 불과했다. 하지만 기독교는 점점 로마 황제의 박해를 받기 시작하였다. 다른 종교에 비교적 관대했던 로마가 기독교를 박해한 이유는 무엇이었을까?

　　기독교도들은 로마의 전통적 다신교를 배척하고 자신들이 믿는 유일신인 하느님(야훼) 외의 어떤 신도 인정하지 않았다. 또한 우상을 섬기지 않는다는 교리를 들어 황제 숭배도 거부하였다. 여기에다 초기 기독교인들은 비너스와 주피터 같은 이교적 신들의 동상이나 신전을 쇠망치로 부수고 다녀 다른 종교 집단으로부터 많은 미움을 받았다. 그러자 기독교를 믿지 않는 사람들은 기독교인들이 사람 고기를 먹는다거나 근친상간을 한다는 등의 중상모략을 하기에 이르렀다.

　　이때가 기독교로서는 시련의 시기였다. 위로는 황제의 박해가 있었고, 아래로는 일반인들의 각종 중상모략이 있었다. 현재 기독교에서 성인으로 추앙되는 수많은 사람들은 이 시대에 기독교 신앙을 지키기 위해 순교한 사람들이다. 죽음과 박해를 무릅쓰고 신앙을 지키던 이 시대를 원시기독교 시대라고 한다.

라틴 문화의 보급

갈리아 정복을 위해 만든 군사적 도로를 통해 로마 상품과 종교만이 아니라 라틴 문화가 흘러들어왔다. 라틴 문화가 유입되면서 라틴어가 켈트어를 대신해 엘리트 집단의 학문 용어로 자리 잡았고, 라틴어를 가르치기 위한 학교가 마살리아와 오퉁, 랭스, 툴루즈, 보르도 등에 설립되었다. 그리고 귀족들은 전통적인 켈트족 이름 대신 율리우스나 아우구스투스 등과 같은 로마식 이름을 취하였다. 이처럼 갈로-로마 시대의 골 지방은 정치적으로뿐만 아니라 종교적, 문화적으로도 철저하게 라틴화되었다.

게르만족의 위협과 갈로-로마 지역의 개혁

게르만족의 위협

로마는 골 지방을 정복한 후 게르만족의 침략을 방지하기 위해 국경을 따라 방어선을 구축하였다. 이 방어선은 갈로-로마인과 게르만족을 나누는 경계선이기도 했지만 실제 그들은 이 경계선을 넘나들면서 활발한 상업적, 문화적, 인적 교류를 하였다.

방어선 주변에 살던 게르만족들은 발달한 로마 문화를 받아들였을 뿐만 아니라 심지어 국경을 넘어 갈로-로마 지역으로 이주하기도 했다. 이렇게 이주한 게르만족은 주로 군인이 되어 국경 경비를 담당했다. 게르만족의 이주는 처음에는 소규모로 이루어졌기 때문에 그다지 큰 문제가 되지 않았다. 그런데 3세기 이후부터 상황이 달라지기 시작했다. 이때부터 게르만족들의 이동이 집

단적이고 침략적인 형태를 띠기 시작하였
다.

　게르만족의 일파인 프랑크족
과 알라만족은 253년 이래 라인
강을 넘어 소규모 침략을 계속하
다가 결국 275년과 277년 사이
에 골 전체를 약탈하기에 이르
렀다. 이 침략으로 인해 수많은
도시가 황폐해졌고 대부분의 농촌
별장은 불에 탔다.

　이처럼 게르만족의 대규모 약탈이 가능했
던 이유는 로마가 그들의 침략에 대해 제대로 대응하지 못했기 때
문이었다. 당시 로마는 내부적으로 이미 와해되고 있어 외부의 침
략에 적절히 대응하기가 사실상 불가능했다. 로마가 게르만족을
물리치는데 실패를 거듭하자 골 출신 군인들이 직접 나서게 되었
다. 골의 장군 포스툼이 '골 제국'을 선포한 사건도 이런 배경 속
에서였다.

골 지방을 침략한 게
르만 전사의 모습이
그려진 바퀴.

　260년에 포스툼은 스스로 황제라 칭하고 골 제국의 성립을
선포하였다. 그러나 그가 간과한 점이 있었는데, 그것은 로마는
비록 와해되고 있었지만 완전히 힘을 잃은 것은 아니라는 사실이
었다. 포스툼의 제국 선포는 로마 황제에 대한 반란이었기 때문에
로마로서는 가만히 있을 수 없었고, 여기에 게르만족의 공격도 계
속되어 포스툼은 양쪽 모두를 물리쳐야 했다. 결국 274년 포스툼
의 제국은 아우렐리우스 황제에 의해 진압되었고, 골 지방은 다시
로마 제국에 병합되었다.

황제들의 개혁 정치

로마 제국 말기 디오클레티아누스와 콘스탄티누스 황제의 개혁에 의해 로마는 일시적으로 부흥의 조짐을 보였다. 그리고 이 두 황제의 개혁은 속주인 골 지방에도 영향을 주었다.

284년, 디오클레티아누스 황제는 골을 재조직하였고, 그의 개혁은 콘스탄티누스 황제에 의해 계승되었다. 골 재조직의 큰 특징은 골 지방을 북부와 남부로 분할 통치한 것이었다. 이렇게 골 지방을 양분함으로써 이후 프랑스 역사에서 북부 랑그도크과 남부 랑그도크의 문화적 차이가 더욱 심해지게 되었다.

그러나 황제들의 개혁 정치는 이전의 유화적인 정책에 비해 매우 강압적이었다. 그들은 골 도시의 상업을 통제하고 행정을 강화했으며, 부모의 직업을 자식에게 세습시킴으로써 경직된 사회를 만들었다.

그리고 332년부터는 농민의 이동의 자유를 제한하여, 그들의 신분을 토지에 예속된 세습 신분으로 만들어 버렸다. 이와 동시에 자유민들 역시 이민족의 약탈을 피해 자신을 보호해 줄 대토지 소유자 밑으로 들어가는 현상이 증가하였다. 자신을 보호하기 위해 스스로 예속 신분으로 전락한 것이다. 토지에 예속된 농민과 스스로 자유를 포기한 자유민, 이들이 바로 중세 농노의 조상들이다.

이러한 과정 속에서 자연스럽게 지방 대토지 소유자들의 영향력이 커지고 그들을 중심으로 경제·정치적 권력이 집중되면서 지방분권화가 촉진되었다. 중세의 정치적 특징인 지방분권화는 이민족의 침략 위협이 증가하는 상황에서 지방적 차원의 대응이 훨씬 효과적이었기 때문에 발생한 역사적 산물이었다.

황제들의 개혁 정치로 인해 갈로-로마 문명은 4세기 말까지 겨우 명맥을 유지하였다. 그러나 중세의 정치적 특징인 간헐적으로 이루어지던 게르만족의 이동이 5세기 초부터 집단적이고 침략적인 성격을 띠게 되자 개혁 정치는 실패하고 갈로-로마 문명은 와해되었다.

기독교의 공인과 발전

로마 황제들에게 극심한 박해를 받아오던 기독교는 313년 콘스탄티누스 황제의 밀라노 칙령에 의해 공인되었고, 380년에는 테오도시우스 황제에 의해 로마 제국의 국교로까지 승격되었다. 사실 기독교의 공인과 국교로의 승격은 로마 제국 말기 황제들의 개혁 정치와 밀접한 관련을 가지고 있다.

콘스탄티누스 황제가 기독교를 공인한 원인은 전쟁을 앞두고 십자가 환상을 보았기 때문이기도 하지만 보다 깊은 정치적 의도가 있었다. 그는 기독교를 공인함으로써 제국의 균형과 통일을 확립하고자 했던 것이다. 그리고 테오도시우스 황제가 모든 이교를 배척하고 기독교를 국교로 삼은 원인 역시 신앙의 통일을 통해 제국의 통일을 이루고자 했기 때문이었다. 기독교는 공인과 동시에 새로운 단계로 접어들었다. 교세의 확장과 함께 교회 조직도 확립되었다.

원시 기독교 시대의 교회는 장로를 중심으로 운영되는 작은 신앙 공동체였다. 그런데 점차 교세가 확장되자 교회 관리자의 권한이 도시와 주변 농촌의 행정 관리에까지 확대되었다. 이렇게 도시와 농촌의 행정적인 기능까지 담당한 교회 관리자를 주교라고 불렀고 그가 관할하는 지역을 주교관구라고 불렀다.

주교를 중심으로 교회 조직은 더욱 확대되고 체계화되었다. 우선 주교의 위에는 대주교가 있었다. 그는 주교관구보다 더 큰 대주교관구, 즉 골 지방의 수도에 해당하는 리옹과 랭스, 보르도, 나르본 등에 거주하였다. 대주교의 위에는 다시 수좌대주교(首座大主教)가 있었다. 그는 로마 제국의 대표적인 도시인 로마와 안티오크, 알렉산드리아에 거주하였다. 특히 이 중에서 로마 수좌대주교의 권위가 점점 강화되어 교황의 지위에 올랐다. 그리고 주교의 아래 사제들이 있어 주교관구 내의 각 교구들을 관리하였다.

이러한 교회 조직은 속주를 포함한 전 로마 제국으로 확대되었는데, 이때 형성된 교구 조직은 로마가 멸망한 후에도 계속 유지되어 중세 도시 형성에 구심점이 되었다.

한편으로 교회의 제도화가 진행되는 동안 다른 한편으로는 수도원이 등장하였다. 수도원이 처음으로 등장한 것은 3세기 말경 동방에서였지만, 골 지방에서는 360년에 생 마르탱에 의해 푸

니케아 공의회 325년 로마 황제 콘스탄디누스 1세가 소집한 니케아 공의회에서는 아리우스파를 이단으로 단죄하여 분열된 교회를 통일시키려고 하였다.

아티에 지방에 처음으로 수도원이 세워졌다. 생 마르탱은 이후 투르에도 수도원을 세워 노동과 공동생활을 중심으로 하는 신앙을 보급하였다.

이 시대에는 기독교 교리의 기본적인 토대가 마련하였다. 당시 교회는 여러 이단과 싸워가면서 전통적인 교리를 확립하고 종교적 통일성을 확립하기 위해 노력하였다.

아리우스파Arianism는 이러한 종교적 통일성에 가장 위협적인 종파였다. 아리우스파는 알렉산드리아의 주교 아리우스가 제창한 것으로 삼위일체설을 부인하고 예수의 신성을 인정하지 않았다. 아리우스파에 대항해 알렉산드리아의 주교 아타나시우스는 성부와 성자, 그리고 성령이 모두 동일하다는 삼위일체설을 주장하며 맞섰다. 이 두 주장은 당시 기독교 세계를 치열한 논쟁의 장으로 몰고 갔지만, 325년 니케아 종교회의와 381년 콘스탄티노플 종교회의에서 아타나시우스의 삼위일체설이 정통으로 채택되고 아리우스의 사상은 이단으로 규정되었다.

골 지방에서 아타나시우스의 교리를 확립하는데 기여한 사람은 푸아티에의 주교 생 일레르St. Hilaire였다. 그의 노력으로 대부분의 갈로-로마인들은 정통 아타나시우스파를 신봉하게 되었다. 반면 이단으로 규정된 아리우스파는 라인 강을 넘어 게르만족 사이에 전파되었다.

기독교는 라틴어 발전에도 많은 공헌을 하였다. 기독교의 모든 예배의식과 기도문, 신학 논쟁이 라틴어로 이루어졌다. 이 시기에 나온 라틴어판 성서는 16세기에 속어판 성서들이 나오기 전까지 희랍어를 제외하곤 유일한 성서였다. 그래서 성직자들은 예배를 거행하고 성서를 읽기 위해서 반드시 라틴어를 배워야 했다.

중세에 성직자들이 지식인 계층을 대표한 이유는 이러한 맥락에서이다.

이처럼 기독교와 라틴어는 밀접하게 결합하였다. 그 결과 라틴어와 라틴 문화는 기독교라는 '종교적 수로'를 통해 중세로 흘러들어왔고 중세 문화의 토대를 형성하는 데에도 커다란 기여를 하였다.

프랑스인이란 과연 누구인가

오늘날 프랑스를 구성하고 있는 프랑스인은 한국과 같은 단일민족이 아니다. 그들은 석기 시대 이래 여러 차례 민족 대이동을 거쳤고 또 수백 년에 걸친 로마의 지배를 받았다. 그 결과 프랑스는 다양한 인종과 민족이 혼합된 나라가 되었다.

최초에 프랑스 땅에 살면서 라스코 동굴벽화를 그렸던 구석기인들이 프랑스인의 직접적인 조상인지는 확실하지 않다. 왜냐하면 그들은 채집과 수렵을 위해 끊임없이 이동생활을 하였기 때문이다. 그러므로 프랑스인의 직접적인 조상은 정착생활이 시작된 신석기 시대 이후의 사람들로 보아야 할 것이다.

당시 알프스 산중에는 리구리아족이, 피레네 산중에는 이베리아족이 살고 있었다. 이들은 기원전 8세기경 철기 문화를 소유한 켈트족과 혼합되어 골 지방의 토착 문화를 형성하였다. 그러다가 기원전 52년부터는 로마의 지배를 받게 되어 로마 문화와 융합된 갈로-로마 문화를 건설하였다. 갈로-로마인은 3세기에 게르만족의 일파인 프랑크족의 침입을 받고 또 한 번 민족적으로 혼합되었다. 오늘날 프랑스라는 나라 이름은 이 프랑크족에서 유래된 것이다.

　　이처럼 프랑스인은 토착민인 리구리아족과 이베리아족에 켈트족, 로마인, 프랑크족이 혼합되어 형성된 민족이다. 여기에 오늘날에는 세계 여러 나라 특히 과거 프랑스의 식민 지배를 받았던 지역에서 수많은 이민자들이 유입되어 프랑스인의 구성은 더욱 복잡하고 다양해 졌다. 실로 프랑스는 유럽의 인종 용광로melting pot 라고 불러도 좋을 것이다.

2
중세의 형성

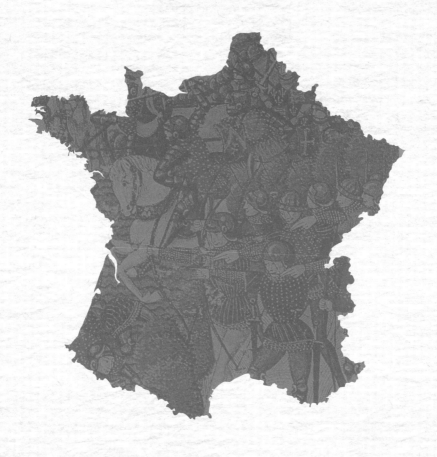

중세의 형성

라인 강의 게르만족에 의해 로마가 멸망하고 갈로-로마 문명도 와해되었다. 이 혼란기에 게르만족의 일파인 프랑크족이 골 지방에 새 왕국을 세웠는데 프랑스라는 국명은 여기에서 유래하였다. 프랑크 왕국은 메로빙거 왕조와 카롤링거 왕조를 거치면서 발전을 거듭해 샤를 대제에 이르러 대제국을 형성하여 유럽의 최강국이 되었다. 프랑크 왕국에서 기독교가 통치 이념으로 채택되면서 교회가 중세 유럽의 핵심적 세력으로 부상하였다.

게르만족의 침략

게르만 사회

라인 강 너머에는 단일 국가를 형성하진 않았지만 공통의 언어와 습관을 가진 수많은 부족들, 즉 동고트족과 서고트족, 색슨족, 튜튼족, 반달족, 프랑크족 등이 살고 있었다. 이들을 모두 합쳐 게르만족이라고 불렀다.

로마 제국의 정치가이며 역사가였던 타키투스의 저서 《게르마니아》에 의하면, 게르만족은 부족 사회를 이루고 주로 농경과 목축, 사냥을 하였다고 한다. 또 그들의 사회는 왕과 귀족, 자유민, 노예로 구성되어 있었고, 왕(수장)은 자유민들의 모임인 민회에서 선출되었다.

게르만 사회에는 종사제從士制, comitatus라고 하는 독특한 제도가

게르만족이 숭상한 신 오딘과 그 아래 게르만족의 배가 새겨져 있다. 오른쪽은 게르만족이 사용한 룬 문자와 사냥하는 모습을 새긴 것이다.

있었다. 종사제란 수장이 종사들에게 무기와 식량을 제공하면 종사들은 그 대가로 전쟁에 나가 수장을 위해 싸워주는 제도였다. 이 종사제로부터 중세 봉건제의 주요 특징인 주종 제도가 비롯되었다.

게르만족의 침략

서고트족 전사

5세기 이전 게르만족은 갈로-로마인들과 활발한 상업적·문화적 교류를 하였다. 심지어 국경을 넘어 로마 군대로 들어가 로마 군이 되기도 하였다. 게르만족의 약탈 행위가 전혀 없진 않았지만 5세기 이전까지 갈로-로마인과 게르만족의 관계는 평화적이었다.

그러나 4세기를 거쳐 5세기에 들어서자 상황이 바뀌기 시작했다. 이렇게 상황이 바뀐 이유는 중앙아시아에 살던 유목민인 훈족 때문이었다. 4세기경 훈족들이 갑자기 유럽을 향해 대규모 이동을 시작하였다. 그들의 압박을 받아 루마니아와 우크라이나 지역에 살던 동고트족이 국경을 넘어 갈로-로마 지역으로 침략해 들어왔다. 그러나 그것은 게르만족 대이동의 시작일 뿐이었다.

골 지방으로 공격해 들어온 민족은 동고트족만이 아니었다. 훈족의 압박을 받은 다른 게르만족들도 수차례에 걸쳐 침략하였다. 대표적으로 반달족과 동고트족, 쉬에브족이 5

세기 초 라인 강을 건너 골을 약탈한 후 스페인을 경유해 북아프리카로 건너갔다. 그리고 410~420년 사이에는 부르군트족과 서고트족이 침략해 들어왔고, 이 중 부르군트족은 알프스 이북에 서고트족은 보르도와 툴루즈 지역에 정착하였다. 또 451년에는 아틸라Attila 왕이 이끄는 훈족이 직접 쳐들어와 골을 약탈하였다.

당시 유럽인들에게 아틸라는 공포의 대상이었다.

"뚱뚱한 몸집, 안으로 굽은 다리, 검은 피부, 빳빳한 귀, 넓죽한 코, 위로 찢어진 눈, 곤두선 머리……."

이처럼 아틸라를 마치 고대 신화에 나오는 무서운 괴물이나 짐승처럼 묘사한 것만 보아도 당시 골 사람들이 그를 얼마나 무서워했는지 짐작할 수 있다.

훈족의 침입으로부터 파리를 지킨 쥬느비에브 생트 쥬느비에브는 아틸라로부터 파리를 지키는 기적을 행하였고, 기근으로부터 파리를 구하기도 했다. 사후 프랑스의 첫 왕인 클로비스 곁에 묻혔다.

공포의 대상이었던 아
틸라

그러나 무서운 아틸라도 파리의 수호신 생트 쥬느비에브_{Sainte Geneviéve}의 강인한 의지를 당할 순 없었다. 아틸라의 침략이 한창일 때, 그가 파리를 공격할 것이라는 소문이 돌았다. 그러자 파리 사람들은 싸울 엄두도 내지 못하고 피난 준비를 서둘렀다. 그때 신의 계시를 받은 생트 쥬느비에브가 나타나 파리를 끝까지 지키자고 호소하였다. 그녀의 열정적인 호소에 감동받은 사람들은 피난 준비를 멈추고 파리를 지키기로 결심하였다. 그러자 정말 기적이 일어났다. 아틸라가 공격 목표를 파리에서 오를레앙으로 바꾼 것이다.

이 사건을 계기로 생트 쥬느비에브는 파리의 수호신으로 숭배되었고 이후 생트 쥬느비에브 성당이 설립되었다. 오늘날 성당은 헐리고 그 자리에는 판테온이 대신 들어서 있다. 그러나 그 옆에는 생트 쥬느비에브 도서관이 아담하게 자리잡고 있어 그녀를 떠올리게 한다.

한편 오를레앙을 거쳐 파죽지세로 카탈로니 평야까지 쳐들어간 훈족은 451년 그곳에서 갈로-로마군에게 대패를 당했다. 갈로-로마군은 '최후의 로마인'이라고 불리는 명장 아에티우스의 지휘 아래 프랑크족과 힘을 합쳐 아틸라를 물리쳤다. 그가 무서운 훈족을 물리칠 수 있었던 이유는 과거에 훈족에게 볼모로 잡혀있을 때 훈족의 약점을 파악했기 때문이었다.

그러나 아에티우스에게 패한 아틸라는 다음해에 또다시 공격해왔고, 이번에는 승리를 거두었다. 이처럼 끈질긴 아틸라는 독일

의 유명한 설화 문학인 《니벨룽의 노래》에도 그 흔적이 남아 있다. 지그프리트의 아내였던 아름다운 크림힐트에 반해 그녀의 복수를 도와준 인물이 바로 아틸라이다.

로마 제국의 붕괴와 갈로-로마 문명의 와해

게르만족이 갈로-로마 지역을 침략하고 약탈하였지만 이것을 물리치기에 제국 말기의 로마는 너무나 무력하였다. 한때 유럽과 아시아, 아프리카를 제패했던 로마는 결국 476년 게르만족의 용병대장 오도아케르에 의해 붕괴되었다. 로마 제국이 무너지고 갈로-로마 문명이 와해되자 골 지방에는 게르만족의 여러 왕국들이 우후죽순처럼 들어서 새로운 시대를 열었다.

당시 게르만족들은 수천 명씩 몰려다니며 약탈을 자행하다가 정착하여 왕국을 건설하였다. 그런데 그 수천 명이라는 숫자는 토착민인 갈로-로마인의 수의 비하면 미미한 것이었다.

Theoderi aus.rex. Odoachar rex.

오도아케르와 동고트의 왕이 싸우는 모습이 그려진 사본 장식화

게르만족들은 이런 수적인 열세 때문에 갈로-로마인을 무조건 강압적으로 통치할 수만 없었다. 따라서 그들은 융화와 포용 정책을 병행하였다.

융화 정책의 일환으로 게르만족과 갈로-로마인의 통혼이 장려되었다. 게르만족들의 기독교 개종도 증가하였다. 특히 메로빙거 왕조를 세운 클로비스는 정통 아타나시우스파로 개종하였는데, 이로 인해 그는 갈로-로마 귀족들로부터 많은 지지를 얻을 수 있었다. 프랑크 제국의 대제는 자신을 기독교의 수호자로 자처하기도 하였다. 이처럼 게르만족들은 갈로-로마의 문화, 더 나아가 기독교와 로마의 문화를 배척하기보다는 계승하였다.

메로빙거 왕조

클로비스의 개종

로마 제국이 멸망한 476년에서 480년 사이 골 지방은 크게 세 지역으로 나누어져 있었다. 남부에는 바젤과 콘스탄츠에서 론 강변에 걸쳐 부르군트 왕국이 있었고, 피레네 산맥과 루아르 강, 그리고 프로방스 지방에는 서고트 왕국이 있었다. 이 두 지역을 지배하는 게르만족들은 로마 교회로부터 이단으로 지목된 아리우스파를 신봉하고 있어 갈로-로마 귀족들의 반감을 샀다. 마지막은 프랑스 북부 지역으로 이곳에는 여전히 로마 군대가 주둔하고 있었지만, 이들은 프랑크족과 알라만족의 지속적인 위협을 받고 있었다. 이곳은 곧 프랑크 왕국이 세워져 유럽의 중심지가 될 지역이었다.

프랑스 북부 지역에 주둔하고 있는 로마 군대를 몰아내고 프랑크 왕국을 건설한 인물은 클로비스(481~511년)였다. 그의 사후 그레고아르 드 투르 주교가 기록한 《프랑크족의 역사》에 의하면, 클로비스의 왕국 건설은 두 단계를 거쳐 완성되었다고 한다. 첫 번째는 클로비스가 486년 소아송에서 로마의 장군 시아그리우스를 물리치고 496년에는 톨비악에서 알라만족을 크게 이김으로써 메로빙거Merovingians 왕조를 창건한 단계이다. 그리고 두 번째는 507년 푸아티에에서 서고트 왕국을 분쇄하여 자신의 세력을 프랑스 남부로 확대한 단계이다.

이 두 시기 사이에 클로비스는 유럽 역사에 지대한 영향을 끼칠 일을 하였다. 기독교로, 그것도 게르만족 대부분이 신봉하는

세례 받는 클로비스

아리우스파가 아니라 아타나시우스파로 개종한 것이다. 클로비스는 496년 랭스 성당에서 세례를 받았는데 전해지는 말에 의하면, 그가 세례를 받을 때 하늘에서 성령을 의미하는 비둘기한 마리가 성유병을 입에 물고 나타났다고 한다. 이후 이 성유에 의한 도유식은 프랑스 왕들이 정통성과 권위를 확립하는데 중요한 근거가 되었다. 도유식이란 기독교에서 권위와 건강 등을 위해 행하는 종교 의식으로 몸에 기름을 바르는 행위이다.

클로비스가 아타나시우스파로 개종한 이유는 독실한 신자였던 그의 부인 클로틸트의 헌신적인 노력 때문이기도 했지만 클로비스 자신의 정략적인 고려도 중요하게 작용했다. 그는 개종함으로써 토착 귀족들만이 아니라 로마 교황의 후원까지 얻을 수 있을 것이라고 판단하였고, 그의 판단은 정확하게 들어맞았다. 결과적으로 그의 개종은 이후 중세 유럽이 기독교로 길을 걷는데 중요한 첫발이었다고 할 수 있다.

클로비스는 508년에 왕국의 수도를 파리로 정하고, 말년의 대부분을 파리에서 보내다가 거기에 묻혔다. 그의 사후 프랑크 왕국은 그의 아들들에 의해 계승되었다. 클로비스는 분할 상속의 관습에 따라 자신의 왕국을 4개로 분할하여 4명의 아들들에게 상속하였다. 프랑크 왕국을 물려받은 4명의 왕들은 532년과 534년 사

이 부르군트 왕국을 분쇄하고 곧이어 536년에는 프로방스 지방을
정복함으로써 프랑크 왕국을 골 지방 전체로 확대시켰다.

그러나 메로빙거 왕들은 넓은 프랑크 왕국을 효과적으로 지
배하지 못하였다. 클로비스가 죽은 뒤 300년간 메로빙거 왕조가
계속 유지되긴 했지만 극심한 왕위 쟁탈전과 왕실의 음모와 내분
이 끊이질 않았다.

게다가 프랑크의 관습인 분할상속제로 인해 왕국은 해를 거
듭할수록 분리와 분열을 계속했다. 그리하여 7세기경에는 프로방
스와 아키텐 지방이 메로빙거 왕국과 독립된 자율성을 획득하였
고 그 외의 지역도 세 개의 왕국으로 분열되었다. 동쪽의 솜 강에
서 루아르 강에 이르는 뇌스트리 왕국, 북쪽의 뫼즈 강과 모젤 강,

라인 강 계곡을 중심으로 형성된 오스트라지 왕국, 부르군트 왕가를 계승한 부르고뉴가 그것이다. 그리고 이렇게 분열된 지방을 근거지로 해서 강력한 지방 호족 세력들이 성장하고 있었다.

장원제와 봉건제의 맹아들

4~5세기 게르만족과 훈족의 침입에 의해 갈로-로마 시대의 도시 문명이나 상업망은 완전히 파괴되었다. 도시의 명맥은 주교들에 의해 근근이 유지되었고 귀족들은 혼란을 피해 농촌으로 생활 터전을 옮겼다.

대토지 소유자인 귀족들은 농촌에 대저택을 짓고 생활하였다. 그들이 한적한 농촌에 자리를 잡자 그들 주위로 사람들이 모여들었다. 즉 게르만족의 침략으로부터 신변을 보호하고 경작지를 얻기 위해 농민과 노예들이 모여든 것이다. 그들이 바로 중세의 농노들이다. 이때 농노들이 귀족의 땅에서 경작한 농산물은 갈로-로마 시대처럼 시장에 내다 판 것이 아니라 그 지역 안에서 자급자족적으로 소비되었다. 이 과정에서 자급자족적인 중세의 장원 경제가 형성되었다.

귀족들은 대토지 소유자였을 뿐만 아니라 군사적 힘을 가진 정치적 수장들이었다. 메로빙거 시대에는 전쟁이 끊임없이 계속되었기 때문에 군사적 수장의 역할이 매우 중요하였다. 따라서 사회는 그들을 중심으로 재편성되었다. 흔히 왕이나 호족에 해당하는 이들은 전쟁에 승리하기 위해 충직하고 용감한 전사들이 필요하였다. 따라서 그들은 전사를 모집해 전쟁에 나가 싸워주는 대가로 일정한 토지를 지급하였다. 이러한 관행은 게르만 사회의 종사

메로빙거 시대의 삶의
모습

제를 더욱 발전시킨 것으로, 중세 봉건 제도의 근간인 주종 제도
로 이어졌다. 이 과정을 거치는 동안 메로빙거 사회는 위로는 군
사적 수장에서 아래로 자유민 전사에 이르기까지 엄격한 위계질
서의 사회로 재편성되었다.

500년경에 기안된 살리크 법전Loi Salique은 이런 군사적이고 위
계적인 사회의 성격을 반영하는 법전으로 이후 프랑크족의 기본
법전이 되었다. 그것은 로마법 전통과는 달리 개인적인 복수와 금
전 보상, 신명재판에 근거를 두고 있다. 게다가 그것은 여성의 왕
위 계승을 금지하고 있어서 이후 왕위 계승 문제에 갈등의 소지로
남겨졌다.

메로빙거 시대의 삶의
모습

카롤링거 왕조

궁재의 성장과 카롤링거 왕조의 성립

메로빙거 왕조 말기에 왕실의 내분과 음모로 말미암아 왕은 거의
유명무실한 존재가 되고 궁재(宮宰)의 권력이 점점 강해졌다. 궁
재는 원래 왕 가까이에서 왕실의 살림을 관리하는 직책이었지만
왕이 미성년일 경우에 왕권을 대행하는 강력한 권한을 행사하기
도 하였다.

7세기 말 오스트라지의 수장인 페팽 가문이 궁재직을 대대로
세습하면서 그 세력이 더욱 강력해졌다. 당시 궁재의 힘은 왕을
위협할 정도가 되었다. 그러던 중 732년에 사라센이 푸아티에 지
방으로 침략해 들어오자 궁재 샤를 마르텔(688~741년)이 아키텐
공작의 요청을 받아 침략군을 물리쳐 자신의 세력을 과시하기도
하였다. 이렇게 궁재의 힘이 커지자 결국 751년 샤를 마르텔의 손
자인 꼬마 페팽(751~768년)이 메로빙거의 마지막 왕인 힐데리크
3세를 수도원에 유폐시키고 카롤링거 왕조를 창건하였다.

평소 메로빙거 왕조와 돈독한 관계를 유지했던 교황은 페팽
의 왕위 찬탈에 이의를 제기할 수도 있었지만 그렇게 하지 않았
다. 왜냐하면 때마침 동로마 황제와 성상금지 문제로 대립하고 있
던 교황은 막강한 후원세력이 필요했기 때문이다. 이러한 상황에
서 교황이 무력한 메로빙거 왕들보다는 강력한 신진세력인 카롤
링거 왕들을 선택한 것은 당연하였다.

성상금지 문제는 동로마 황제 레오 3세가 '우상을 섬기지 말
라'는 교리에 입각해 서로마 교회와 수도원에서 사용되고 있던

성상을 금지시키면서 발생하였다. 그러나 서로마 교회는 글자를 모르는 게르만족을 교화시키기 위해서는 반드시 성상이 필요했기 때문에 동로마 황제의 명령을 따를 수만은 없었다. 서로마 교황은 이 기회를 이용해 동로마 황제의 그늘에서 벗어나기로 결심하고 그 목적을 위해 자신의 힘이 되어 줄 카롤링거 왕조와 결합하였다. 사실상 성상금지 문제는 카롤링거 왕조와 교황의 정치적 결탁을 가져왔다는 점에서도 중요한 사건이지만, 그것을 계기로 서로마와 동로마가 종교적으로 결별함으로써 서로마에는 로마 가톨릭

푸아티에 전투 사라센의 침략을 막아내는 샤를 마르텔.

교가 동로마에는 그리스 정교가 확립되었다는 점에 있어서도 중요한 사건이었다.

교황이 카롤링거 왕조와 결탁한 데에는 또 다른 이유가 있었다. 당시 교황은 북이탈리아에 위치한 롬바르디아족의 위협을 받고 있어서 카롤링거 왕조의 도움을 빌어 그들을 물리치려 하였다. 이러한 이유들 때문에 754년 교황 스테파누스 2세는 생 드니 성당에서 페팽에게 직접 도유식을 해주어 그의 왕위 찬탈을 정당화시켜 주었다.

페팽은 자신의 왕위를 정당화시켜주고 거기에 신의 권위까지 부여해준 교황의 호의에 보답해 756년 롬바르디족을 쫓아내고 그 지역을 교황에게 기증하였다. 원래 그 지역은 동로마 황제의 땅이었지만 그에게 반환하지 않고 교황에게 줘버린 것이다. 이 지역은 이후 교황이 직접 주권을 행사하는 교황령으로 발전하였다.

샤를마뉴 대제

페팽의 아들인 샤를마뉴(768~781년) 대제는 건장한 체구와 긴 수염을 가진 정력적인 인물이었으며, 인품과 능력에 있어서도 탁월하였다. 그는 지칠 줄 모르는 정복 전쟁을 강행하여 프랑크 왕국의 영토를 확장했다. 그의 영토는 에스파냐와 브르타뉴를 제외하고 서쪽으로는 대서양, 북쪽으로는 북해 연안에 접했고 동쪽으로는 엘베 강과 보헤미아, 남쪽으로는 로마 이북의 이탈리아를 포함하는 실로 광대한 지역이었다.

프랑크 왕국의 확대는 가톨릭세력의 확대를 의미하기도 하였다. 왜냐하면 샤를마뉴는 자신의 정복 전쟁을 성전으로 선포하고 전쟁터에는 늘 성직자를 동행시켰으며, 정복과 동시에 그 지역을 주교 관구로 재편하였기 때문이다. 그리고 그 지역 사람들을 가톨릭으로 개종시키는 데에도 헌신적인 노력을 하였다.

샤를마뉴와 가톨릭의 결합은 800년 교황 레오 3세가 성 베드로 성당에서 샤를마뉴를 서로마 제국의 황제로 봉함으로써 더욱 공고해졌다. 이 사건을 계기로 서로마 제국은 다시 부활하였다. 그러나 서로마 제국의 황제라는 지위는 명예와 명분 이상의 의미는 없었다. 왜냐하면 그것이 샤를마뉴의 권력을 실제로 강화시켰다기보다는 통일된 서유럽 문명의 지배자라는 상징적 의미만 주었기 때문이다.

그러나 그 의미는 서유럽 역사에서 결코 가벼운 것이 아니었다. 이후 중세 유럽의 문명이 가톨릭과 게르만, 로마적 요소를 기반으로 하여 전개될 것임을 보여주는 사건이었기 때문이었다. 뿐만 아니라 황제라는 지위가 생김으로써 이후 중세의 정치 구도는 종교를 지배하는 교황과 세속 정치를 지배하는 황제라는 이중 구도로 전개되었다. 교황과 황제의 대립과 갈등은 중세 정치사의 중요한 특징이다.

샤를마뉴 대제는 광대한 영토를 효율적으로 지배하였다. 그는 수도를 파리에서 엑스 라 샤펠로 옮기고 지방을 300개의 주州, county로 나누었다. 각 주에는 주백州伯, count 또는 변경백(邊境伯)을 파견하여 치

샤를마뉴 대제의 대관식 장면

안과 사법, 군사를 관장하게 하였
다. 여기서 변경백이란 국경
지방에 파견된 주백을 특
별히 부르는 말이다.

주백과 변경백은 중앙
에서 파견되었음에도
불구하고 매우 독립적
인 세력이었다. 게다가
각 지방의 귀족이나 주
교의 권한 역시 막대하
여 샤를마뉴 대제의
의도대로 제국 전체

카롤링거 르네상스 궁
정학교와 수도원을 중
심으로 학문이 발전하
면서 카롤링거 르네상
스가 꽃피었다. 학생
과 교수를 그린 당시
의 그림.

를 자신이 직접 효율적으로 통치하는 데에는 한계가 있었다. 이런
문제를 해결하기 위하여 그는 각 지방에 두 명으로 구성된 순찰사
를 파견하여 주백을 감시하도록 하였다. 순찰사 중 한 명은 성직
자로 구성되었는데, 이를 통해 자신의 정복 전쟁을 성전으로 자부
하고 가톨릭 포교에 전념한 샤를마뉴 대제의 신앙심을 짐작할 수
있다.

샤를마뉴 대제는 영토의 통일만이 아니라 경제적 통일에도
주력하였다. 그는 도량형을 통일하고 은화를 주조하여 화폐단위
를 체계화하였다.

샤를마뉴 대제는 학문과 문예의 부흥에도 많은 관심을 가지
고 있었다. 그가 학문과 문예에 관심을 가지게 된 계기는 774년
로마 방문이었다. 전쟁을 통해 제국을 확대하고 가톨릭을 포교하
는데만 관심을 가졌던 그가 로마의 우수한 문화를 보고 깊은 감명

을 받은 것이다. 그 후 그는 학문과
문예를 부흥시키는데 특별한 노력
을 기울였다. 이를 위해 영국의 대
학자 알퀸Alcuin을 초청하여 조언을
얻기도 하였다.

샤를마뉴 대제는 우선 성직자
의 도덕적·지적 수준을 향상시키
기 위해 각 주교구와 수도원에 학교
를 설립하여 고전과 라틴어 문법,
논리학 등을 교육하도록 하였다. 또
한 일종의 아카데미의 성격을 가진
궁정학교를 세워 귀족 자제들의 교

책 장정 카롤링거 르
네상스 시기에 만들어
졌다.

육도 담당하게 하였다. 주로 수도원을 중심으로 고전작품의 필사
와 연구도 활발하게 진행되었다. 이런 적극적인 문예부흥정책 때
문이었을까? 죽기 직전 샤를마뉴 대제의 모습은 전사라기보다는
학자의 모습에 더 가까웠다고 한다.

16세기의 르네상스와 비교해 이 시기의 문예부흥을 '카롤링
거 르네상스Renaissance Carolingienne'라고 부른다. 비록 카롤링거 르네
상스가 극히 일부 지역에 한정되었고 노르만족의 침입에 의해 곧
단절되긴 했지만 이후 화려하게 부활한 중세 문화의 밑거름이 되
어주었다.

샤를마뉴 제국의 분열

프랑크 제국의 통일성은 샤를마뉴 대제의 개인적인 능력에 의지

한 바가 컸기 때문에 그가 죽자 제국은 서서히 분열하였다. 샤를 마뉴 대제의 아들을 거쳐 그의 손자들 시대에 이르러 제국은 완전히 분열되었다.

샤를마뉴의 아들인 루이 경건왕(814~840년)에게는 아들이 셋 있었다. 그들 중 장남 로타르Lothair는 황제의 칭호와 제국의 중부 지방을 물려받았고, 차남 페팽Pépin I은 아키텐을, 삼남 루이 독일왕Louis le Germanique는 바비에르를 상속받았다. 그 후 막내 샤를 대머리왕(840~877년)이 태어났다. 여기에 838년에 차남 페팽이 죽고 2년 후인 840년에 루이 경건왕이 죽으면서 상속문제가 복잡해지고 형제간에 반목이 싹텄다.

루이 경건왕이 죽자 막내 샤를과 삼남 루이가 스트라스부르에서 동맹을 맺고 큰형인 로타르에게 대항하였다. 그들은 엑스 라 샤펠로 진군해 843년 로타르와 베르덩 조약을 체결하였다. 이 조약에 의해 제국은 세 개로 분리되어 샤를 대머리왕은 서프랑크, 루이 독일왕은 동프랑크, 장남 로타르는 황제의 칭호와 함께 중부 프랑크를 차지하였다. 로타르의 영지에는 최근까지도 프랑스와 독일 사이의 분쟁의 요인이 된 로렌 지역이 포함되어 있는데, 이 로렌이라는 지역명도 바로 로타르란 이름에서 유래한 것이다.

루이 경건왕 왕은 권력을 상징하는 제관과 왕홀을, 성직자는 학문을 상징하는 서적을 들고 있다.

프랑크 제국의 분열은 여기서 끝나지 않았다. 장남 로타르가 죽자 서프랑크와 동프랑크는 북이탈리아를 제외한 중부 프랑크를 차지하기 위해 또다시

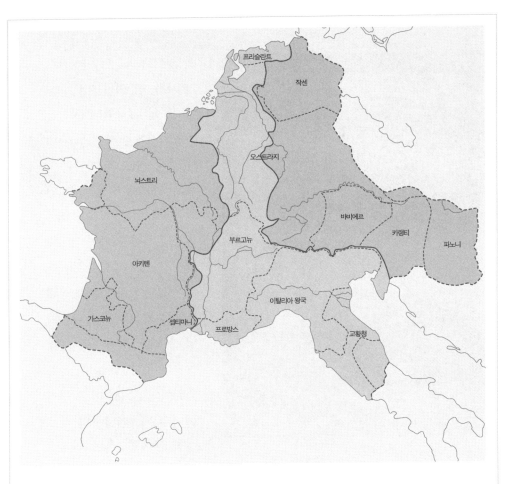

다투기 시작했다. 그 과정에서 오늘날의 프랑스와 독일, 이탈리아 세 나라의 윤곽이 드러나게 되었다. 다툼 중에 황제 칭호는 샤를 대머리왕이 잠시 가지기도 했지만, 이후 동프랑크의 루이 독일왕 아들인 샤를 뚱보왕Chales le Gros*에게 넘어감으로써 중세 내내 황제는 독일 지역에서 나오게 되었다.

왕자들의 대립과 갈등 때문에 제국의 분열이 가시화되긴 했지만 사실 제국의 분열은 내부적으로 필연적인 것이었다. '왕자들의 난'이 없었어도 제국의 분열과 지방분권화는 막을 수 없었

샤를마뉴 제국과 843 년의 분할

* 여기서 뚱보왕 혹은 대머리왕이라고 부르는 이유는 그 왕의 치세나 신체 특성 등을 이용한 설명이다. 유럽 왕들 중에는 루이, 앙리, 필립 등의 비슷한 이름이 많기 때문에, 루이 16세, 앙리 3세처럼 숫자로 구분하든가, 혹은 경건왕, 대머리왕 등과 같은 별명을 붙여 구분을 쉽게 하기도 한다.

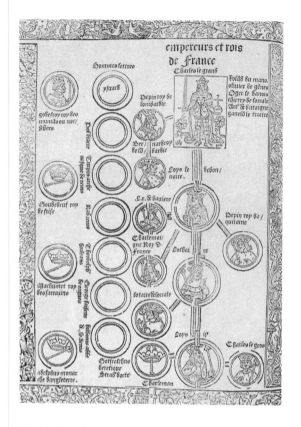

카롤링거 왕조의 계보를 그린 그림 오른쪽 위에 칼을 든 샤를마뉴 대제가 보인다.

을 것이다. 그 이유는 크게 세 가지 때문이다.

우선 제국의 통일성을 유지하기에는 그 영토가 너무 광대하였고 각 지역의 언어와 관습도 각양각색이었다. 일례로 842년 샤를 대머리왕과 루이 독일왕 사이에 맺어진 스트라스부르의 서약을 보면 샤를마뉴 제국 내의 언어가 얼마나 달랐는지 알 수 있다. 당시 샤를 대머리왕과 루이 독일왕은 각각 튜튼어와 로망스어로 맹세해야 했다. 왜냐하면 샤를 대머리왕이 튜튼어로 맹세

해야 루이 독일왕의 군사들이 알아들을 수 있었고, 반대로 루이 독일왕은 로망스어로 맹세해야 샤를 대머리왕의 군사들이 알아들을 수 있었기 때문이다. 이렇게 언어가 다르다는 사실은 그 두 지역이 하나라기보다는 별개의 다른 나라였음을 보여주는 것이다. 이후 튜튼어는 독일어로, 로망스어는 프랑스어로 발전하였다.

두 번째 원인은 은대지를 보유한 지방 영주들이 그들이 가진 토지와 권리를 세습시키면서 점점 독립적인 세력으로 성장하였다는 점이다. 원래 은대지는 샤를 마르텔과 페팽이 군사적인 충성을 얻기 위해 자신들을 따르는 전사들과 교회에 일시적으로 부여한

토지였다. 그런데 시간이 지나면서 지방 영주들은 그 토지를 세습시킬 뿐만 아니라 그 지역 내에서 국가 권력에 해당되는 재판권과 징세권을 행사함으로써 독립된 지방 권력으로 성장하였다.

세 번째 원인은 9세기부터 시작된 노르만족과 사라센족의 침입이었다. 이민족의 침입에 중앙 권력은 효과적으로 대응하지 못하였고 오히려 지방권력들이 훨씬 더 신속하고 효과적으로 그들을 격퇴하였다. 이런 상황에서 지역 주민들은 중앙권력보다는 지방권력에 더욱 의지하게 되었다. 그것을 계기로 지방권력은 지역 주민에 대한 통제를 점점 강화하였고, 그에 비례해 지방분권화도 촉진되었다. 이런 지방분권화야말로 진정한 중세의 시작이라고 할 수 있다.

카페 왕조의 성립

이민족의 침입

프랑크 제국의 분열을 더욱 필연적으로 만든 것은 마자르족이나 사라센족, 노르만족과 같은 이민족의 침입이었다.

몽골족의 일파인 마자르족은 9세기에 중앙아시아에서 독일과 이탈리아, 그리고 부르고뉴과 아키텐으로 침략해 들어와 그 일대를 약탈하였다. 그들의 약탈 행위는 10세기 중엽 독일왕 오토 1세의 공격을 받고 중지되었다. 이후 마자르족은 헝가리 지역으로 후퇴해 그 곳에 정착하였다. 이 사건을 계기로 기독교 세계의 구원자로 칭송받게 된 오토 1세는 독일과 이탈리아를 중심으로 신

성 로마 제국을 수립하게 되었다.

비슷한 시기인 8~9세기경 이슬람 세력인 사라센도 지중해로 진출하여 북아프리카와 스페인을 장악한 후 이탈리아 연안과 프로방스 지방을 약탈하였다. 그들의 침략으로 인해 지중해 무역은 완전히 붕괴되었다. 교역망이 붕괴되자 프랑스 사람들은 자급자족적인 자연경제에 의지할 수밖에 없게 되었고, 그 결과 프랑스 지역의 농촌화가 더욱 촉진되었다. 뿐만 아니라 스페인은 이때부터 16세기까지 약 800년간 이슬람의 지배를 받게 되었다. 그 결과 지금도 스페인 곳곳에는 이슬람 문화의 흔적들이 남아 있어 귀중한 관광 자원이 되고 있다.

마지막으로 9세기경 노르만족의 대대적인 침략이 있었다. 프랑스 사람들은 '북에서 온 사람들'이란 뜻으로 그들을 노르만족이라고 불렀는데, 스웨덴과 노르웨이, 덴마크를 근거지로 한 바이킹들이 바로 그들이다.

마자르족과 사라센족 이상으로 노르만족의 이동은 유럽사에 깊은 발자취를 남겼다. 우선 스웨덴계 바이킹들은 드네프르 강변에서 키예프 공국을 건설하여 러시아의 토대를 닦았다. 또 덴마크계 바이킹들은 노르망디 지방으로 침략해 들어가 911년 카롤링거 왕조로부터 그 지역을 하사받아 노르망디 공국을 건설하였다. 더 나아가 노르망디 공이었던 윌리엄 1세는 영국으로 건너가 1066년 웨섹스 왕조를 무너트리고 노르만 왕조를 창건하였다.

노르만족의 침입은 4~5세기의 혼란에서 벗어나 안정을 찾아가던 프랑스를 다시 한 번 철저하게 파괴하였다. 이런 침략과 파

영국-프랑스 해협을 건너 영국을 침략하는 노르망디 공 윌리엄 노르망디 공국은 바이킹에 의해 세워진 나라이다.

괴를 극복하는 과정에서 프랑스 봉건 사회의 윤곽이 점점 드러나게 되었다. 봉건 사회의 가장 중요한 성격은 지방분권화이다.

지방분권화의 촉진

노르만족의 침입은 프랑크 왕국에서 진행되어 왔던 지방분권화를 더욱 촉진시켰다. 지방 권력들은 독자적으로 이민족의 침략을 물리치고 그것을 기반으로 중앙권력의 지배를 받지 않는 독립적 영역을 구축하였다.

그 결과 베르덩 조약 이후의 분열이 더욱 가속화 되었다. 중부 프랑크는 프로방스 왕국과 부르고뉴 왕국, 로타르 왕국으로 분열되었고, 이후 로렌 지방이 될 로타르 왕국을 두고 동서 프랑크가 경쟁하였다. 독일 지역에 위치한 동프랑크는 신성 로마 제국이 되었다. 프랑스 지역에 자리 잡은 서프랑크에는 주백count을 중심으로 지방분권화가 가장 심하게 일어났다.

앞에서도 잠깐 언급했지만, 주백은 원래 샤를마뉴 대제 때 왕의 대리인으로 지방에 파견

12세기에 건립된 플랑드르 백이 살던 성

된 관리들이다. 하지만 점차 그 지위와 영토를 세습시키면서 유력한 봉건영주로 성장하였다. 그 과정에서 그들은 백작comte이라고 불렸고, 그들이 소유한 영지는 백작령이라고 불렸다. 몇 개의 백작령을 합한 대영주들도 나타났는데, 그들은 후작marquis 혹은 공작duc이라고 불렸다.

이 시기 프랑스는 여러 개의 백작령과 공작령으로 분할되어 있었다. 프랑스 동부에는 강력한 부르고뉴 왕국이 자리 잡고 있었다. 루아르 강 북부에는 플랑드르 공국이, 서부에는 로베르 르 포르 공국이 있었고, 이 두 개의 공국 사이에는 카롤링거 왕조가 노르만족에게 양도한 노르망디 공국이 있었다. 이런 지역을 다스리는 백작과 공작들은 상위 군주로서 왕을 섬기긴 했지만, 각자 자기의 영역을 다스리는 독립된 세력이었다.

카페 왕조의 성립

권력의 지방분권화가 진행되어감에 따라 왕권은 점차 유명무실해졌고, 결국 9세기 말부터 왕은 지방세력가와 주교들에 의해 선출되기에 이르렀다. 888년부터 987년까지 약 100년 동안 각 세력에서 왕들이 번갈아 선출되었는데, 그 중에서 카롤링거 가문을 제외하고는 로베르 가문에서 가장 많은 왕이 배출되었다.

로베르 가문은 센 강에서 루아르 강에 이르는 대부분의 백작령을 소유하고 있었고 투르의 생 마르탱 수도원과 파리 외곽의 생드니 수도원과 같은 대수도원을 관할하고 있었다. 이런 세력을 바탕으로 987년 랭스 대주교의 지원을 받아 로베르 가문의 위그 카페(987~996년)가 왕위에 오르면서 카페 왕조가 시작되었다. 그는 초기에 일어난 몇 번의 반란을 진압하면서 힘을 키운 뒤 996년 자신의 아들 로베르 경건왕(996~1031년)에게 왕위를 물려주었다. 즉 다른 세력가들에 의해 선출이 되던 지금까지와는 달리 왕위를 세습시키는데 성공하였다.

하지만 새롭게 출현한 카페 왕조의 초기 왕들은 무력하였다. 그들보다 강한 힘을 가진 지방 영주, 예를 들면 거의 황제가 될 뻔한 아키텐 공작인 '위대한 기욤'이나 1066년 영국을 정복한 노르망디 공인 '정복자 기욤' 같은 대공들에 비하면 카페 왕조의 왕들은 초라한 존재였다. 앙주 공이나 플랑드르 백작들도 카페 왕들보다는 강력한 권한을 가지고 있었다.

카페 왕들의 힘은 전국에 미치지 못했고 파리와 오를레앙, 일드 프랑스 지역에만 제한되었다. 그 외의 지역에서 왕은 상징적인 의미만 있을 뿐 실제적인 권력은 지방 영주들이 가지고 있었다. 그런 이유 때문에 왕은 자신의 권위를 보여주기 위해 끊임없이 돌아다녀야 했다. 중세에 왕의 입성식이 그토록 많았던 이유는 그 때문이었다. 왕의 권력을 뒷받침해 줄 수 있는 제도적 장치가 없는 상황에서 그의 존재를 눈으로 보여주는 것만이 왕의 권위를 유지하는 가장 확실한 방법이었다. 그러나 그런 식으로 왕의 권위를 유지하기에는 프랑스 영토가 너무 넓었다.

이처럼 왕의 권위가 상징적이었다고 해도 그 의미가 결코 사소한 것은 아니었다. 왕은 축성식을 받은 신성한 존재였고, 그로 인해 연주창을 치료하는 기적을 행할 수 있는 존재였다. 대관식 후에 거행된 연주창 치료는 왕의 신성한 권위를 보여주는 중요한 의식이었다. 그리고 왕은 봉건적 가신관계에서 누구에게도 충성 서약을 할 필요가 없는 최상위의 존재였다. 반면 영주들은 왕보다

강력한 힘을 갖고 있다고 해도 봉건적 관례에 따라 왕에게 충성서
약을 해야 했다. 이 서약이 불충분할 경우 종종 정치적 분쟁이 발
생하였다.

　마지막으로 카페 가의 왕들에게는 최소한 조상들로부터 물려
받은 영지인 파리와 오를레앙에서만큼은 누구도 넘보지 못할 확
실한 지배권을 가지고 있었다. 이후 카페 왕들은 이 파리와 오를

카페 왕조의 시작 987
년 국왕 선출 당시 아
셸랭의 주교가 위그
카페에게 라옹의 열쇠
를 주고 있다.

레앙을 중심으로 권력을 확대시켜 중앙집권적인 국가를 세울 수 있었다.

봉건 사회의 완성

봉건 사회로의 길

중세 유럽은 봉건 사회였고 특히 프랑스는 그 전형이었다. 봉건 사회의 근간을 이룬 제도는 봉건제였다. 중세 유럽의 봉건제는 일정한 의무를 수행하는 조건으로 봉토를 수여하는 주종관계를 말한다. 이 봉건제의 기원은 멀게는 종사제에서 찾을 수 있다. 켈트족의 종사제는 앞에서 확인한 바와 같이 메로빙거 왕조 시대에 더욱 발달된 형태로 시행되었다.

하지만 봉건제의 보다 직접적인 기원은 샤를 마르텔이 실시한 은대지beneficium 제도이다. 프랑크 왕국의 궁재였던 샤를 마르텔은 강력한 사라센을 격퇴하기 위해 보병 대신에 중무장한 기병이 필요했다. 그래서 그는 전사들을 모집한 뒤 그들이 절대적인 충성을 맹세하고 기병으로 종군하는 대가로 은대지를 수여하였다.

처음의 은대지는 그 토지의 소유권이 아니라 사용권만 부여한 것으로 세습이 허용되지 않았다. 9세기경부터는 그 토지가 점차 세습되기 시작하고 은대지라는 말 대신 봉토feudum라는 말로 불려지게 되었다. 샤를마뉴 사후의 지방분권적 경향과 노르만 침략으로 사회가 혼란해진 틈을 타 봉토는 점차 정치적으로 독립된 영지가 되어갔다. 그리고 그 봉토의 소유자는 왕의 기사이면서 동시에 영주가 되었다.

　사회의 극심한 혼란과 무정부 상태 속에서 농민들은 먼 곳에 있는 왕보다 가까운 곳에 있는 영주에게 더 의지하였다. 농민들은 이민족이 침입해오면 구릉이나 언덕 위에 튼튼하게 지어진 영주의 성으로 피신하였다. 이렇게 되자 영주들은 자신들의 보호 밑으로 들어온 농민들에게 점점 영향력을 강화하였고, 재판권이나 징세권과 같은 국가적인 권한도 행사하게 되었다. 그러면서 그들은 중앙의 군주와는 별개의 독립된 지방세력으로 성장해나갔다.

　봉건제는 루아르 강과 라인 강 사이에서 가장 발달하여 이후 남부 지방으로 확대되었다.

봉건 제도 봉건 영주들은 여유 있게 생활을 즐기고, 기사들은 영주들을 위해 전쟁을 치르고 장원을 지켰다.

삼신분 사회

봉건 사회가 어느 정도 확립된 11세기 초인 1030년경 라옹의 주교 아달베롱은 봉건 사회를 다음과 같이 묘사하였다.

> 우리가 하나라고 생각하는 신의 집은 세 개다. 어떤 이는 기도하고, 어떤 이는 싸우며, 또 다른 이는 일한다. 공존하고 있는 이 세 부분은 결코 헤어져서는 안 된다. 한 부분이 바치는 봉사가 다른 두 부분의 일을 위한 조건을 제공하는 것이다.

이것은 봉건 사회가 성직자와 기사, 농민의 세 신분으로 구성된 신분제 사회였음을 보여주는 구절이다. 뿐만 아니라 그 사회의 지배와 피지배관계를 신적인 권위로 정당화시키는 구절이기도 하다.

싸우는 사람 – 기사 | 기사란 말을 타고 전투에 참가하는 기병(騎兵)을 이르는 말로서 주종관계로 엮어진 중세의 지배계층을 총칭하는 말이다.

중세 유럽의 전투에서 말을 탄 기사들이 중요해진 이유는 전술의 변화 때문이었다. 원래 게르만 사회의 전사는 무기를 소지한 자유민으로 구성되어 있었는데 대개가 보병들이었다. 그러나 10세기경 전투 방식이 변하면서 보병보다는 기병이 중요해졌다. 왜냐하면 제련술의 발달로 갑옷이 발달하였고, 이에 전사들이 쇠갑옷이 점점 무거워지자 걷는 것보다는 말을 타고 이동하는 것이 훨씬 효율적이었기 때문이다. 이로 인해 11세기경에는 말을 타고 하는 마상 전투가 압도적으로 우세해졌다. 이런 전술의 변화로 인해

11세기 말부터는 말을 탄 기사들이 특권을 가지게 되었다.

기사가 되기 위해서는 두 가지 조건이 필요했다. 첫째는 말과 무기로 무장하기 위해 상당한 재력이 필요하였고, 둘째로는 말과 무기를 다루는 훈련을 하기 위한 충분한 여가 시간이 필요하였다. 당시에 이러한 요구 조건을 만족시킬 수 있는 집단은 상층 엘리트 집단뿐이었다. 그들이 봉건 사회의 군사적·경제적 특권을 소유한 지배집단이었다.

그러나 기사라고 해서 모두 똑같지는 않았다. 위로는 국왕으로부터 아래로는 평기사에 이르기까지, 그리고 성(城)을 소유한 기사에서 그렇지 못한 기사까지 위계에 있어서나 재력에 있어서나 매우 다양한 사람들을 포함하고 있었다.

좀더 구체적으로 살펴보면 기사의 위계는 국왕을 정점으로 하여 공작, 백작, 평기사의 순으로 이루어졌다. 공작이나 백작들

중세의 기사 무거운 갑옷으로 무장한 기사들은 말을 타고 이동했다.

은 성을 소유한 성주이자 대영주로서 사형이 가능한 상급재판권까지 행사하였다. 그들은 위로 상급 군주를 가졌다는 것만 다를 뿐 오늘날의 국가 권력과 동일한 위상을 가졌다. 반면 평기사들은 대체로 성을 소유하지 않고 자기 밑에 속한 기사, 즉 봉신이 없는 봉건 지배집단의 최하층을 구성하였다.

국왕과 공작, 백작, 평기사들은 봉토를 매개로 한 종사 제도에 의해 매우 단단히 결합되어 있었다. 봉토를 하사하는 사람을 주군, 봉토를 하사 받고 봉건적 의무를 수행하는 사람을 봉신이라고 한다. 좁은 의미에서의 봉건제란 봉토를 매개로 형성된 주군과

기사 서임식

이야기 프랑스사

봉신 사이의 보호-피보호 관계를 의미하고 이것이 바로 종사 제도이다.

주군이 봉신에게 봉토를 하사하면 봉신은 그 봉토에 대한 보답으로 주군에게 부조와 조언이라는 봉건적 의무를 수행해야했다. 부조란 돈이나 물건 등 물질적 재화를 지급하는 행위로, 부조에는 군사적 부조*와 재정적 부조* 등이 있었다. 또 조언이란 말로 도움을 주는 행위로, 조언의 의무에는 주군의 정치적 결정이나 사법적 회의에 참가하는 것 등이 포함되었다.

봉토에 의한 주군과 봉신의 실제적 관계는 신종서약homage과 충성선서와 같은 상징적 관계에 의해 강화되었다. 신종서약은 봉신이 무기를 소지하지 않은 채 모자를 벗고 무릎을 꿇고 앉아 두 손을 모아 주군의 손에 얹으면 주군이 그를 일으켜 세워 손에 입을 맞추는 의식이다. 그러한 행위는 둘 사이가 동등한 관계임을 보여주는 것이었다. 여기에 나중에 종교적 의례가 추가되었는데 그것이 충성선서이다.

충성선서 때는 성경이나 성스런 유물을 가져다 놓고 충성을 맹세하고 의무 이행을 선서하였다. 이러한 의식은 명예와 형식을 추구하던 당시 기사계급에게 중요한 의미를 가졌다.

주군과 봉신의 관계는 봉토를 매개로 한 개인적인 계약관계로서 한쪽이 의무를 지키지 않으면 해체될 수 있는 관계였다. 만약 봉신이 자신이 지켜야할 봉건적 의무를 수행하지 않을 경우 주군은 그의 봉토를 몰수할 수 있었으며, 봉신 역시 주군이 의무를 수행하지 않을 경우 복종 거부를 할 수 있었다.

이처럼 주군의 권력은 봉토의 하사에서 비롯되었지만 주군이 머무르는 성채 역시 권력의 상징이었다. 이 시대에 요새로서의 성

* 군사적 부조 : 주군의 군사적 원정이나 성채 수호.
* 재정적 부조 : 포로가 된 주군의 몸값, 주군의 십자군 원정 비용, 장남의 기사 서임시 무구 제공, 장녀의 결혼 지참금 제공.

카르카손의 성채 서고트족이 처음 세운 이래 시대마다 성이 만들어지고 증축을 거듭해 왔다.

은 침략에 대한 방어의 상징이기도 했지만 군사적 권력의 상징이기도 하였다.

　성채가 처음 세워지기 시작한 것은 카롤링거 왕조 때로, 이때는 주로 변경 지역에 세워졌다. 처음의 성은 왕의 권력을 상징하였고 성주는 왕의 대리인 자격으로 재판권과 조세권을 행사하였다. 그런데 지방분권 체제하에서는 성의 소유주인 영주가 그 스스로 막강한 권력을 행사하면서 성은 이제 왕의 권력이 아니라 영주의 권력을 상징하게 되었다. 이처럼 중세 시대의 성은 단순히 영주의 거주지 혹은 방어와 피신을 위한 대피소 외에도 그 지역 최고 권력의 상징이었다.

　10세기에 처음 나타난 성들은 흙으로 민든 인공 언덕 위에 목조탑을 세운 형태였다. 목조탑은 대개 두 개의 층으로 만들어졌는데, 1층은 식량을 저장하는 창고였고 2층은 사람의 거주공간이었다. 그리고 유사시에는 대피 장소로 사용되었다.

이렇게 목조로 만든 초기의 성들은 화재에 약했으며, 난방도 불가능했다.

10세기 말부터는 돌로 만든 석조 성채가 등장하기 시작해 12세기에는 일반화되었다. 석조 성채는 유사시에 주민들이 대피할 수 있는 넓은 마당과 성벽으로 둘러싸인 사각형의 주루로 만들어졌다. 대개 영주는 주루의 2층에서 가족과 하인, 기사단을 거느리고 생활하였다.

일하는 사람 — 농노 | 중세 프랑스 농민은 이민족의 침략을 피해 스스로 영주의 보호 아래에 들어간 사람들로, 신체의 자유가 없는 농노의 신분이었다. 그들은 고대의 노예와는 달리 일정한 토지를 가지고 가족을 거느릴 수 있었지만, 토지에 결박된 부자유한 신분으로 이동의 자유가 없었으며 영주에게 인두세를 바쳐야 했다. 또한 영주가 원하면 언제든지 전투에 보병으로 출정해야하고 성의 보초를 서야 했다.

이외에도 농노들은 영주에게 각종 공납의 의무를 졌다. 공납에는 주 3일을 영주 직영지에서 일해야 하는 부역과 혼인세 및 상속세 등이 포함되었다. 또 일부 지역에서는 초야권이라는 것이 있어 결혼을 한 신부는 첫날밤을 영주와 보내야 했다.

농노들의 삶의 터전은 장원이었다. 장원이란 봉건제가 정착되면서 영주가 다스리는 봉토 안에 형성된 자급자족이 가능한 경제생활의 기본 단위를 말한다. 장원의 구조는 영주나 그 관리인이 거주하는 장원청, 제분소와 제빵소, 창고 등과 같은 공동 시설물과 교회, 농가들 그리고 그 주변의 경작지와 공동 목장, 목초지 등으로 구성되어 있었다.

9월 포도수확 랭부르 형제가 그린 〈베리 공의 화려한 기도서〉 중 일부분이다.

장원의 주인인 영주는 자신의 장원에 거주하는 농민들에게 강력한 권한을 행사하였다. 그 중 가장 핵심적인 권한은 영주 재판권이었고 그 외에도 시설 독점 및 강제 사용권, 추적권 등이 포함되었다. 게다가 영주는 조세 징수권이나 화폐 주조권과 같은 국가 대권까지 행사하고 있었다. 그야말로 그가 지배하는 장원은 작은 국가라고 할 수 있을 정도였다.

하지만 영주의 권력이 무한정한 것은 아니었다. 농촌 사회에는 공동체적 관례라는 것이 있어 그것이 영주의 자의적 권력 행사를 막아주었다. 공동체적 관례는 공동체 생활을 하는 과정에서 자연발생적으로 생긴 것으로 공동체 성원은 누구나 준수하였고, 영주라도 될 수 있으면 그 관례를 어기지 않으려 하였다.

이처럼 중세 프랑스 농민들은 철저하게 공동체 생활을 하였다. 농사를 지을 때도 개방경작지에서 공동으로 경작하였고 방앗간이나 대장간, 포도 압착기, 제빵기와 같은 장비도 공동으로 사용하였다. 이삭을 주울 권리인 낙수권(落穗勸)이나 가축을 놓아기를 권리인 방목권(放牧勸)과 같은 공동체적 권리는 그들의 생존을 보조해주는 중요한 수단이었다.

이처럼 농촌 공동체는 농민들의 생존에 직접적인 영향을 끼치고 있었기 때문에 중세 농민들은 촌락 공동체를 벗어나서는 생존이 불가능하였다. 당시에 가장 가혹한 처벌 중의 하나가 '마을 추방'이었다고 하니 그 중요성을 짐작할 정도다. 물론 이런 공동체적인 삶이 한편으로는 그들의 창의력이나 자발성을 억압하는 측면도 없진 않았지만, 위에서 살펴본 것처럼 그들의 삶을 지탱해주는 중요한 기반이었다.

기도하는 사람 – 성직자 | 중세 프랑스에서 교회는 특별한 위치를 차지하고 있었다. 교회는 자체 교회법을 가지고 독자적인 재판권을 행사했을 뿐만 아니라 광대한 영지를 가진 대토지 소유자였다. 또한 그 토지에서 나오는 지대와 교구의 '십분의 일세'까지 거두어들임으로써 막강한 재력을 보유하였다. 그리고 칠성사(七聖事)*를 관장하여 일반인들의 일상생활을 하나하나 통제하였다. 이처럼 교회가 출생과 결혼, 사망 등을 통제했기 때문에 일반인들은 교회를 통하지 않고는 태어날 수도 죽을 수도 없을 정도였다. 이 외에도 교회는 학문과 문화, 사회 자선사업을 관할하였다. 교회의 이런 다양한 활동은 광범위하고 체계적인 교회의 조직망을 통해 이루어졌다.

중세 교회조직은 교황을 정점으로 추기경과 대주교, 주교, 교구사제로 구성되어 있었다. 교황은 추기경 회의를 통해 선출되었

* 칠성사 : 신의 은총이라는 교회의 많은 성사들 가운데 특히 세례, 견진, 성체, 고해, 종부(병자), 혼인, 신품 등 일곱 가지 성사를 말한다.

고 추기경은 주교 중에서 교황이 임명하였다. 그리고 주교는 성당 참사회에서 선출되어 그들에 의해 보좌되었다. 이들 고위성직자들은 대개 귀족 가문 출신들이었지만, 교구 사제와 같은 하위 성직자들은 일반 농민이나 농노 출신들이 많았다.

교황 5세기부터 로마 주교를 교황이라고 부르기 시작해 11세기 그레고리우스 7세 때부터 그 명칭이 보편적으로 사용되었다. 로마 주교가 '베드로의 후계자'라는 특별한 권위를 인정받아 교회의 최고 지도자로 자리 잡게 된 것이다.

중세 초기의 교황들은 카롤링거 왕조와의 관계를 강화하여 이교도를 물리치고 교황령을 확보하였으며 서로마 제국을 다시 부활시켰다. 그들의 열정적인 노력에 의해 가톨릭은 중세 유럽을 다스리는 지배적인 이념으로 성장할 수 있었다.

주교 로마 제국 말기에 확립된 주교관구제는 민족 대이동의 혼란기를 겪으면서도 계속 유지되었다. 주교들은 혼란기에 해체된 로마의 행정 기능을 대신해 불입권을 행사하면서 교구를 다스리고 주민을 보호하였다. 그 과정에서.주교는 모든 성직자와 속인의 정신적인 지배자로 성장할 수 있었다. 이후에도 주교는 교구 내의 사제들을 지배하고 교회 재산을 관리하고 십분의 일세를 징수하는 등의 강력한 권한을 행사하였다.

참사회원 성당 참사회란 교구 내에서 모(母)성당을 중심으로 엄격한 규율의 지배를 받으며 공동생활을 했던 준 성직자 집단을 말한다. 그들은 주로 주교를 보좌하는 일과 성직자 집단을 교육시키

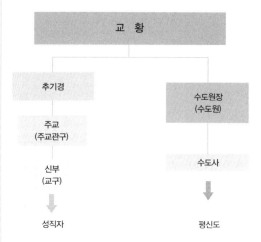

교회의 조직

는 일, 제단 의식을 보좌하는 일, 주위의 농촌 사제들을 감독하는 일 등을 담당하였다. 그들은 교구 내에서 주교와는 별도로 대토지를 소유하였고 교회와 시의 행정에 이르기까지 영향력을 확대하였다. 그들은 주교를 보좌하는 과정에서 종종 주교와 크고 작은 마찰을 빚기도 하였다.

신부 신부는 한 교구의 교회를 관리하면서 농민들의 가장 가까이에서 그들의 신앙생활을 지도해주는 사제이다. 대부분의 신부들은 농민이나 농노 등 하층 계급 출신이었다. 당시에는 영주가 교회 수입을 확보하기 위해 농노의 아들을 해방시켜 자기 교구의 신부로 만드는 경우가 흔하였다. 따라서 신부들의 지위와 생활, 지적 수준은 농민들과 다를 게 거의 없었다.

수도사 수도사는 특정 수도원에 소속되어 그 수도원의 계율에 따라 자신의 종교적 구원과 수양에 전념하는 사람들이다. 여기서 주의할 것은 주교와 신부가 성직자, 사제의 신분인 것에 비해 수도사들은 평신도의 신분이라는 것이다. 이런 점에서 수도원 제도는 성직자 제도와는 별개의 독립된 제도라고 할 수 있다. 단 그들이 교황에 절대적 충성을 맹세한다는 점에 있어 교황에 예속된 제도라고는 할 수 있다.

수도원 프랑스에 처음으로 수도원을 세운 사람은 4세기경 생 마르탱이었다. 이후 6세기 초 생 모르Saint Maur에 의해 프로방스 해안 지대에 베네딕트 수도원의 계율이 보급된 이래 수도원 제도가 더욱 발달하였다.

프랑스의 왕실 수도원인 생 드니Saint Denis 수도원도 이 시기에 세워졌다. 627년 메로빙거 왕조의 다고베르트 1세가 파리의 초대 주교였던 드니의 묘소 위에 수도원을 세웠는데 그것이 생 드니 수도원이다. 13세기 루이 성왕 때 프랑스 역대 왕들의 유해가 안치되면서 왕실수도원으로 격상되었다.

수도원은 세속인들에게 상당히 인기가 있어 부자들은 누구나

교황 우르바누스 2세
클뤼니 수도원을 찾은 모습을 그림으로 그렸다.

노년에 수도원에 들어가 그곳에서 말년을 보내고 또 그곳에 묻히길 원하였다. 그리고 아들이 여럿일 경우 전투에 소질이 없는 아들 하나쯤은 수도원에 보내고 싶어했다. 그러한 과정에서 수도원은 세속 권력가들로부터 많은 토지를 기증받아 교회 못지않은 대토지 소유자가 되었다.

교회의 세속화

중세 초에 대부분의 고위 성직자와 수도원장들은 대토지를 소유한 영주들이었다. 따라서 성직자와 세속 영주와의 구분이 모호했고 실제 성직자의 삶도 세속 영주의 삶과 다를 바가 없었다. 이것이 중세 초 교회의 세속화 현상이며 이후 교황과 수도원의 개혁운동의 주요한 계기가 되었다.

중세 초 혼란기에 농민들이 신변을 보호하기 위해 스스로 권력가의 보호 아래로 들어갔듯이, 교회도 역시 그 혼란기에 생존을 위해 세속 권력과 결탁하였다. 클로비스의 세례식과 페팽의 도유식, 샤를마뉴 대제의 대관식 등은 모두 그러한 사례들이다.

그 결과 가톨릭은 급격히 성장할 수 있었다. 교회는 신의 이름으로 왕조를 정당화해주고 왕국의 안녕을 위해 기도해주었고, 세속 군주들은 그 대가로 이교도의 침략으로부터 교회를 지켜주고 십일조 제도를 확립시켜 교회의 수입을 보장해 주었다. 뿐만 아니라 교회의 영지에 불입권, 즉 국왕의 간섭을 받지 않을 권리를 주어 독립성도 보장해주었다.

그러나 교회가 세속권력과 결탁함으로써 점차 세속의 지배를
받게 되었고, 스스로 세속화되었다. 세속 군주들이 주교나 수도원
장에 대한 임명권을 행사하고 교회 재산도 마음대로 사용하였다.
신앙심 없는 샤를 마르텔이 그의 일족이나 가신들에게 마음대로
성직을 부여한 것이 대표적 사례라고 할 수 있다. 이런 상태가 되
자 종교적 소명감이 없는 사람들이 성직에 임명되기 예사였고, 그
들은 세속인과 똑같이 행동하며 온갖 부정부패를 저질렀다.

그러나 이 시대의 교회와 수도원이 부정적인 측면만 갖고 있
었던 것은 아니다. 그들은 로마의 학문과 문화를 보호하고 계승하
는데 중요한 역할을 하였다. 수도사들과 성직자들은 수많은 고대

서적을 보전하였으며 라틴어를 계승 발전시켰다. 또한 그들은 성물을 정교하게 만들기 위해 이교도의 기술을 응용하였다. 그들의 수사본 장식 기술은 이후 중세의 예술이 탄생하는데 중요한 기반을 마련해 주었다.

교회는 음악의 발달에도 기여하였다. 영국 수도원과 로마의 그레고리오 성가가 카롤링거 왕조로 전해져 이전의 골족과 프랑크족의 거친 찬송가를 대체하였다. 이 성가는 이후 6세기에 교황 성 그레고리우스 1세에 의해 더욱 체계화되었다. 그레고리오 성가는 오늘날까지도 가톨릭 교회의 가장 중요한 전례음악 중 하나이다.

3
중세의 발전

중세의 발전

여러 가지 내부적 요인과 노르만족의 침입으로 제국은 분열되었고, 이러한 분열과 지방분권화 과정에서 중세 봉
건제 사회가 형성되었다. 강력한 지방 제후들에 비해 카페 왕조의 초기 왕들은 무능력하고 나약하였다. 그러나
필립 오귀스트와 필립 4세를 거치면서 왕권이 크게 신장되었다. 중세의 기독교도 수도원과 교황의 개혁으로 발
전하였으나, 이것이 십자군 전쟁으로 이어지면서 교황권의 약화 및 왕권의 강화를 가져왔다.

11세기의 경제 부흥

위대한 개간

9세기와 10세기에 걸친 이민족의 침입은 엄청난 사회적 혼란과 재앙을 가져왔다. 그런 재앙을 겪은 이 시대 사람들은 흔히 '천년의 공포'라고 하는 세기말적 공포에 빠져 있었다. 즉 그들은 예수가 탄생한지 천 년째인 1000년이나, 예수가 사망한지 천 년째인 1033년에 세상의 종말이 올 것이라는 믿음을 가지고 있었다. 물론 이런 믿음은 아무런 근거도 없는 허상임이 곧바로 드러났다. 오히려 11세기 중엽부터 유럽 사회는 점차 안정을 찾기 시작하고 경제도 발전하였다. 사회적 안정과 경제적 발전의 기반은 '위대한 개간'과 그로 인한 농업 생산력의 증대였다.

'위대한 개간'이란 이 시대에 있었던 농지의 확대와 농업기

위대한 개간 농업기술의 진보는 상업의 발달로 이어졌다.

술의 발달을 말한다. 11세기부터 산림이나 황무지, 소택지 등이 개간되면서 대서양 연안에 15만 헥타르의 농지가 새로 만들어졌다. 그리고 농업 기술도 진보하여 철제 농기구와 동물이 끄는 쟁기 등이 널리 사용되었다.

농지의 확대와 농기구의 발달로 인해 농업 생산량이 증가하고 잉여생산물이 생기게 되었다. 이러한 잉여생산물이 시장으로 흘러 들어가 교역을 활성화시키고 그러한 과정에서 중세 초기에 붕괴되었던 상업이 서서히 발달하기 시작하였다.

상업과 도시의 부활

상업의 발달은 농촌의 장시에서부터 시작되었다. 그 규모는 일정한 지역 안에서 잉여생산물을 교환하거나 판매하는 정도였다. 이처럼 일정한 각 지역내에 형성된 시장권을 국지적 시장권이라고 부른다. 그러나 이 시기의 상업 발달에 더욱 중요한 것은 원격지 무역이었다. 원격지 무역이란 지중해와 발트 해, 북해를 중심으로 번성한 국제무역을 말한다.

원격지 무역을 배경으로 샹파뉴가 크게 발달하였다. 샹파뉴는 지중해와 북해 무역의 중간 지대였을 뿐만 아니라 전 유럽의 상업적 교차로에 위치하고 있었다. 그런 이유로 샹파뉴에는 12세기부터 국제적인 규모의 정기시가 열려 북유럽의 모직물과 동방의 향료, 지중해의 포도주와 올리브유 등의 교역이 이루어졌다. 유럽 각지의 상인이 몰려들면서 대금 결제를 위한 환전 업무와 어음 발행 등 초보적인 금융업도 발전하였다.

샹파뉴는 대서양 항로가 개발되기 시작한 14세기까지 유럽의 중심적인 상업도시로서 번영을 누렸고, 이러한 번영은 카페 왕조의 왕권 강화에도 큰 기여를 하였다. 왜냐하면 샹파뉴 시에서 거둬들이는 막대한 세금이 카페 왕들의 재정을 풍부하게 해주었기 때문이다.

이 시대 샹파뉴만 번영한 것이 아니었다. 모직물 무역이 급격히 발달하면서 주요 모직물 산지인 플랑드르 지방의 도시들, 예를 들어 브뤼주와 겐트, 릴, 이프르, 두에 등이 발전하였다. 플랑드르 지방은 노르만족 침입 이래 플랑드르 백작의 지배하에 있다가 14세기 말부터 부르고뉴 공작의 지배를 받게 되었다. 플랑드르 지방의 번영은 14~15세기 프랑스 국왕을 능가하는 권세를 누렸던 부르고뉴 공이 성장하는 데 중요한 기반이 되었다. 오늘날 이 지역은 각각 분할되어 프랑스와 벨기에, 네덜란드에 편입되어 있다.

상업 발달로 인해 교통의 요지에 자리잡은 주교관구나 성채 주변에 상인들이 모여들면서 중세 도시가 형성되었다. 성채 주변에 몰려든 상인들은 주로 성채 밖에 주거지와 시장을 형성하고 밀집해 생활하였다. 이런 이유로 시민을 뜻하는 말로 '성 밖 사람들'이란 의미의 부르주아bourgeois라는 말이 생겨나게 되었다. 그러나 그들이 성 밖 사람들이라고 해서 말 그대로 도시 변두리인이라는 뜻은 아니다. 왜냐하면 상인들이 자신을 방어하기 위해 주변에 외성을 쌓기 시작하면서 점차 도시의 중심이 상인들이 모여 사는 거주지와 시장 쪽으로 이동하였기 때문이다.

시간이 지나면서 상인들 주변에는 수공업자와 그밖에 도시생활과 연관된 다양한 사람들이 모여들기 시작하였다. 이렇게 모인 상인과 수공업자를 중심으로 중세 도시의 시민계급이 형성되었다. 그리고 그들은 자신들의 이익을 보호하기 위해 각각 길드를

중세의 수공업자들

조직하였다.

상인 길드는 상행위에서 발생하는 손실을 상호 지원해주고 동료의 과부와 고아들을 돌보아주며, 회원 자녀들을 위해 학교를 운영하였다. 수공업 길드는 같은 직종끼리 조직되었기 때문에 동업조합이라고도 불렸다. 그들은 같은 업종에 대해 독점권을 행사하였고 생산과 판매에 있어서도 엄격히 통제했다. 수공업 길드에 가입할 수 있는 사람은 장인(匠人)에 국한되었다. 장인이란 직인과 도제를 거느리고 자신의 작업장을 운영하는 숙련 기술자를 말한다.

이동의 자유가 없는 농민들에 비해 도시인들, 특히 상인들은 직업의 특성상 이동의 자유가 반드시 필요하였다. 그래서 그들은 영주로부터 자유와 자치를 획득하기 위한 운동을 전개하였는데 그것이 코뮌 운동이다. 코뮌 운동에는 영주에게 돈을 주고 자유와 자치를 사는 평화적인 방법도 있었지만 반란이나 전쟁을 일으켜 자유를 쟁취하는 폭력적인 방법도 있었다. 어떤 방식으로든지 자유와 자치를 획득한 경우에는 그 증거로 영주로부터 특허장을 받아냈다. 영주의 간섭에서 벗어난 이러한 자치 도시들은 대개 대상인들의 길드에 의해 통치되었다. 그러나 프랑스의 도시들은 이탈리아와 독일에 비해 대부분의 도시들이 왕이나 영주들의 소유인 경우가 많아 그들의 재정적 기반이 되어 주었다. 따라서 프랑스에는 자치 도시가 많이 발달하진 않았다.

11세기 이래 이러한 경제적 번영으로 인해 정치, 종교, 문화가 더욱 발전하였다. 봉건제가 더욱 단단하게 토대를 굳히는 한편 그와 반대로 카페 왕조 왕들의 왕권 강화 움직임도 시작되었다. 그리고 경제의 번영과 그로 인한 사회적 활력은 종교적 열정을 고무하였다. 도시 곳곳에는 부르주아들의 신앙심을 증명하기라도 하듯 로마네스크 양식과 고딕 양식의 거대한 교회들이 들어섰다. 교회의 '신의 평화 운동'과 교황과 수도원의 개혁주의 운동도 나타났다. 종교적 열정의 극적 표현인 십자군 전쟁이 시작된 것도 이 시대였다. 11세기부터 13세기까지 중세 유럽은 물질적인 측면에서나 정신적 측면에서나 모두 절정기였다.

카페 왕조의 왕권 강화

뚱뚱보 루이 6세

12세기 이래 카페 가의 왕들은 점진적으로 왕권을 강화시켰다. 우선 뚱뚱보 루이 6세(1108~1137년)는 일 드 프랑스와 오를레앙에서 지방 영주들을 몰아내고 완전한 지배권을 확립하였다. 그리고 그는 왕의 법률에 대한 권위를 높임으로써 부르주아들이 영주의 재판소보다 왕의 재판소를 선호하도록 만들었다.

루이 7세

루이 6세의 장남으로 왕위를 물려받은 루이 7세(1137~1180년)는 아키텐의 엘레아노르 공주와 결혼하여 피레네 산맥에 이르는 서남부 지역을 획득하였다. 이로 인해 왕국의 영토가 크게 확대되는 듯 하였으나 곧 그것이 오히려 화근임이 드러났다. 엘레아노르의 부정과 루이 7세의 염문으로 인해 둘은 이혼하게 되었고, 이혼 후 엘레아노르가 앙주 백작인 헨리 플랜태저넷Henri Plantagenet과 재혼하였기 때문이다. 이로써 이미 노르망디와 멘, 앙주를 소유한 앙주 백작은 엘레아노르의 상속분인 리무쟁과 가스코뉴, 페리고르, 아키텐의 방대한 영토까지 소유하게 되었다. 그것은 프랑스 왕보다 훨씬 더 많은 영토인데다 프랑스가 앙주 백작의 영지로 둘러싸이게 되어 안전을 위협받았다. 1154년 앙주 백작이 영국의 왕위까지 물려받음으로써 상황이 더욱 악화되었다.

필립 오귀스트

루이 7세와 그의 세 번째 부인과의 사이에서 태어난 필립 오귀스트 필립 2세(1180~1223년)는 이지적이며 합리적이고 유능해서 존엄왕Auguste라고 불린다. 그는 탁월한 외교적 수완을 발휘하여 영국의 결지왕(缺地王) 존 1세로부터 노르망디, 멘, 앙주, 투레인, 푸아투 지방을 빼앗았다.

필립 오귀스트는 왕이 될 때부터 프랑스 안에 있는 영국왕의 영지를 몰수할 기회만을 노리고 있었다. 그러던 중 영국의 존 1세가 자기 영지인 푸아투 지방 소영주의 약혼녀를 빼앗아 왕비로 삼은 사건이 일어났다. 소영주는 이 억울함을 필립 오귀스트에게 호

소하였고, 그는 문제 해결을 위해 존 1세를 호출하였다. 봉건제의 위계로 볼 때 프랑스 왕이 영국 왕의 주군이기 때문에 존 1세는 그 명령에 따라야 했다. 그러나 존 1세는 그 명령에 따르지 않았다. 그러자 필립 오귀스트는 봉건적 관례에 따라 주군의 명령을 어긴 것을 이유로 노르망디, 멘, 앙주, 투레인 지역을 몰수하였다. 봉건적 관례에 의하면 주군과 봉신 중 한쪽이 의무를 다하지 않으면 그들의 계약관계가 파기되어 주군이 봉신의 토지를 몰수할 수 있기 때문이다.

이후 존 1세는 복수를 결심하고 독일과 플랑드르 백작을 설득해 동맹을 맺어 프랑스를 공격하였다. 하지만 필립 오귀스트는 교회와 부르주아의 도움을 받아 1214년 부빈에서 그들을 격퇴하였다.

부빈의 승리는 프랑스 역사에서 중요한 의미를 가진다. 왜냐

부빈 전투 부빈 전투는 왕권을 강화시켰고, 프랑스인의 동질감을 형성시키는데 계기를 제공했다.

하면 이로 인해 카페 왕권이 더욱 강력해졌고 원시적 형태이긴 하지만 국민감정이 형성되었기 때문이다. 당시 부빈의 승리를 기념하는 축제가 전국에서 열렸다. 교회는 화려한 태피스트리를 내걸었고, 도로는 꽃과 나뭇가지로 장식되었다. 시민과 성직자들이 거리로 몰려나와 춤을 추고 학생들도 7일간 휴학하고 밤낮으로 춤추고 노래하며 승리를 축하하였다. 이렇게 함께 싸우고 함께 축하하는 과정에서 어렴풋이나마 처음으로 프랑스인으로서의 동질감을 느끼게 된 것이다.

영토 확대를 위한 필립 오귀스트의 노력은 거기서 끝나지 않았다. 그는 알비주아 십자군을 일으켜 남프랑스로 향했다. 그가 이 원정을 감행한 동기는 물론 종교적 열정도 없진 않았지만, 그의 현실적인 기질로 보아서는 영토에 대한 야심이 더 컸다.

알비주아 십자군은 이후 루이 8세와 루이 9세까지 계승되었다. 루이 9세는 전쟁에서 승리한 후 1229년 파리 조약을 맺어 남프랑스 영토를 왕령에 귀속시켰다.

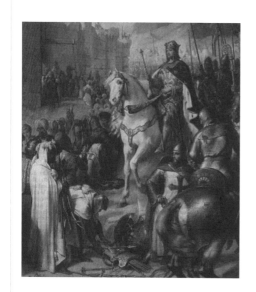

필립 오귀스트 부빈 전투에서 승리하고 개선하는 모습.

그리고 필립 오귀스트는 왕비의 상속지인 아르투아 지역을 왕령에 편입시켰다. 987년과 1223년의 왕령을 비교해보면 영토상으로 볼 때 카페 왕가가 일개 일 드 프랑스 공작의 지위에서 명실공히 프랑스 국왕의 지위로 발진하였음을 확인할 수 있다.

필립 오귀스트는 이렇게 광대해진 영토에 지방 행정관인 바이이

bailli와 세네샬sénéchaal을 파견하였다. 바이이들은 그의 관할 구역인 바이야즈bailliage에서 왕을 대신해 조세와 사법, 군사를 관장하였다. 그런데 여기서 하나 의미 있는 것은 바이이들이 귀족 출신이 아니라 시민계급 출신이었다는 점이다. 신흥계급인 시민들은 국왕으로부터 봉급을 받는 관리가 됨으로써 왕에게 충성을 바쳤고 왕권 강화를 위한 지지세력이 되었다. 세네샬도 바이이와 비슷한 임무를 가졌으나 다소 위험한 지역에 파견되었다. 따라서 세네샬들은 유사시 전투를 수행해야 했기 때문에 시민보다는 기사 출신들이 많았다.

필립 오귀스트하에서 프랑스는 영토에 있어서나 그것을 중앙 집권적으로 통치하는 데 있어서나 많은 진보를 이룩했고, 그만큼 왕권도 강화되었다.

루이 8세

필립 오귀스트의 아들 루이 8세(1223~1226년)는 1223년의 화려한 파리 입성식으로 유명한 인물이다. 그의 입성식이 있던 날에는 학교와 재판소의 문을 닫고 파리 모든 시민이 새 왕의 등극을 축하했다. 하지만 그는 왕위에 오른 지 얼마 안 되어 네 명의 어린 아들과 왕비를 남긴 채 세상을 떠났다. 그가 죽자 왕실의 분가였던 브르타뉴 공이 국왕 선거권을 주장하며 반기를 들어 한때 왕권이 위태롭기도 하였다. 그러나 지혜로운 왕비 블랑쉬는 루이 9세를 프로방스의 마그리트와 혼인시키고 무사히 그에게 왕권을 물려주었다.

루이 9세

후대에 '성(聖) 루이'로 알려진 루이 9세(1226~1270년)는 제7차
와 8차, 두 번에 걸쳐 십자군 전쟁에 직접 참가할 만큼 독실한 신
자였다. 십자군에 참가한 대부분의 제후와 국왕들이 정치적이고
상업적 동기를 가졌던 것에 비해 그는 성전을 향한 종교적 열정에
고무되어 있었다.

그런 만큼 그는 기독교도 사이에 분쟁이란 있을 수 없다는 신
념을 가지고 있었다. 그런 신념은 그의 비현실적인 외교에서도 잘
나타난다. 그가 제7차 십자군 전쟁을 마치고 귀국했을 때의 일이
다. 국왕이 없는 틈을 타 영국과 동맹을 맺은 프랑스 제후들이 자
신에게 저항하였다. 루이 9세는 평소 자신의 신념대로 기독교도끼
리 전쟁을 하느니 차라리 영국에게 푸아투와 가스코뉴, 귀엔느 지

십자군 전쟁을 위해
배에 오르는 성 루이
왕

방을 양도하는 쪽을 택했다.
그에 대한 대가로 루이 9세가
영국왕에게 요구한 것은 봉신
으로서의 예(禮) 뿐이었다.

그러나 이러한 명분과 신
앙 중심의 외교가 무의미했던
것은 아니다. 그의 경건하고
독실한 신앙심과 군주다운 행
동은 왕실의 권위를 향상시키
는데 기여하였다. 왕실의 권
위는 실제적인 권력 만큼이나
왕권 강화에 중요한 것이다.

그렇다고 루이 9세가 실

제적인 왕권 강화에 기여하지 않은 것은 아니다. 그는 파리에 최고법원에 해당하는 고등법원Parlement을 설치하여 왕실법정을 강화했으며, 바이이들의 지방 행정을 감시하기 위해 감찰관enqueteur을 파견하기도 하였다.

필립 3세

루이 9세가 제8차 십자군 전쟁에 종군하던 중 사망하고 그의 아들 무적왕 필립 3세(1270~1285년)가 등극하였다. 필립 3세는 기사로서는 용감하고 유능했으나, 왕으로서는 선친의 영광에 가려진 무능한 왕이었다. 그는 교황과 숙부인 샤를르 당쥬의 꾐에 넘어가 시칠리아를 무대로 아라곤 왕국과 전쟁을 벌여 패배하였다. 그것이 1282년의 '시칠리아의 만종*'이라고 불려지는 사건이다.

* 시칠리아의 만종 : 프랑스 앙주 가의 지배에 불만을 품은 시칠리아의 도민들이 부활제 월요일의 만종을 신호로 반란을 일으킨 사건. 시칠리아인들은 프랑스에 대항하기 위해 아라곤의 페드로 3세에게 구원을 요청하였다. 이에 페드로 3세는 시칠리아 왕위에 올랐으며, 앙주 가와 1302년까지 전투를 벌였다.

필립 4세

필립 3세를 이어 미남왕 필립 4세(1285~1314년)가 왕위를 계승하였다. 그는 평소 고행대(苦行帶)를 차고 다닐 만큼 독실하고 경건한 신자였다고 한다. 게다고 과묵하고 신비주의적인 분위기마저 풍겼다.

필립 4세는 고등법원을 더욱 강화하고 재정 감찰 기관인 심계원Chambres des Comptes과 왕의 자문기관인 최고 국무회의Palais de Justice를 설립하는 등 중앙행정기구를 정비하였다. 그는 이러한 제도 정비를 통해 '왕은 법률적 정의를 실현하는 존재'라는 이미지를 과시하고자 하였다. 그의 의도는 성공해서 시민들은 영주 재판소보

재판 중인 필립 4세

다는 왕의 재판소를 선호하였다. 이는 영주의 권력을 약화시키고
왕의 권력을 강화시키는 결과를 가져올 수 있었다.

하지만 행정 기구의 확대는 왕실의 경비를 증가시켜 재정을
악화시켰다. 그 외에 루이 9세가 십자군 전쟁을 치르기 위해 졌던
엄청난 빚과 필립 4세의 극심한 낭비벽도 재정을 악화시킨 요인
이었다. 따라서 필립 4세의 모든 정책은 재정 문제를 해결하는데
집중되었고 그의 치세에 발생했던 다소 '불행한 사건'들도 재정
문제와 연관되어 있었디.

필립 4세는 전시세와 소득세와 같은 새로운 세금을 과세하고
화폐의 평가 절하를 단행하였다. 그는 화폐 위조범을 끓는 물에
쳐 넣어 죽일 만큼 엄격하게 처단하였다. 그 외에 그는 모든 교회

영지에 대해서도 세금을 부과하였다. 급기야 그는 유대인의 재산에도 탐을 내 재산을 몰수하고 알몸으로 추방시켜 버렸다.

필립 4세의 이러한 가혹한 재정 정책은 교황 보나파키우스 8세와 마찰을 일으켰다. 보나파키우스 8세는 1296년 칙령을 통해 세속 군주가 성직자에게 과세하는 것을 금지하였다. 이에 필립 4세는 모든 국내 화폐의 국외 반출을 금지함으로써 교황에 대항하였다. 국내 화폐의 많은 부분이 교황청으로 흘러들어가고 있었기 때문에 이러한 조치는 교황에게 적지 않은 타격을 주었다. 그러자 교황은 1300년 또 다시 필립 4세의 화폐 정책을 비판하고 나섰다. 이에 필립 4세는 1302년 귀족과 시민의 회의를 열어 자신에 대한 지지도를 확인하고 자신의 고문관인 기욤 노가레를 교황청에 파견에 교황을 위협하였다.

기욤 노가레는 교황청으로 가 고령의 교황에게 '이단'이나 '남색'과 같은 차마 입에 담을 수 없는 말을 하며 퇴위를 종용하였다고 한다. 그 충격으로 보나파키우스 8세가 사망하였다. 그의 후임자가 들어섰지만 그도 곧 사망하였는데, 필립 4세에 의해 독살되었다는 소문도 있다. 아무튼 1305년 필립 4세는 자신에게 우호적인 보르도의 주교를 교황으로 앉혔는데 그가 클레멘트 5세이다. 클레멘트 5세는 위험한 로마 교황청보다는 안전한 아비뇽의 주교관에 거주하였다. 그로 인해 교황청의 아비뇽 교황청 시대* 가 시작되었다.

필립 4세의 가혹한 재정 정책의 가장 큰 희생자는 아마 템플 기사단일 것이다. 예루살렘에서 성지를 수호할 목적으로 조직된 템플 기사단은 사라센에 의해 예루살렘이 함락되면서 유럽 각지로 흩어졌다. 그들은 대토지와 고리의 대금업, 다양한 이익 사업

* 이를 고대 바빌론 유수에 비유하여 교황청의 아비뇽 유수(1309~1377년)라고 한다.

에 관여하면서 막대한 재산과 권력을 획득하였다. 필립 4세 역시 그들로부터 많은 돈을 빌려 쓰고 있었다.

　재정 악화에 시달리던 필립 4세는 돈을 빌려 쓰는 것에 만족하지 않고 그들의 재산을 송두리째 몰수할 궁리를 하였고 기욤 노가레가 그 계획을 짜고 실행에 옮겼다. 1307년 10월 13일 금요일 필립 4세는 전국의 템플 기사단에 대한 체포령을 내렸다. 죄목은 사라센과 내통했으며 이단적이고 방종한 생활, 즉 악마를 숭배하고 남색을 즐겼다는 것이었다. 지금도 서양에서 '13일의 금요일'이 불길한 날로 인식되는 것은 바로 이런 사건 때문이다. 그날 템플 기사단의 기사들은 영문도 모른 채 잡혀 가 무수한 고문 끝에 기욤 노가레가 작성해 놓은 자백서에 서명하였다. 59명의 기사들이 우상숭배의 누명을 쓰고 센 강에서 화형을 당하였고, 기사단의 단장인 자크 몰레이도 1314년 시테 섬에서 화형에 처해졌다. 템플 기사단은 해체되었고 그들의 재산은 몰수되었다.

　여기에 흥미있는 일화가 하나 전해진다. 자신의 모든 죄목을 부인하고 당당히 죽어간 몰레이는 죽기 전 '필립 4세를 신의 법정으로 소환하겠다' 고 장담했다는데, 그 때문인지 필립 4세는 다음

필립 4세의 가혹한 정책의 희생양이 된 템플 기사단 이들은 누명을 쓴 채 죽어갔고, 그들의 재산은 모두 몰수되었다.

달 사망했고 클레멘트 5세 역시 그해를 넘기지 못하고 사망했다.

무리한 재정정책과 교황과의 불화, 템플 기사단의 체포 등으로 뒤숭숭해진 여론을 무마하기 위해 필립 4세는 1308년 투르에서 삼부회를 소집하였다. 여기에는 성직자와 귀족, 시민의 대표들이 참가하였다. 이 삼부회는 제안하고 토론하기보다는 그저 국왕의 정책을 청문하고 승인하는 자리였지만 악화된 여론을 무마하는 데는 도움이 되었다.

왕권을 강화시킨 요인들

12세기 이래 특히 필립 오귀스트와 루이 9세, 필립 4세 치하에서 왕권이 크게 성장하였다. 왕권이 성장한 요인은 다음과 같다.

무엇보다 꾸준히 지속되어온 왕령지의 확대이다. 특히 필립 오귀스트 아래서 크게 확대된 왕령지는 프랑스 왕이 더 이상 일드프랑스의 공작이 아니라 명실 공히 프랑스를 지배하는 군주임을 확실하게 보여주었다.

다음은 왕의 법령과 왕의 재판소에 대한 권위를 시민들로부터 인정받게 되었다는 점이다. 루이 9세 때 설치된 고등법원은 프랑스 최고법원으로서 위치를 확립했고, 그로 인해 왕은 정의의 심판자라는 인식이 널리 확산되었다.

마지막으로 지방과 중앙의 행정 제도의 정비이다. 필립 오귀스트는 확대된 왕령지에 바이이와 세네샬이라는 왕의 관리를 파견하여 직접 통치하였고, 필립 4세는 고등법원 외에 최고 국무회의와 심계원을 설립해 중앙 제도를 확립하였다. 이러한 행정 제도에 다소 전근대적인 측면이 있긴 했지만, 그것은 국왕의 권력 개넘을 크게 변화시켰다. 이전에는 왕의 권력 행사가 왕 개인의 능력에 좌우되는 경향이 강하였다. 그러나 이제 권력을 행사할 수 있는 제도적 장치가 마련됨으로써 왕의 권력은 자체의 규칙과 메커니즘을 가지게 된 것이다.

기독교의 개혁과 팽창

수도원의 개혁

프랑스에서 이 시기는 경제가 부흥하고 왕권이 크게 신장된 만큼 종교적 활력이 넘치는 시기였다. 그러한 활력은 우선 교회의 세속화와 부패를 시정하려는 개혁적 열정으로 나타났다.

이민족의 침입이 한창이던 중세 초기에 성직자들이 신변의 안전을 영주에게 의탁하면서 영주들의 종교적 권한이 크게 증가하였다. 영주들이 교회 수입을 가로채고 성직자들을 마음대로 임명하였다. 영주의 이해관계에 의해 임명된 성직자들에게 종교적 소명감이 있을 리가 없었다. 그들은 경건한 생활보다는 일반인과 다를 바 없는 세속적이고 부패한 생활을 하였다. 그러한 생활의 일면을 가장 잘 보여주는 것이 성직자들의 혼인과 성직매매였다. 당시 성직자들은 4세기부터 의무화된 성직자의 독신생활을 어기고 세속인과 똑같이 처자식을 거느렸다. 그리고 신성한 성직이 돈으로 사고 팔수 있는 상품처럼 거래되었다.

이러한 교회의 세속화와 부패를 척결하려는 움직임이 가장 먼저 시작된 곳은 클뤼니 수도원이었다. 클뤼니 수도원은 10세기경 부르고뉴의 아키텐 공 기욤 1세에 의해 승인된 베네딕트회 소속의 수도원이었다.

그러나 비록 베네딕트회 소속이긴 했지만 베네딕트회의 하부조직이라기 보다는 클뤼니에 자리 잡은 수도원을 교단 본부로 해서 그것에 절대적으로 복종하는 자매 수도원으로 구성된 자율적 조직체였다. 자매 수도원의 수는 한창 전성기 때인 12세기에는 전 유럽에 걸쳐 1500개에 이르렀다.

클뤼니 수도원은 우선 세속 영주들의 성직 임명 관행을 척결하였다.

클뤼니 수도원

즉 수도원 내부의 수도사들이 자체적으로 수도원장을 선출함으로써 세속 영주들의 지배권에서 벗어난 것이다. 뿐만 아니라 그들은 교황에 직속됨으로써 주교의 감독과 간섭에서도 벗어나 독자적인 개혁을 수행할 수 있었다.

종교의 세속화를 좀 더 철저히 근절하는 길은 봉건적 토지 소유를 금지하는 것이었다. 왜냐하면 성직자가 봉건적 토지를 소유하자면 그 토지를 하사한 영주에게 절대적 충성을 맹세해야 하고, 그 과정에서 영주의 영향력이 확대될 수밖에 없기 때문이다. 따라서 클뤼니 수도원은 수도원의 봉건적 토지 소유를 전면 금지하였다. 수도사들은 세속적 생활에 연연하기 보다는 도덕적 정결성과 엄격성을 준수하면서 필사와 노동, 공동예배를 주로 하는 공동체 생활에 헌신해야 했다.

클뤼니 수도원의 이런 열정적인 개혁 운동이 종교의 세속화와 부패를 시정하는데 많은 기여를 한 것은 사실이었지만 그들의 개혁이 좋은 결과만을 가져온 것은 아니었다. 그들은 성무(聖務)*를 지나치게 강조하여 호화롭고 거창한 종교 의식을 중시하는 전례주의로 빠졌다. 또한 그들은 수도원 생활의 목적이 집단적 기도를 통해 신의 영광을 찬양하는 것이라고 보았기 때문에 학문적 기쁨이나 지적 생활을 통해 신앙심을 강화하는 것에 대해서는 부정적이었다. 따라서 당시의 대다수 수도원들이 학문적 발전에 기여한 것과는 달리 그들은 학문의 발전에 오히려 부정적인 영향을 끼쳤다.

* 성무 : 기도와 예배.

움베르토 에코가 쓴 소설《장미의 이름》에서 아리스토텔레스의 〈희극론〉을 사장시킨 수도원도 바로 이 클뤼니 수도원 계열이다. 비록 소설이지만 클뤼니 수도원이 인간의 지적 자산과 학문에 얼마나 부정적이 생각을 갖고 있었나를 보여주기에 충분한 일화이다. 클뤼니 수도원은 학문적 발전보다는 오히려 화려한 의식과 종교음악, 교회 건축의 발달에 더 많은 기여를 하였다.

클뤼니 수도원은 또한 봉건적 토지 소유를 금지하였다. 그러나 그것이 그들이 전혀 토지를 소유하지 않았다는 의미는 아니다. 오히려 그들은 '봉토'라는 형식이 아니라 '기증'이라는 형식을 통해 막대한 토지를 소유하였다. 당시의 부유한 권력가들은 구원을 위해 혹은 노후의 안식처로 삼기 위해 수도원에 많은 재산을 희사하였다. 이처럼 대토지와 권력을 소유하게 된 클뤼니 수도원은 13세기경에 이르러 초기의 개혁에 대한 열정은 사라지고 역시 부패에 물들게 되었다.

이후 개혁의 열정을 계승한 것은 시토 수도원이었다. 시토 수도원은 1098년 로베르에 의해 설립되었다. 기존의 수도사들이 검은 수도복을 입었던 반면 그들은 흰 수도복을 입었기 때문에 '백의의 수도사'라고도 불렸다. 시토 수도원은 클뤼니 수도원의 호화로운 전례와 의식을 비판하고 청빈과 노동을 중심으로 하는 초기의 엄격한 베네딕트 계율을 강조하였다. 그리고 공동 기도를 중시한 다른 수도원들과는 달리 그들은 개인 기도를 더욱 중시하였다.

베르나르

시토 수도원은 클뤼니 수도원처럼 기증에 의해 대토지를 소유하기보다는 수도사들의 노동에 의해 적극적으로 토지를 개간하였다. 실제 이 시기에 이루어진 개간과 농지확대는 시토 수도원에 기인한 부분이 적지 않다. 뿐만 아니라 그들은 개간 과정에서 농업 기술과 경영 방법도 혁신적으로 발전시켰다.

시토 수도원은 12세기경 베르나르Bernard de Clairvaux에 의해 크게 성장하였다. 귀족의 아들로 태어난 베르나르는 그리스도의 청빈한 삶을 추구하여 시토의 낡은 오두막집에 기거하며 신앙생활을 하였다. 그는 인간의 영적 생활을 동물적 단계, 이성적 단계, 영적 단계로 구분하고 이 영적 단계에 도달하는 것이 바로 신앙생활의 목적이라고 하였다.

교황들의 개혁

클뤼니 수도원의 개혁에 영향을 받아 11세기 이후 교황들도 적극적으로 개혁을 추진하였다. 최초의 개혁적 교황인 레오 9세(1049~1054년)는 성직 매매와 성직자의 결혼을 금지하는 등 성직자를 정화하기 위해 노력하였다.

역대 개혁 교황들에게 가장 중요한 것은 세속 군주들이 행사하는 성직 임명권을 되찾아오는 것이었다. 그래서 레오 9세는 세속인이 성직을 임명하는 것을 단죄하였고, 니콜라우스 2세(1058~1061년)는 로마 추기경 회의에서 로마 교황을 선출하도록 규정하였다.

교황의 개혁 운동이 가장 활발했던 시기는 클뤼니 수도원 출신의 교황인 그레고리우스 7세(1073~1085년) 때였다. 그는 모든 성직자들에게 교황에 대한 절대적 복종과 순결한 삶을 요구하였다. 또한 교황은 성령의 보호를 받기 때문에 오류가 있을 수 없다는 '교황 무오류설'을 주장하였다.

그레고리우스 7세는 또한 세속 군주를 제압하는데에도 많은 노력을 기울였다. 그는 종교적인 영역만이 아니라 세속적인 영역에 있어서도 교황은 세속 군주의 위에 있다고 주장하였다. 이런 그의 신념은 당연히 세속 군주와의 대립과 갈등을 가져왔다. 그 대표적인 것이 바로 서임권을 두고 벌어진 독일 황제 하인리히 4세와의 갈등이었다.

하인리히 4세는 세속 군주의 성직자 서임을 전면 부인하고, 자신에게 도전한 그레고리우스 7세에 대항해 1076년 보름스 제국 회의를 열어 교황을 폐위하였다. 그러자 그레고리우스 7세도 하인리히 4세를 파문하였다. 교황으로서 자신의 최대의 무기를 휘두른 셈이다. 파문을 당한 황제는 성사와 사면을 받을 수 없고 교회의 묘지에도 매장될 수 없으며, 더욱 중요한 것은 제후들의 봉건적 충성도 받을 수 없게 되었다. 하인리히 4세로서는 참으로 난감한 일이었다.

하인리히 4세는 어쩔 수 없이 1077년 1월 파문 철회를 요청하며 카노사의 성 앞에서 3일 동안 교황에게 엎드려 사죄하였다. 역사적으로 '카노사의 굴욕'이라고 불리는 이 사건은 세속 군주에 대한 교황의 우위를 보여주는 대표적인 사례이다.

카노사의 굴욕

교황들의 이런 열정적인 노력 덕분에 교황권은 12세기 인노켄티우스 3세(1198~1216년) 때 절정을 이루었다. 그는 제4차 십자군과 알비주아 십자군을 일으켜 이단 척결에 앞장섰다. 그리고 1215년에는 라테란 종교회의를 열어 '재기독교화'를 천명하여 평신도에 대한 감시와 통제를 강화하고 이단색출을 위한 종교재판소를 설립하였다. 그러나 프랑스 국왕 필립 4세와의 대립에서 드러나듯이 교황권의 절대적 우위는 14세기경에 이미 무너지기 시작하였다.

아무튼 교황들의 개혁 운동에 의해 11~13세기에 교황권은 절대적이고 보편적인 의미를 가질 수 있었고, 그것을 바탕으로 유럽을 하나로 묶어 십자군 전쟁을 일으킬 수 있었다.

알비주아 십자군 전쟁

십자군 전쟁을 살펴보기에 앞서 '소(小) 십자군' 혹은 '기독교 내부의 십자군'이라고 불리는 알비주아 십자군을 살펴보도록 하자. 그것은 십자군 전쟁이 한창이던 1207년에서 1229년 사이에 이단인 알비주아파를 척결하기 위해 일으킨 전쟁이었다. 외부의 적을 타도함과 동시에 내부의 적도 정화시켜야 한다는 논리였다.

알비주아파Albigeois는 카타리파의 또 다른 이름으로 주로 남프랑스 알비Albi 지방의 카타리파를 지칭하는 용어이다. 그들은 선과 악을 동시에 인정하고 예수는 단지 성령일 뿐 육체를 가진 적이 없다고 주장하였다. 그리고 교황청을 '바빌론의 창녀'라고 부르면서 모든 가톨릭 의식을 부정하였다. 12세기경 그들은 툴루즈와 카르카손, 아쟁을 중심으로 크게 세력을 확대하였다. 그러자 교황은 그들을 이단으로 규정하고 1209년 그들에 대한 십자군을 선포하였다.

십자군을 구성한 주력 부대는 북프랑스의 제후들이었고 그들의 지도자는 시몽 드 몽포르였다. 그들에게는 종교적 열정도 있었겠지만 부유한 남프랑스를 침략하고 약탈하려는 의도도 있었다. 프랑스 국왕도 여기에 막대한 지원을 하였다. 필립 오귀스트와 루이 8세, 루이 9세가 알비주아 십자군에 관여하였다. 이로 인해 남프랑스 영토의 대부분이 프랑스 국왕에 귀속되었다.

알비주아군은 한때 4천의 기병에 수만 명의 보병을 거느릴 만큼 세를 과시하였으나 시몽의 주도면밀한 공격에 모두 괴멸 당하였다. 알비주아군이 수적인 우세만 믿고 안이하게 대처하였기 때문이다. 전쟁 중에 남프랑스에 확산되어 있던 수많은 알비주아파와 카파리파 사람들이 잔인하게 살해되었다. 뮈레 전투에서 결정적으로 패배한 알비주아파들은 이후 피레네 산맥으로 숨어들어 갔으나, 1244년 그곳까지 함락되어 모두 화형당하였다.

십자군 전쟁

수도원과 교황의 개혁으로 인한 종교적 활력은 십자군 전쟁으로

클레르몽 공의회 제1
차 십자군의 조직을
결의했다.

이어졌다. 십자군 전쟁의 원인은 이슬람이 예루살렘 순례자들을
박해했기 때문이었다.

10세기 이래 급격히 세력을 확대한 이슬람교도 투르크족이
비잔틴 제국을 압박하고 성지 예루살렘의 순례자들을 박해하자,
비잔틴 제국의 황제 알렉시우스 1세가 로마 교황에게 도움을 요
청하였다. 요청을 받은 교황 우르바누스 2세는 1095년 프랑스의
클레르몽 공의회에서 유럽 군주와 제후들을 향해 십자군을 호소
하였다. 공의회에 참석한 기사들은 교황의 열변에 감동하여 제1

이야기 프랑스사

차 십자군을 조직하였다.

1096년에 조직된 제1차 십자군은 플랑드르 백이나 툴루즈 백과 같은 프랑스의 대제후들이 중심이 되었고, 그들은 1099년 성공적으로 예루살렘에 입성하였다. 이것은 이후 여덟 차례에 걸쳐 이루어진 십자군 중에서 유일하게 성공한 전쟁이었다.

제1차 십자군 이후에도 예루살렘 왕국이 투르크족의 지속적인 위협을 받자 예루살렘 왕국을 지원하기 위해 1147년 제2차 십자군이 조직되었다. 그 후 1187년에 다시 예루살렘이 다시 투르크족에게 넘어가자 예루살렘을 회복하기 위해 제3차 십자군이 조직되었다.

1189년의 제3차 십자군은 프랑스 필립 오귀스트를 비롯해 영국왕과 독일 황제까지 가담한 대규모 부대였지만 내분으로 인해 목적을 달성하지 못했다. 독일 황제는 도중에 강에서 익사하고, 프랑스의 필립 오귀스트는 곧 귀국했으며, 영국의 리처드 1세는 무력함을 깨닫고 이슬람과 순례자들의 예루살렘 출입을 보장한다는 협상만을 맺고 돌아섰다.

1202년의 제4차 십자군은 플랑드르 백작을 위시한 북프랑스의 기사들이 주로 참가하였는데, 성공과 실패 여부를 떠나 도덕적인 비난을 받았다. 왜냐하면 그들의 원래 목적인 이슬람을 공격한 것이 아니라 이해관계로 얽힌 베네치아 상인들과 협력해 오히려 콘스탄티노플을 침략하고, 그곳에 라틴 제국을 건설했기 때문이다. 라틴 제국은 1204년에 비잔틴 황제를 퇴위시키고 플랑드르 백작 보두앵을 옹립하여 건설되었지만, 1261년 멸망하였다.

이 전쟁으로 베네치아 상인은 비잔틴 상인을 누르고 동방무역을 장악할 수 있었고, 십자군들은 콘스탄티노플을 약탈하고 파

괴하였다. 비잔틴 황제로서는 고양이에게 생선을 맡긴 격이 돼버
렸다.

1212년 프랑스와 독일의 소년, 소녀로 구성된 '소년 십자군'
이 마르세유에서 상인들에 의해 노예로 팔려간 사건 역시 십자군
전쟁이 가져온 비극 중 하나였다.

1217년에는 제5차 십자군 전쟁이 조직되어 이집트의 다이엣
타를 공격하였다. 프랑스의 성 루이 왕은 제7차(1248년)와 제8차
십자군(1270년)에 참가해 한때 탈환되었던 다미에타를 재점령하
는 등 공을 세웠다. 그러나 루이 왕 자신이 포로가 되는 바람에 엄
청난 몸값을 지렀고, 결국 1270년 튀니스에서 병사하였다.

서방의 기독교 세력이 모두 합심해 동방의 이슬람 세력을 상
대로 벌인 십자군 전쟁은 결국 서방의 패배로 끝났다. 기원전 4세
기 서방과 동방이 충돌했던 페르시아 전쟁에서는 서방이 승리했

지만 13세기에는 동방이 승리한 것이다.

십자군 전쟁은 총 8회에 걸쳐 200여 년 동안 진행되면서 프랑스에 많은 영향을 주었다. 먼저 종교적인 측면에서 살펴보면 전쟁이 결국 실패로 끝남으로써 교황권이 크게 약화되었다. 십자군 전쟁이 시작될 때 절정을 이루었던 교회의 권위가 십자군 실패와 함께 땅에 떨어진 것이다. 반면 정치적인 측면에서 왕권이 오히려 크게 강화되었다. 교황권의 약화와 함께 십자군에 종군했던 기사 계급들이 몰락하였기 때문이다. 십자군 전쟁 이후 왕권이 성장하고 그로 인해 국민국가의 발전도 앞당겨 졌다.

경제적인 변화 또한 중요하였다. 십자군 전쟁으로 인해 지중해 무역이 재개됨으로써 상업이 발전하였다. 뿐만 아니라 문화적으로도 이슬람과 비잔틴의 새로운 문화가 서유럽에 유입되어 중세 문화가 만개하는 계기가 되었다. 그러나 이러한 변화들은 결국 새로운 시대의 원동력이 되었고 그 과정에서 중세는 서서히 몰락하였다.

신의 평화 운동

중세 초기의 종교가 세속의 영향을 받아 세속화되었던 반면, 이 시기의 종교는 오히려 세속의 문화를 주도하고 변화시켰다. '신의 평화 운동'과 '신의 휴전 운동'이 그 대표적인 것이다. 사회가 점차 안정되면서 교회는 기사들의 야만성과 호전성을 순화시켜야겠다고 생각했고, 그런 배경에서 나온 것이 '신의 평화 운동'과 '신의 휴전 운동'이다.

성채는 기사들의 일상생활이 이루어지고 그들의 세속적 문화가 형성되는 중심이었다. 중세의 기사들은 생활이나 정신적인 면에서 모두 투박하고 거칠었다. 특히 중세 초기의 기사들은 호전적이고 야만적이기까지 했다. 그때는 끊임없이 이민족의 침략을 물리쳐야 했기 때문에 그것이 전사로서의 미덕이었는지도 모른다. 그러나 기사들의 호전적 기질은 종종 심각한 사회적 무질서를 초래하였다.

기사 서임 기사가 되려는 청년은 금욕적이고 도덕적인 기사 서임식을 거쳐야 했다. 성직자에 의해 기사 서임을 받는 모습.

이런 상황에서 10세기 말 아키텐의 주교에 의해 시작된 이 운동은 무기 사용을 제한하는 것이 주목적이었다. 신의 평화란 기도와 회개를 위한 날이나 교회 축일에 무기 사용을 금지하는 운동이었고, 신의 휴전이란 무장을 하지 않은 여성이나 어린이 혹은 상인이나 농민에게 무기 사용을 금지하는 운동이다. 교회는 이것을 어긴 기사들에게는 파문이나 저주와 같은 무서운 처벌을 내렸다.

야만적인 기사들을 순화하려는 교회의 노력은 기사 서임식 adoubement에서도 나타났다. 기사 서임식이란 기사가 된 청년이 무술훈련이 끝나는 18세경에 아버지나 삼촌, 영주와 같은 연장자로부터 검을 받고 뺨을 맞는 의식으로서, 기사 직위를 세습시키는 제도적 장치이자 인생의 새로운 관문으로 들어서는 일종의 통과의례였다.

기사 서임식은 처음에는 완전히 세속적이고 군사적인 의식이었지만 점차 거기에 종교적이고 도덕적인 내용이 첨가되었다. 즉 청년은 기사 서임을 받기 전에 목욕을 하고 흰옷을 입은 후 철야기도와 고해, 성체배수 등의 과정을 거쳤으며, 성직자에 의한 무기 축복 의식이 첨가되었다.

교회는 이러한 운동을 통해 기사들의 무훈(武勳)을 그리스도를 위한 봉사라는 개념으로 바꾸었다.

문화와 학문의 발전

중세의 대학

이 시기는 모든 측면에서 종교적인 시대였다. 기독교는 종교만이 아니라 학문과 예술 등 모든 분야를 지배하였다. 그런 측면에서 중세의 지식인들이 곧 성직자들이었고, 중세의 철학이 곧 신학이었다.

중세 초기에는 주로 수도원에 소속된 학교가 학문 발달의 중심이었다. 그러나 11세기 이후 상업과 도시가 발달하면서 학문의 주도권이 주교 성당의 부속학교 스콜라scola로 넘어갔고 다시 12세기 후반부터는 이 부속학교를 대신해 새롭게 대학이 등장하여 학문 발달을 주도하였다. 대학의 기원은 학생들이 모여 만든 학생 길드나 교사들이 모여 만든 교사 길드에서 비롯되었다. 모임을 뜻하는 université라는 단어가 대학을 의미하게 된 것도 이러한 배경에서이다.

프랑스에서 가장 오래된 대학인 파리 대학은 12세기 말 노트르담 성당 학교의 명성에 이끌려 모여든 교사들의 모임에서 시작되었다. 그들은 1180년 루이 7세의 인가를 받아 학생들을 모아 강의를 시작하였다. 그러나 '보편 논쟁'으로 유명한 신학자 아벨라르는 여기서 강의를 얻지 못해 시테 섬의 생트 쥬느비에브 언덕에 정착하였다. 이후 대학의 중심이 생트 쥬느비에브 언덕으로 바뀔 만큼 그의 주위로 수많은 학생들이 모여들었다. 그는 1200년 필립 4세 때부터 특허장을 받아 대학의 자치를 확보하였다.

아벨라르의 일생을 바꾸어버린 '러브 스토리'도 여기서 시작되었다. 아벨라르의 강의를 듣기 위해 모여든 학생 중에는 17세의 아름다운 소녀 엘로이즈가 끼어 있었다. 39세의 아벨라르는 그녀를 보자 곧 사랑에 빠졌고 둘은 결혼하여 아들까지 낳았다. 그러나 그들의 결합을 반대하던 그녀의 숙부는 그 둘을 각각 다른 수도원에 유폐시켜 버렸다. 수도원에서의 그들의 애절한 감정은 오늘날까지 서간집으로 남아 있다.

　　대학에서 강의된 과목은 자유학예, 즉 라틴어 문법, 수사학, 논리학, 기하학, 산술, 천문학, 음악 등이었는데 그 중에서 라틴어가 가장 중요하였다. 정해진 과목을 이수한 학생에게는 학예학사, 학예석사, 법학박사, 신학박사, 의학박사 등의 학위가 수여되었다. 그것은 마치 길드에서 정해진 기술을 습득한 사람에게 장인의 자격을 부여하는 것과 같은 논리였다.

중세 학생들의 일상생활 매주 도서관 사서가 임명되었고, 사서는 토요일마다 서적의 상태를 보고하였다.

　　13세기에는 칼리지college가 출현하면서 대학 교육이 더욱 풍부해졌다. 칼리지는 원래 빈곤한 학생을 지원하기 위해 대학 밖에 설립된 기숙사였다. 그런데 점차 교사가 상주하면서 강의도 병행하게 되어 대학으로 발전하였다. 1258년 파리의 부유한 상인이었던 소르본이 설립한 칼리지는 소르본 대학의 기원이 되었다. 이후 소르본 대학은 교황의 적극적인 후원을 받아 신학을 중점 연구하고 교육하는 학교로 발전하였다. 중세에 소르본 대학은 스콜라 철학의 본산이었다.

스콜라 철학

스콜라 철학은 중세학문을 대표하는 철학이자 신학이다. '스콜라'라는 명칭은, 교회 부속학교인 스콜라에서 처음 생겼기 때문에 붙여진 이름이다. 스콜라 철학의 토대는 로마 시대의 교부 철학과 아우구스티누스의 사상이지만, 12세기에 아리스토텔레스의 사상을 받아들여 더욱 발전하였다.

아리스토텔레스의 사상은 스콜라 철학의 발전에 실로 지대한 영향을 주었다. 그의 사상으로 인해 보편이 실재하는 것인지(실재론) 아니면 단지 명칭에 불과한 것인지(유명론)를 두고 유명한 '보편 논쟁'이 벌어졌다. 이 보편 논쟁에서 중요한 역할을 한 학자가 아벨라르였다.

보편적인 것은 실재하지만 그것에 내재하는 개별적인 것을 떠나 따로 존재하지 않으며, 개별적인 것과 별개로 파악된 보편적인 개념은 인간 지성의 추상의 산물이다.

아벨라르는 유명론적인 성격의 개념론을 주장하였다. 특히 논리적 명료성을 추구하는 그의 변증법적 방법론은 이후 신학 연구에 널리 채택되었다.

보편 논쟁은 중세 사상사에서 보편적인 것에 대한 회의를 일으키고 개별적인 것과 개인적인 것에 대해 새로운 가치를 부여하는 계기가 되었다. 보편성에 대한 회의는 종교와 신에 대한 회의를 반영하는 것으로, 흔히 이런 현상을 가리켜 '12세기의 종교적, 지적 위기'라고 한다. 왜냐하면 보편적인 것이 부정된다면 더 이상 신의 개념이 존재할 수 없기 때문이다. 실제로 중세 이단의 발전은 이와 무관하지 않았다. 이러한 지적 위기를 해결하고 신학의 확고한 체계를 다지고자 한 사람이 바로 토마스 아퀴나스였다.

도미니크회 수도사였던 토마스 아퀴나스는 《신학대전》에서 아벨라르의 변증법적 방법을 사용해 신앙과 이성의 조화를 실현 하였다. 그는 아리스토텔레스의 이성적이고 자연적인 것도 인정했지만, 보다 중요한 것은 초자연적인 것. 즉 신앙이라고 주장하였다. 그리고 그는 초자연의 진리는 자연의 진리와 모순되는

토마스 아퀴나스 신학과 철학의 발전에 커다란 영향을 끼쳤다.

것이 아니라 서로 보완하고 완성시키는 것이라고 하였다. 진리는 하나이기 때문에 학문에 의한 진리와 신앙에 의한 진리가 일치할 수밖에 없다는 것이다.

그는 '아퀴나스적 총체'라고 불리는 자신의 독창적 사상 체계를 위해 아우구스티누스와 아리스토텔레스의 사상만이 아니라 신 플라톤 철학, 이슬람과 유대의 사상 등 광범위한 사상을 수용하였다. 때문에 한때 이단으로 비난받기도 하였지만, 그의 총체적 학문은 이후 신학과 철학의 발전에 커다란 영향을 주었다.

로마네스크 양식과 고딕 양식

중세에는 학문만이 아니라 예술도 종교를 위해 봉사하였다. 그런 점에서 볼 때 중세의 예술은 순수예술이라기보다는 실용예술인 셈이다.

11세기부터 사회가 안정되고 경제가 발달하면서 마을과 도시에 새로운 교회들이 들어서기 시작하였다. 이 시기에 세워진 교회들은 대개 로마 시대의 전통을 유지하고 있어 '로마네스크 양식'이라고 불렸다.

로마네스크 양식의 교회는 아치형 석조 천장과 이것을 받치기 위한 두꺼운 벽과 작은 창문이 특징이다. 두꺼운 벽과 작은 창문으로 인해 교회 실내 분위기는 어두우면서도 중후한 느낌을 주었다. 그리고 교회 출입문의 좌우 기둥에는 성서의 내용이나 일상의 도덕, 죄와 형벌에 관한 그림들이 그려졌고, 실내의 두꺼운 벽은 프레스코화로 장식되었다. 프랑스에서 로마네스크 양식으로 이루어진 가장 대표적인 건축물은 캉의 수도원과 수녀원이다.

12세기 말부터는 새로운 고딕 양식의 교회들이 나타났다. '고딕gothic'이라는 말은 야만족이었던 고트족에서 유래하는 것으로, 고딕 양식을 야만적인 것으로 비하하려는 사람들에 의해 고의적으로 붙여진 이름이다.

고딕 양식은 로마네스크 양식과는 달리 조골(助骨) 궁륭에 의해 벽의 무게를 분산할 수 있었기 때문에 벽을 얇고 창문을 크게 만든 수 있었다. 뾰족하고 높은 첨탑 모양의 교회 지붕은 12, 13세기 중세의 번영과 활력을 상징할 뿐만 아니라 교회를 지은 도시 상인들의 종교적 열정과 애향심을 상징하였다. 사실 교회 건축은 종교적 신앙심만이 아니라 자신의 도시에 대한 자부심과 긍지

캉의 수도원(위)과 샤르트르 대성당(아래)

그리스도 수난을 표현한 생트 샤펠 성당의 스테인드 글라스 1248년 성 루이가 시테 섬에 설립한 이 성당은 고딕 양식으로 이루어진 아담한 성당이다.

의 표현이기도 하였다. 고딕 양식의 대표적인 건축물에는 샤르트르 대성당과 아미앵 대성당, 파리 노트르담 대성당, 랭스 대성당 등이 있다.

샤르트르 대성당은 9세기에 건축되어 몇 번의 화재를 겪은 후 13세기에 고딕 양식으로 증축되어 오늘에 이르고 있다. 샤르트르 대성당의 창문을 둥글게 장식하고 있는 거대한 장미창이 특히 유명하다. 파리 시테 섬에 위치한 노트르담 대성당은 12세기 파리 주교에 의해 지어진 이래 증축을 거듭하였다. 프랑스 대혁명 기간에는 심하게 파손되었고 그 폐허 위에서 '이성의 예배'가 거행되기도 하였다. 그것은 빅토르 위고의 《노트르담의 꼽추》로 더욱 유명해졌다. 아미앵 대성당과 랭스 대성당 역시 고딕 양식을 대표하는 건축으로 특히 랭스 대성당은 프랑스 역대 왕들이 대관식이 거행된 곳이다.

세속 문학의 발달

중세의 학문과 예술이 종교를 중심으로 발달한 것은 사실이지만 세속적인 문화가 전혀 없었던 것은 아니었다. 학문과 종교, 법률에서 사용된 용어가 주로 라틴어였던 반면에 세속 문학에는 속어가 많이 사용되었다. 세속 문학의 중심은 영주들의 궁정이었다. 특히 아키텐 공과 툴루즈 백, 노르망디 공, 앙주 백, 샹파뉴 백, 플랑드르 백과 같은 대영주의 궁정에서 세속 문학이 크게 발달하였다.

대영주는 상인들과 더불어 11세기 경제적 번영의 가장 큰 수혜자들이었다. 그런데 대영주들은 상인들과 달리 수중에 들어온 부를 모아 두지 않고 써버리는 경향이 있었다. 그들은 낭비와 사치

피리를 불고 있는 순회악사들

가 자신의 권위를 유지시켜 준다고 믿었고 후한 인심을 미덕으로 생각했다. 따라서 그들은 사람들을 불러 모아 끊임없이 축제를 벌이고 놀이를 즐겼다. 그 축제와 놀이에는 순회악사와 음유시인, 광대들이 빠지지 않았다. 그들은 어느 한 궁정에 전속으로 소속된 경우도 있었고, 여러 궁정을 돌아다니는 떠돌이도 있었다. 그들은 궁정에 축제가 있을 때마다 음악을 연주하고 시를 낭송하며 재주를 부렸다. 그들이 바로 세속 문학을 발달시키고 매개하는 주체들이었다.

중세의 대표적인 세속 문학에는 기사들의 모험담을 소재로 한 무훈시와 기사도와 사랑을 소재로 한 연가(戀歌)가 있었다. 무훈시는 국왕과 영주들의 무훈을 칭송하는 장편 서사시로서, 11

세기 말 노르망디와 루아르 강 유역, 일 드 프랑스를 중심으로 발달하였다. 당시 무훈시가 발달한 이유는 그때가 기사들의 모험과 여행이 증가한 시기였기 때문이다. 예를 들면 노르망디 공 기욤은 영국을 원정하여 새 왕조를 세웠으며, 더 나아가 노르망디 기사들은 시칠리아 정복 여행을 하였다. 또한 부르고뉴와 샹파뉴의 기사들도 원정하여 포르투갈을 건설하였다. 그리고 무엇보다 십자군 전쟁은 영주들이 무훈시에 관심을 갖게 된 중요한 동기였다.

가장 대표적인 무훈시 〈롤랑의 노래〉도 이 시기에 만들어졌다. 그것은 피레네 산맥에서 있었던 샤를마뉴 대제와 바스크족의 전쟁을 소재로 한 것으로, 주인공 롤랑은 샤를마뉴 대제의 열 두 기사 중 한 명이자 그의 조카였다. 그 내용은 용감한 전사였던 롤랑이 간신 가르농의 음모에 빠져 바스크족과의 전쟁에서 비참하게 죽고, 이후 샤를마뉴가 바스크족을 물리친 뒤 가르농과 그 일가를 처형하여 조카의 원수를 갚는다는 것이다. 이 〈롤랑의 노래〉

〈롤랑의 노래〉 중 한 장면 샤를마뉴 대제가 롤랑에게 군대지휘권을 넘기고 있는 모습이다.

는 독일의 〈니벨룽의 노래〉, 영국의 〈아서 왕 이야기〉와 함께 가장 대표적인 기사 문학으로 꼽히고 있다.

연가는 푸아티에와 리모주 지역에서 발달한 오크어로 된 짧은 노래로 예배 의식에 사용된 시편 영창의 멜로디에 애정을 소재로 한 가사를 붙인 것이다. 연가에는 당시 유행한 궁정식 사랑이 잘 묘사되어 있었다. 궁정식 사랑이라는 관념은 아키텐 공 기욤 9세의 작품에 나타난 육체적 쾌락을 중시하는 남녀 관계에서 유래하였다.

그러나 다른 사람의 부인을 상대로 한 육체적 욕망은 대개 이루어질 수 없는 사랑으로 끝나는 수가 많은데, 그 애절한 사랑을 예술적으로 승화시킨 형태가 연가인 것이다. 그것을 음유시인들이 더욱 발전시켜 노래로 부르기 시작하였다.

그러나 궁정식 사랑의 관념은 남의 부인에 대한 사랑을 찬양하는 것이어서 기독교의 가르침과는 대립되었다. 그런 이유로 교회는 육체적 쾌락을 찬양한 기욤 9세를 '추잡한 광대요 외설장이'라고 비난하였다. 궁정식 사랑을 소재로 한 또 다른 대표적인 작품은 앙드레의 〈명예로운 사랑의 기술에 관하여〉인데, 그것은 이후 새로운 문학 장르인 로망(통속소설)의 출현에도 많은 영향을 주었다.

무훈시와 연가와는 별도로 성직자와 귀족들을 비판하는 풍자 문학이 발달하였다. 그것의 특징은 인간 본질의 동일성을 평이한 문체로 써 내려갔다는 점이다. 가장 대표적인 것이 《장미 이야기》

〈장미 이야기〉

이다. 그런데 이 《장미 이야기》의 전반부와 후반부는 성격이 상이하다. 전반부는 궁정식 사랑을 찬미하는 연가에 가깝고, 후반부는 궁정식 사랑을 풍자하는 도위 문학이라고 할 수 있다. 또 전반부와 후반부의 저자도 다르다. 전반부는 13세기 초 기욤 드 로리스가 자신이 사랑하는 부인을 '장미'에 비유해 사랑의 기술을 묘사한 것이다. 이에 반해 후반부는 약 40년 후에 장 드 묑이 썼으며, 그 내용도 육체적 쾌락을 중시하는 궁정식 사랑을 풍자하고 있다. 그는 여기서 "사랑이란 자식을 생산하기 위한 본능적 결합이다."라고 주장하고 있다. 이처럼 《장미 이야기》에는 당시 유행한 궁정식 사랑에 대한 전혀 다른 견해가 동시에 담겨 있는 셈이다.

기사도

기사도 귀부인에게 사랑을 맹세하는 기사의 모습이 그려진 방패.

중세 세속 문학의 주인공들은 대개 기사들이다. 기사들의 행동 양식을 흔히 기사도라고 하는데 이것은 앞에서도 잠깐 설명했듯이 호전적인 기사들을 순화시키려는 교회의 꾸준한 노력의 결과이기도 하였다. 교회는 기사들에게 세 가지 원칙을 강조하였다.

첫째는 신을 위해 봉사할 것
둘째는 주군에게 충성할 것
셋째는 동료와의 관계에서 명예를 중시하고 약자를 보호할 것

여기서 약자에는 어린이와 노인, 여성, 빈민들이 포함되었다.

그 뒤 12세기 이래 궁정 사교계가 발달하면서 여성에 대한 숭배와 예절이 기사도의 중요한 미덕으로 자리를 잡게 되었다. 궁정식 사랑의 출현도 이러한 배경과 무관하지 않았다.

기사들은 자신의 이상적인 여성을 정하고 그녀를 위해 헌신적으로 봉사하는 것을 명예로 여겼다. 여성의 지위가 상승되기도 하였다.

기사도는 기사 수련을 쌓아가는 과정에서 자연스럽게 교육되었다. 봉건 귀족의 아들은 7~8세가 되면 아버지의 주군이나 친척 등 상위 귀족의 궁정에 기거하면서 기사로서의 교육과 훈련, 예의범절을 배웠다. 처음 들어가서는 성주 부인의 시동으로 봉사하며 예의범절과 악기 연주, 노래 등 비군사적인 재능을 익히다가,

마상 시합

14~15세가 되면 주군의 종사로 봉사하면서 말의 사육이나 무술 연마 등과 같은 군사훈련을 익혔다. 그리고 20세에 기사 서임을 받고 정식 기사가 되었다.

그러면 기사들의 일상생활은 어떠했을까? 그들은 원래가 전사 출신으로 전투와 무예를 숭상하며 노동을 멸시하는 경향이 강했다. 따라서 생계를 위해 직업을 가지는 일 따위는 하지 않았다. 그들은 전쟁이 없을 때는 성 안에서 축제와 유희에 빠져 세월을 보냈다. 그들이 하는 일상적인 오락은 사냥과 마상 시합이었다. 특히 전쟁이 뜸해진 12세기에는 전투의 대리만족을 얻을 수 있는

스포츠로써 마상 시합이 기사들 사이에 크게 유행하였다. 그런 이유로 당시 마상 시합은 실제 전쟁만큼이나 위험하고 잔인하여 시합 도중에 부상을 입기는 다반사였고, 목숨을 잃는 경우도 많았다. 프랑스 국왕 앙리 2세 역시 마상 시합 도중 사망하였다.

기사들은 직업이나 노동에 연연해하지 않았을 뿐더러 이익관계를 따지는 생활을 수치스럽게 생각하였다. 그들은 후한 인심과 화려하고 사치스런 생활을 미덕으로 알았기 때문에 종종 파산을 하거나 부채에 허덕이는 일도 있었다. 이에 반해 상업과 금융업으로 막대한 재산을 획득한 부르주아들은 재산을 착실히 모아 경제적 기반을 확보하였다. 이러한 기반으로 인해 그들은 귀족을 누르고 새 시대의 주인이 될 수 있었다.

중세의 소외 집단

이 시대에 중세의 삼신분인 기사와 성직자, 농노 외에 또 다른 신분이 출현하였다. 11세기 이후 상업과 도시가 발달하고 사회가 복잡해지자 사회적 신분과 계층도 다양해졌다. 한편으로는 상인과 수공업자를 중심으로 하는 새로운 시민계층이 형성되었고 다른 한편으로는 사회의 구성원에 소속되지 못한 주변인들, 즉 소외 집단들이 출현하였다. 삼신분을 비롯해 상인과 장인에 대해서는 앞에서 언급했으니 여기서는 소외 집단을 살펴보자. 중세의 소외 집단에는 이단을 비롯해 유대인과 창녀, 동성애자, 문둥이 등이 포함되었다.

이단 - 마녀와 마법사

12세기에 이단이 증가한 이유는 상업 발전에서 비롯된 정신적, 지적 부흥 때문이었다. 정신적 부흥의 특징은 자서전이나 연애 문학의 발전, 참회적 고해의 증가에서 확인할 수 있듯이 '개체의 발견'이었다. 그런데 개체 사상과 개인주의의 발전은 신앙생활에도 적지 않은 영향을 주어 성체성사와 같은 종교적 형식보다는 개인의 내면적 신앙을 강조하는 경향이 등장하게 되었다. 이러한 경향과 연관되어 12세기 발도파와 보고밀파, 카타리파, 알비주아파와 같은 이단이 급증하였다. 그들은 원시 기독교 시대의 성경과 사도적 삶을 동경하며 교회의 성체성사와 성직자 제도를 비판하였다. 그리고 대체로 신비주의적이고 경건주의적인 경향을 띠었다.

이런 이단을 보고만 있을 교회가 아니었다. 급증하는 이단을 탄압하기 위해 1215년 라테란 공의회가 소집되었다. 라테란 공의회는 '재기독교화'를 천명하고 평신도와 소외 집단에 대한 통제를 강화하였다. 그리고 시간이 지나면서 이단에 대한 통제는 점차 '악마 신화'와 연결되기 시작하였다. 즉 이단을 악마를 신봉하는 마법사와 마녀로 몰아갔던 것이다. 그리고 그 결과는 중세 말의 잔인한 마녀 재판으로 나타났다. 종교 재판은 12세기부터 나타나기 시작해 세기말적 재앙이 겹치는 14세기와 종교 전쟁이 한창이었던 16세기에 극심하였다.

중세 종교재판소의 화형 장면

유대인

유대인도 이단과 동일하게 취급되었다. 유럽인들이 유대인을 싫어한 이유는 여러가지였다. 그 중 하나는 예수를 죽인 사람이 유대인이라는 종교적 이유 때문이고, 다른 하나는 유대인 대부분이 기독교인에겐 금지된 고리대금업에 종사하고 있다는 경제적 이유 때문이다. 여기에 11세기 십자군 전쟁을 계기로 유대인에 대한 적대감이 더욱 증가하였다. 탁발 수도승들은 외부의 이슬람 세력을 무찌르기 이전에 내부의 적부터 처단해야 한다고 설교하였고, 이에 호응해 민중들은 유대인들을 학대하고 학살하였다.

유대인 탄압은 13세기 이래 제도화되었다. 유대인들은 기독교인과 성 관계를 맺거나 결혼을 할 수 없었고, '게토'라고 하는 강제 거주 지역에서만 생활해야 했으며, 자신이 유대인임을 표시하는 특별한 배지를 착용해야 했다. 그러던 중 14세기에 흑사병이 창궐하여 유럽을 휩쓸자 유대인들은 병을 살포시켰다는 누명을 쓰고 대량으로 학살당하기도 하였다.

유대인 탄압

결국 서유럽에 발을 붙일 수 없게 된 유대인들은 동유럽이나 러시아로 이주할 수밖에 없었다. 하지만 유대인들의 고난은 여기서 끝난 게 아니었다. 600여 년이 지난 뒤인 20세기에 독일의 히틀러가 그곳까지 쫓아가 유대인을 다시 대량 학살하였다.

　이처럼 유대인들은 중세 때부터 현대에 이르기까지 참으로 힘든 세월을 살아야했다.

매춘과 동성애, 문둥병

11세기 이래 도시가 발달하면서 교회와 각 시의 골칫거리로 떠오른 것이 매춘과 동성애 문제였다. 매춘은 화폐 경제가 발달한 결과이기도 했지만 당시 청년들이 늦게 결혼하면서 생긴 문제이기도 하였다.

　매춘을 '필요악'으로 인식한 시 당국은 그것을 완전히 금지하기 보다는 시가 직접 관리하는 공창제도를 택하였다. 시 당국이 직접 매춘부를 고용해 정기적인 검진, 영업 범위와 시간 등을 규제한 것이다. 당시 매춘부들은 홍등가를 벗어나 외출할 때에는 특별한 복장을 해야 했다.

　동성애 문제는 더욱 심각했다. 동성애 역시 시골보다는 도시의 문제였다. 도시에는 주로 결혼할 시기가 지난 학생, 독신생활을 하는 성직자, 향락적인 생활을 즐기는 젊은 귀족들이 많이 모여들었는데, 그들 사이에 동성애가 광범위하게 확산되었다.

　그리스로마 시대에는 성(性)이 문화적이고 사회적인 것으로 여겨져 남성간의 동성애 관계가 용인되었다. 특히 그리스인들은 여성과는 인격적 관계가 불가능하다고 생각하고 인격적 성숙을 위해 도움이 되는 연장자와 연소자 사이의 동성애 관계를 긍정하였다. 그러나 중세 기독교 사회가 되면서 생산을 목적으로 하지 않는 모든 성관계가 죄악시되면서 동성애는 가장 혹독한 비판을

문둥병자와 거지

받았다. 교회는 동성애를 결혼을 하지 않았을 때 발생하는 비정상적인 행위라고 보았기 때문에, 기혼자가 동성애에 빠질 경우에는 더욱 가혹한 처벌을 내렸다.

마지막으로 문둥병 환자의 문제이다. 당시 문둥병 환자는 질병의 차원이 아니라 도덕적 차원에서 고려되었다. 문둥병이 전염에 의해서가 아니라 문란한 성 생활로 생긴 죄악의 결과라고 본 것이다. 문둥병은 나중에는 이단과 연결되기도 하였다. 문둥병 환자들은 수용 시설에 갇히거나 떠돌이 생활을 하였다. 그들은 외출할 때 특별한 복장을 하고 사람들의 접근을 막기 위해 반드시 소리 나는 딸랑이를 흔들고 다녀야 했다.

4
중세의 황혼

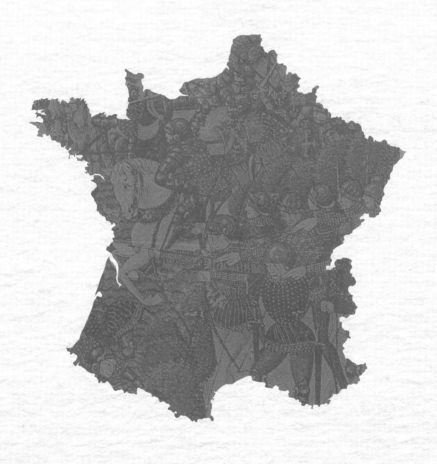

중세의 황혼

샤를 4세 이후 카페 왕조가 단절되고, 필립 6세에 의해 발루아 왕조가 시작되었다. 백년 전쟁을 통해 왕권이 더욱 강화되고 국민감정도 형성됐으며, 프랑스라는 국가의 모습은 강화된 왕권과 국민감정을 기반으로 해서 형성되었다. 구교와 신교의 분쟁으로 왕권에 위기가 오기도 했으나, 앙리 4세에 의해 부르봉 왕조가 들어서면서 왕권은 다시 강화되었다. 앙리 4세는 위그노 전쟁을 종결짓고, 프랑스 왕국의 통일과 왕권 강화를 위해 많은 노력을 하였다.

중세 말기의 재앙들

14세기 경제의 쇠퇴

11세기 이래 성장을 거듭하던 프랑스 경제가 14세기부터 위축되기 시작하였다. 개간지가 고갈되고 농업생산력이 한계에 부딪히면서, 지속적으로 증가한 인구를 더 이상 부양할 수 없게 되었다. 그리고 14세기 초의 이상 기후, 즉 소빙하기로 인해 겨울이 길고 추워지면서 잦은 흉작이 발생했다. 14세기 초의 대흉작은 굶주림에 시달리다 못한 사람들이 인육을 먹을 만큼 심각하였다.

농업 경제의 위축은 상업의 쇠퇴와 도시의 몰락을 가져왔다. 1310년경 샹파뉴 시가 쇠퇴하였다. 그 이유는 경제의 전반적인 위축 외에도 이탈리아 상인들이 플랑드르 지방을 가기 위해 샹파뉴보다 알프스, 라인 강 수로, 지브롤터 해협 등을 더 많이 이용함으로써 통행세 수입이 감소했기 때문이었다. 사실 샹파뉴 시의 통행세는 다른 지역보다 훨씬 비쌌다.

상업과 무역의 부진은 수공업에도 영향을 주어 플랑드르의 모직물 공업이 쇠퇴하였다. 수공업자들이 빈곤해졌고, 이로 인해 동업조합은 이전보다 훨씬 더 폐쇄적으로 되었다. 이전에는 도제와 직인들이 시작품(試作品)을 제출해 기술이 인정되면 장인이 될 수 있었지만, 점점 기술보다는 혈통이 중요해지기 시작했다. 장인이 되는 길이 점점 어렵게 되자, 장인이 죽으면 그 미망인이 장인의 직을 세습하는 관행을 이용해 미망인과 결혼하여 장인이 되려는 직인들도 등장하였다.

이처럼 중세 말 경제가 침체되어 암울한 시대인 것은 확실했지만 몇몇 계층의 사람들에게는 반드시 그런 것만도 아니었다. 조세를 거두어들이는 대제후들은 계속적인 수입을 확보할 수 있었다. 바로 이들이 호이징가가 《중세의 가을》에서 언급한 '몰락하는 중세를 화려한 사치와 축제로 장식한 사람들'이었다.

이 외에도 빈번한 전쟁을 이용해 재산을 모은 전쟁 기업가, 국제 무역상과 같은 대상인, 상업을 통해 자수성가한 신흥 졸부들이 등장하였다. 이러한 신흥 졸부들은 전통 귀족들과 달리 인색하기 그지없었기 때문에 중세 말의 연극에 그들을 풍자하는 장면이 많이 나온다.

흑사병

흑사병 중세 사람들은 흑사병을 악마의 소행이라고 생각했다.

중세 말의 경제적 침체를 더욱 가공스럽고 세기말적인 것으로 만든 대재난은 흑사병이었다. 소아시아에서 발생한 흑사병은 제노바 상인에 의해 1347년 말 이탈리아를 거쳐 마르세유에 도착하고, 다시 1348년경에는 프랑스 전체를 휩쓸었다. 당시 아비뇽은 흑사병을 사방으로 유포시킨 교차로 역할을 하였다. 흑사병이 할퀴고 간 도시는 인구가 절반으로 줄었으며, 농촌은 폐허가 되었다. 특히 인구가 밀집된 도시의 피해는 상상을 초월할 정도였다.

흑사병의 치사율은 거의 100퍼센트에 가까웠다. 흑사병에 대한 공포는 환자가 참혹하게 죽

l endo tono Dimoltrato plinoltr pecrati fegno della fan

1348년 프랑스 및 전
유럽에 유행하였던 흑
사병 흑사병으로 인하
여 수많은 인명이 사
라지고, 경제는 심각
한 타격을 받았다.

어가는 모습에서 뿐만 아니라 흑사병 자체에 대한 무지로 인해 더
욱 증가하였다. 이 시대에 의사들이 권고한 최선의 처방은 "빨리
떠나라. 최대한 멀리 가라. 그리고 될 수 있는 한 늦게 돌아와라."
였다. 사람들이 흑사병을 막기 위해 할 수 있는 일이라고는 성문
을 걸어 잠그는 것, 발병한 집에 방역선을 치는 것, 시골로 피난
가는 것, 공기를 정화하기 위해 방향 식물을 뿌리는 것, 채찍고행
자의 행렬에 가담하는 것 등이 고작이었다. 당시 도시 곳곳에서
음울한 표정을 짓고 행렬하는 채찍고행자들의 모습은 낯선 풍경
이 아니었다.

원인을 모르는 끔찍한 결과로 인해 엉뚱한 피해자가 나타났
다. 중세 이래 차별받아온 유대인이나 문둥병자들이 흑사병을 유
포시킨 당사자로 몰린 것이다. 사람들은 흑사병의 원인을 알기 위
해 고심했지만 당시의 의학수준으로 그것은 불가능했다. 파리
대학 의학부는 그것이 천재의 이변 때문이라고 발표했고, 일반인

들은 '악마의 소행'이라고 생각했다. 점차 유대인들이 우물에 독을 타고 문고리에 독약을 발랐기 때문이라는 소문이 확산되었다. 1321년에 나병 환자들에 대한 광범위한 습격이 있었고, 유대인에 대한 반감도 증가하여 1349년에는 스트라스부르에서 2천여 명의 유대인이 학살당했다.

아직 의학의 발달이 미비했던 중세 말기, 끔찍한 재앙에 대해 합리적이고 과학적인 설명이나 해결책을 누구도 제시할 수 없는 상황에서 사람들은 희생양을 찾는 데 혈안이 되었다. 그 결과 유대인 학살이나 마녀 사냥이 광범위하게 자행되었다. 이처럼 중세 말기는 자연적 재앙에 사람들의 광분이 더해진 세기말적인 시대였다.

전쟁과 반란

경제적 침체와 흑사병이라는 재난 외에도 이 시기에는 전쟁과 반란이 끊이지 않았다. 크고 작은 반란과 전쟁뿐만 아니라 백 년 동안 진행된 백년 전쟁도 이 시기에 일어났다. 잦은 전쟁으로 도시와 농촌은 폐허가 되었다. 백년 전쟁의 무대가 되었던 디에프에서 루앙에 이르는 지역에 '형체를 알아볼 수 있는 것이란 아무 것도 남아 있지 않았고, 몇몇 비적 떼를 제외하고는 한 사람도 남지 않았다'라는 기록만 보더라도 전쟁과 반란으로 인한 피해가 어느 정도였는지를 알 수 있다.

전쟁의 피해는 용병들의 약탈로 인해 더욱 심각했다. 이 시대 대부분의 전쟁에는 용병이 사용되었다. 당시 용병은 대장을 중심으로 약 10명에서 30명씩 한 부대를 이뤄 봉급을 받고 전쟁에 나가 싸워주는 군인 집단이었다. 그들은 전쟁이 끝난 후에는 약탈을 일삼는 강도로 돌변해 일반인들을 괴롭혔다. 심지어 봉급을 지불할 수 없는 군주나 영주들은 봉급 대신 그러한 약탈을 용인해 주기도 하였다.

경제 침체와 흑사병, 전쟁 후의 과중한 세금으로 살기 힘들어진 농민과 시민들은 도처에서 봉기와 반란을 일으켰다. 중세말의 여러 재앙들이 그 동안 누적되었던 사회적, 계층적 갈등을 폭발시켰기 때문이다.

대표적으로 1358년 북부 프랑스의 보베지에서 '자크리의 난'이 발생하였다. 이 반란은 백년 전쟁과 흑사병, 봉건 영주의 압박에 참다못한 '선량한 농민 자크'가 일으킨 분노와 절망의 폭발이었다. 성난 농민들은 귀족의 저택이나 성을 약탈하고 불태웠다. 그들은 한때 파리에서 반란을 일으킨 에티엔 마르셀과 결탁하기도 하였으나 귀족들에 의해 3개월 만에 무자비하게 진압되었다.

농민 자크와 결탁했던 에티엔 마르셀의 반란은 백년 전쟁 중에 파리에서 부르주아들이 일으킨 반란으로, 원인은 재정 문제였다.

자크리의 난 귀족군에 의해 잔인하게 진압되는 농민들을 묘사하고 있다.

필립 6세는 비대해진 관료제를 유지하고 전쟁을 수행하기 위해 막대한 돈이 필요했다. 그래서 염세(鹽稅)와 인두세(人頭稅)를 새로 만들어 돈을 거두어 들였지만 충분하지 못했다. 그러자 악화를 발행하기 시작하여 1337년에서 1350년 사이에 무려 24회나 발행하였다. 신설된 세금과 악화 발행의 가장 큰 희생자는 부르주아들이었다.

그러던 중 1357년 영국군의 포로가 된 국왕 장의 몸값을 마련하기 위해 삼부회가 소집되자 급기야 부르주아들의 불만이 폭발하였다. 부르주아들은 파리상인조합장인 에티엔 마르셀을 중심으로 세제의 개혁과 악화 발행의 금지, 삼부회의 정기적 소집 등을 포함하는 강력한 개혁을 요구하였다. 그러자 당시 왕태자였던 샤를 5세는 이들의 급진적 요구를 무시하고 파리를 탈출해 피신해 버렸다.

마르셀 일파는 파리 시를 장악하고 시를 상징하는 청홍색으로 두건을 만들어 착용하였다. 그들은 지방 도시들과도 제휴하였는데 특히 나바르의 샤를르 데브루와 보베의 자크리 반란군들과 결합하였으며, 심지어 영국과도 제휴할 움직임을 보였다. 그러자 파리의 보수적 부르주아들은 마르셀의 지나친 급진주의를 경계하기 시작했다.

결국 마르셀은 그들에게 살해되고 말았고, 그가 죽자 반란도 곧 진압되었다. 반란이 끝나자 샤를 5세는 마르셀의 의회주의적 개혁을 배척하고 북프랑스 자치 도시들의 독립성을 제한하였으며 삼부회를 거치지 않고도 세금을 거둘 수 있도록 하였다.

마르셀의 반란은 이 시기 반란의 특징을 잘 보여주는 대표적인 사례이다. 즉 이 시기의 대부분의 반란들은 국가의 조세 정책에 대항하는 조세 저항적 성격을 띠고 있었다. 1381년 랑그도크의 농민 반란, 1380년 파리와 루앙의 반 조세 봉기, 1413년 푸줏간 주인들이 주도한 봉기, 루앙의 아렐 폭동, 파리의 마이오탱 폭동 등이 모두 그러한 예이다.

루앙의 아렐 폭동은 '재단사의 왕'을 중심으로 한 축제에서 촉발된 폭동이며, 파리의 마이오탱 폭동은 폭도들이 병기창에 난입하여 그곳에 있던 망치를 들고 난동을 부린 폭동이었다. 폭동을 뜻하는 단어 Mailotins도 이때 사용된 망치mallet에서 유래하였다고 한다. 이 외에도 피카르디와 샹파뉴 같은 도시들에서도 반란이 일어났다.

백년 전쟁과 왕권의 강화

백년 전쟁의 원인

무엇보다 이 시대를 혼란에 빠트린 것은 1337년부터 1452년까지 약 100년간 지속된 프랑스와 영국 사이의 전쟁이었다. 전쟁 직전 프랑스의 영토는 일 드 프랑스와 오를레앙 지방을 중심으로 한 왕령지와 공작령인 부르고뉴, 플랑드르, 브르타뉴, 기이엔 등으로 구성되어 있었다. 대제후들의 영토인 공작령은 봉건적 위계상 왕령에 속했지만 거의 독립된 국가나 다름없었고, 실제 전쟁이 일어나자 그들 중 영국왕을 지원하는 제후들도 있었다. 특히 부르고뉴 공이 그러하였다. 게다가 역대 영국왕들은 프랑스 내에 광대한 영지를 소유하고 있었는데 이것이 전쟁의 불씨가 되었다.

백년 전쟁 직전 왕실 가계도 ★은 당시 왕위 계승을 주장한 사람.

하지만 백년 전쟁이 일어난 보다 직접적인 원인은 왕위 계승 문제였다. 필립 4세가 죽자 그의 세 아들인 루이 10세(1314~1316년)와 필립 5세(1316~1322년), 샤를 4세(1322~1328년)들이 차례로 왕위를 계승하였지만 이들 중 아무도 왕위를 계승할 아들을 두지 못했다.

이 상황에서 왕위 계승을 주장할 수 있는 사람은 세 사람이었다. 필립 4세의 외손자인 영국의 에드워드 3세와 쟌느 드 나바르의 남편이며 루이 10세의 사위가 되는 필립 데브루, 그리고 필립 4세의 조카이며 필립 3세의 손자인 필립 드 발루아Philippe de Valois가 그들이었다.

이들 중 가장 유력한 인물은 필립 4세의 외손자인 영국의 에드워드 3세였지만 프랑스인들, 특히 파리 시민들은 영국인이 자신들의 왕이 된다는 사실을 인정할 수 없었다. 그래서 그들은 삼부회를 열어 여성의 왕위 계승권을 인정하지 않는 게르만의 전통법인 살리크 법을 근거로 에드워드 3세의 왕위 세습을 반대하였다. 그들의 논리는 살리크 법에 의하면 여성은 왕위를 계승할 수 없으므로 이미 영국으로 시집간 이사벨라는 왕위를 계승할 수 없고, 따라서 그녀의 아들 또한 당연히 프랑스 왕위를 계승할 수 없

이야기 프랑스사

다는 것이었다.

파리 시민들은 영국왕 대신 프랑스 태생인 필립 드 발루아를 새 왕으로 지지하였다. 이러한 결의는 프랑스 땅에서 태어나지 않은 이방인을 왕으로 모실 수 없다는 프랑스인들의 국민감정의 표현이기도 하였다. 결국 필립 드 발루아가 필립 6세(1328~1350년)로 왕위에 오르면서 발루아 왕조(1328~1589년)가 시작되었다.

봉건적 위계상 에드워드 3세는 가스코뉴 공으로 프랑스 국왕의 하위에 속했다. 따라서 그가 가스코뉴 지방을 계속 영위하기 위해서는 새 왕인 필립 6세에게 신종서약을 해야 했다. 당시 에드워드 3세는 왕위계승권을 주장할 수도 있었다. 그러나 필립 6세에게 신종서약을 함으로써 문제를 해결하고 기회를 기다렸다. 그러나 1329년 필립 6세는 에드워드 3세의 신종서약이 미비하다는 구실을 내세워 신종서약을 다시 하라고 요구하였다. 이 요구는 그 동안 기회를 엿보고 있던 에드워드 3세에게 좋은 기회를 제공하였다. 에드워드 3세가 재신종서약을 거부하자 필립 6세는 봉건적 관례대로 가스코뉴 지방을 몰수하였다. 그러자 기다렸다는 듯이 에드워드 3세는 가스코뉴 지방만이 아니라 포기했던 프랑스 왕위마저 요구하며 1340년 프랑스에 전쟁을 선포하였다.

영국이 프랑스에 전쟁을 선포한 데에는 경제적인 요인도 있었다. 당시 플랑드르 지방은 모직물 생산의 중심지로서 원료가 되는 양모의 대부분을

필립 6세 1328년 필립 6세가 왕위에 즉위함으로써 카페 왕조가 끝나고 발루아 왕조가 시작되었다.

영국에서 수입해오고 있었다. 따라서 플랑드르의 모직물업자들은 영국과 밀접한 이해관계를 가지고 있었고 그만큼 프랑스보다는 영국에 더 우호적이었다. 이들 모직물업자들과 영국에 망명 중인 프랑스 귀족들이 프랑스 국왕이 되려는 에드워드 3세의 야망을 부추겼고 전쟁에 필요한 막대한 자금을 지원해 주었다.

백년 전쟁 전기

전쟁이 시작될 무렵 프랑스의 주력 부대는 중무장한 기사들이었지만 영국은 기사 외에도 장궁(長弓)을 지닌 보병대를 소유하고 있었다. 전쟁 초기인 1346년 크레시 전투에서부터 이 보병대의 능력이 아낌없이 발휘되어 영국군은 전력이 우세한 프랑스군을 격파하고 칼레를 함락시켰다.

이후 프랑스의 열세가 계속되어 1357년 푸아티에 전투에서 국왕 장(1350~1364년)과 그의 막내아들 필립이 영국 에드워드 3세의 장남 흑태자에게 인질로 잡히는 지경이 되었다. 그로 인해 프랑스에 왕태자 샤를 5세(1364~1380년)의 섭정이 시작되었다. 왕태자는 영국과 브레타니 조약(1360년)을 체결하고 전쟁을 종결시켰다.

브레타니 조약에 의해 프랑스는 칼레를 포함하여 피레네에서 루아르 강변에 이르는 프랑스 남서부 전체를 영국에게 양도하였다. 이 영토는 이후 샤를 5세가 정비한 상비군의 게릴라전에 의해 점차 회복되었지만 칼레와 퐁티외, 기이엔은 여전히 영국의 점령하에 있었다. 프랑스는 막대한 영토 외에도 국왕 장의 몸값으로 금화 300만 에퀴를 영국에 바쳐야 했다.

이후 프랑스와 영국은 각자 국내 문제로 바빴기 때문에 백년
전쟁은 잠시 소강상태로 들어갔다. 프랑스에서는 샤를 5세의 뒤
를 이어 12살의 샤를 6세(1380~1422년)가 왕위에 올랐다. 샤를 6
세의 나이가 어렸기 때문에 실제 통치는 왕족이 담당하였다. 그런
데 그가 성인이 된 뒤에도 자신이 직접 통치할 수 없었다. 왜냐하
면 샤를 6세는 왕비의 환락적인 생활로 인한 질투와 번민 때문에
정신 이상 증세를 보였기 때문이었다.

부르고뉴 가와 오를레
앙 가의 대립은 내전
으로 확대되었다.

이런 상황에서 국왕의 사촌인 부르고뉴 가와 국왕의 동생인
오를레앙 가의 왕족 싸움이 치열해져 내전으로 확대되었다. 부르
고뉴 가는 북부와 동부를 장악하고, 오를레앙 가는 남부와 서부를
장악하여 대립하였다. 파리는 그 중에서 오를레앙 가보다는 부르
고뉴 가를 지지하였다. 오를레앙 공의 환락적인 생활이나 왕비와
의 염문소식이 파리에 퍼지면서 파리 시민들이 그를 신임하지 않
았기 때문이다.

백년 전쟁 후기

프랑스가 이런 내전과 혼란에 빠져 있는 동안 영국에서는 헨리 4세의 뒤를 이어 헨리 5세가 왕위에 올랐다. 호전적인 성격의 헨리 5세는 프랑스가 왕족 싸움과 내전에 빠져있는 틈을 이용해 프랑스를 공격하여 1415년 아쟁쿠르Agincourt 전투에서 대승을 거두었다. 아쟁쿠르 전투는 중세의 가장 처참한 전투로 프랑스인 1만 명이 사망했을 정도였다.

이 전투로 인해 1420년 양국 간에 트루아 조약이 체결되었다. 그런데 이 조약은 프랑스의 왕위 계승에 관한 획기적인 내용을 담고 있었다. 즉 현재 왕태자의 왕위 계승권을 무효화하고 대신 헨리 5세와 샤를 6세의 딸 캐더린을 결혼시켜 그 사이에서 태어난 왕자를 프랑스 왕위에 앉힌다는 것이었다. 졸지에 왕위 계승권을 박탈 당한 왕태자는 파리에서 쫓겨나 부르제에서 생활하였다.

2년 뒤인 1422년에 샤를 6세와 헨리 5세가 잇따라 사망하자 트루아 조약에 따라 생후 6개월 된 영국의 헨리 6세가 프랑스 왕위를 계승하면서 문제가 더욱 복잡해졌다. 어린 왕을 대신해 영국인 베드포드가 프랑스를 섭정 통치하였고, 프랑스인들은 헨리 6세를 왕으로 옹립하려는 세력과 왕태자를 옹립하려는 세력으로 분열되었다. 게다가 영국은 혼란을 틈타 프랑스를 완전히 지배하기 위해 오를레앙을 포위하고 있는 상황이었다. 이렇듯 당시 프랑스는 내외적으로 풍전등화와 같은 위기에 처해 있었다. 이런 위기에서 프랑스를 구한 인물이 바로 동레미Domrémy의 시골 처녀 잔 다르크Jean d' Arc였다.

1428년 잔 다르크가 왕태자 앞에 나타날 당시 부르제에 머물고 있던 왕태자는 실의와 좌절에 빠져 있었다. 모후로부터 자신이

적자가 아니라는 충격적인 선언을 들은 직후였기 때문이다. 잔 다르크는 왕태자 앞에 나타나 성인(聖人)들로부터 랭스 성당에서 왕태자의 대관식을 거행하라는 명령을 받았다고 주장하며, 그에게 자신감과 희망을 불어넣어 주었다. 사실 당시 왕태자에겐 의지

1415년 10월 25일 벌어진 아쟁쿠르 전투 샤를 6세의 프랑스군이 왼쪽, 헨리 5세의 영국군이 오른쪽이다.

샤를 7세의 대관식에서의 잔 다르크

이야기 프랑스사

도 군대도 없었지만, 자신을 왕으로 추대하려는 프랑스인들의 충성심만은 확보하고 있었다. 그런 상황에서 자신감을 회복한 왕태자의 모습은 그의 측근과 프랑스 국민에게 더할 나위 없는 힘이 되었다.

이후 잔 다르크는 기적적인 용맹을 발휘해 오를레앙을 포위하고 있는 영국군을 격퇴시켰다. 그리고 랭스 대성당에서 왕태자를 샤를 7세(1422~1461년)로 대관시키는데 성공하였다. 이로써 한때 사생아로 낙인찍혔던 왕태자는 신의 축복을 받은 프랑스의 정통 왕으로 당당히 설 수 있게 되었다.

그러나 임무를 완수한 잔 다르크에겐 시련이 뒤따랐다. 그녀는 콩피에뉴에서 부르고뉴 가의 군인들에게 잡혀 영국군에 인계되었고, 루앙에서 종교재판을 받았다. 종교재판소는 성직자의 중개 없이 직접 신과 접촉했다고 주장하는 잔 다르크를 마녀로 규정하고 화형을 선고하였다. 당시 종교재판소에서 이단, 즉 마녀와 마법사로 판결되면 그에 대한 형은 화형밖에 없었다. 불만이 그들의 마법을 정화시킬 수 있다고 믿었기 때문이다.

종교재판 내내 침묵을 지키던 샤를 7세는 이후 다시 종교재판을 열어 잔 다르크의 억울한 누명을 벗겨주고 그녀를 성녀(聖女)의 반열에 올려주었다.

잔 다르크가 죽고 난 뒤 샤를 7세는 부르고뉴 가와 아라스 협약을 맺어 내전을 종식시키고 영국과의 전쟁에서도 승승장구하였다. 그러자 그 동안 샤를 7세에게 호의적이지 않았던 파리 시민들도 그를 인정하게 되었다. 1436년에 샤를 7세는 장엄하게 파리에 입성하였다. 트루아 조약에 의해 왕위계승권을 박탈당하고 파리에서 쫓겨난 지 16년 만의 일이었다.

샤를 7세는 영국이 점령한 지역을 하나씩 회복해 나갔고, 1450년의 노르망디 승리와 1452년의 보로도 승리에 의해 가스코뉴 지방에서 영국군을 완전히 몰아내었다. 그리고 1453년에는 백년 전쟁의 마지막 전투인 카스티용 전투에 의해 기이엔을 회복함으로써 백년 전쟁을 종결시켰다. 이로써 프랑스 내의 영국 영토는 칼레만 남게 되었는데, 그것마저 이후 엘리자베스 시대에 프랑스에 귀속되었다.

백년 전쟁은 부빈 전투 이후 윤곽이 잡히기 시작한 국민감정이 성장하는 큰 계기가 되었다. 프랑스 국왕에 대한 충성심을 중심으로 영국군을 몰아내는 과정에서 '프랑스인'이라는 의식이 성장한 것이다. 이러한 국민 의식은 이후 프랑스가 근대적 통일 국가로 발전해 나가는데 중요한 토대가 되었다.

백년 전쟁 이후의 강화된 왕권

백년 전쟁은 프랑스와 영국 모두에게 매우 중요한 사건이었다. 백년 전쟁 기간에 프랑스의 국토는 만신창이가 되었다. 모든 기름진 땅과 지방이 황폐해졌고, 경작지는 가시덤불과 숲으로 변하여 방치되었다.

프랑스는 이렇게 황폐화된 국가를 부흥시키는 과정에서 근대적 통일 국가로 성장하였다. 왕권 강화는 샤를 7세의 군사력 증강에서 부터 시작되었다. 그는 15개 기사 군단을 설치하여 약 6천 명의 상비군을 확보하였다. 그는 상비군 확보에 필요한 재원을 위해 직접세인 타이유 세taille를 신설하고, 자신의 든든한 재정 후원자인 대상인 자크 쾨르의 도움을 받기도 하였다.

샤를 7세가 군대를 확보해 권력을 강화시키는 동안 기사계급들은 오히려 쇠퇴해였다. 기사들은 이미 십자군 종군으로 세력이 약해졌는데, 여기에 15세기의 전술적 변화로 인해 더욱 결정적인 타격을 받았다. 그 전술적 변화란 새로운 발사 무기*의 등장이었다.

이러한 무기들을 막기 위해서는 두껍고 무거운 철판 갑옷이 필요하였

샤를 7세

다. 그런데 이러한 무거운 갑옷을 입고 말을 타고 효율적으로 싸운다는 것은 불가능하였다.

따라서 말 탄 기사보다 방패를 든 보병의 중요성이 더 커졌다. 이러한 보병대는 백년 전쟁 중 영국에 의해 먼저 사용하여 그 효율성이 이미 증명된 바 있었다. 이후 점차 프랑스에서도 보병 기술이 보편적으로 사용되면서 기사계급의 몰락을 촉진하였다. 그리고 기사계급의 몰락은 상대적으로 왕권을 강화시켰다.

샤를 7세의 뒤를 이은 루이 11세(1461~1483년)는 목적을 위해서는 수단과 방법을 가리지 않는 현실주의자였다. 그런 점에서 그는 마키아벨리가 찬양한 근대적 군주의 모습을 보여주었다. 그는 봉건 귀족들을 견제하기 위해 시민계급과의 제휴를 더욱 강화

하였고, 음모와 뇌물, 혼인 등의 다양한 방법을 이용해 왕령을 확장하였다.

부르고뉴 공이 스위스와의 전쟁에서 사망하자 그의 딸 마리 드 부르고뉴가 영지를 상속받았다. 그러자 루이 11세는 그녀의 상속령 중에 왕자령에 해당하는 부르고뉴와 피카르디를 우선 봉건적 관례에 따라 왕령에 귀속시켰다. 루이 11세는 나머지 영토도 차지할 속셈으로 당시 20세인 마리 드 부르고뉴와 겨우 7세인 자신의 아들을 결혼시키려 하였지만 실패하였다. 그녀가 자신의 막대한 상속 영지를 가지고 오스트리아의 막시밀리안에게 시집 가버린 것이다. 이때부터 프랑스와 오스트리아와의 오랜 적대 관계가 시작 되었다.

그러나 루이 11세의 영지 확대를 위한 노력은 거기서 끝나지 않았다. 몇 년 후 1482년 마리가 사망하자 그녀의 어린 딸 마르가레트와 왕태자 샤를을 혼인시키는데 성공했다. 이로써 루이 11세는 마르가레트가 혼인 지참금으로 가져온 프랑슈콩테와 아르투아를 왕령지로 귀속시킬 수 있었다. 이외에도 르네왕과 그의 상속자인 샤를 앙주가 사망하면서 멘과 앙주가 왕령지에 편입되었다.

왕권을 강화시킨 요인들

백년 전쟁 기간에 풍전등화의 위기에 놓였던 왕권은 샤를 7세와 루이 11세 치세에서 점차 강화되었다. 왕권이 이렇게 강화된 데에는 몇 가지 중요한 요인들이 작용하였다.

우선 제도적 측면에서 볼 때 샤를 7세가 창설한 군대와 징세 제도는 왕권 강화에 크게 기여하였다. 샤를 7세는 제후들이 사설 군대를 양성하지 못하게 하는 한편 1445년에는 기병대를, 1448년에는 보병대를 창설하였다. 그리고 그는 앙시앙 레짐*하에서 계속 유지될 징세제도를 확립하였다. 평민들로부터 인두세에 해당하는 타이유세를 거두었고 모든 거래에 소비세를 부과하고 염세를 신설하였다. 이런 제도는 루이 11세에 의해 더욱 발전되어 근대 국가의 기반을 마련할 수 있었다.

* 앙시앙 레짐 : 구제도, Ancien Regime.

사상적인 측면에 살펴보면, 이 시대에 발전한 왕권과 주권 이론 역시 왕권 강화에 기여했다. 이러한 이론은 주로 볼로냐 대학과 몽펠리에 대학에서 로마법을 배우고 랑그도크에서 관리를 지낸 법률가들에 의해 발전되었다.

그 이론에 따르면 국왕은 왕국 내의 신민 전체에 대해 직접적이고 절대적 권리인 황제권imperium을 가진다. 이러한 절대적 왕권 개념은 종래의 봉건적 왕권 개념과는 매우 다른 것이었다. 봉건적 왕권 개념하에서는 신민을 지배할 권리가 신종서약의 대가로 봉신에게 양도되는 것이지만, 절대적 왕권 개념하에서는 주군인 왕이 여전히 신민을 지배할 권리를 보유하고 있기 때문이다. 이제 새로운 왕권 개념에 의거해 왕은 전국민을 직접 지배할 수 있게 되었다. 따라서 왕과 국민 사이를 매개하는 수단이 더욱 중요해졌다. 이러한 배경 아래 삼부회가 강조되었다.

삼부회는 귀족과 성직자, 부르주아 신

루이 11세

분의 대표자들로 구성된 신분제 의회이다. 국왕은 삼부회를 통해 각 신분의 대표들과 직접 관계를 맺을 수 있었다. 특히 국왕은 재정적인 필요가 있을 때 삼부회를 많이 소집하였다. 그때마다 부르주아 대표들은 국왕을 재정적으로 지원해주는 대신 자신들의 정치적 요구나 불만을 토로할 수 있었다. 이런 측면에서 삼부회는 국왕과 부르주아 모두에게 이익이 되는 제도였다.

마지막으로 의례적인 측면에서 국왕들의 장엄한 의례나 특별한 상징들이 왕권 강화에 기여하였다. 왕들은 그것들을 통해 자신과 다른 제후들 사이의 차별성을 부각시키고 자신들의 권위를 강화시켰다. 랭스 대성당에서 행해진 왕의 대관식이나 연주창을 치료하는 의식, 왕이 각 도시를 순회할 때 거행되는 화려한 입성식 등은 국민의 의식 속에 왕의 신성함과 위대함을 심어주는 중요한 수단이었다.

뿐만 아니라 국왕들은 그러한 공식적인 의례들에서 자신들만의 독특한 의상을 입었다. 예를 들어 대관식 때 그들은 담청색 바탕에 왕의 자비를 상징하는 황금 백합 무늬를 수놓은 의상을 입었으며 왕의 주권을 상징하는 왕관을 쓰고 손에는 지팡이와 대검을 들었다. 이러한 상징들은 제후들과 국민들을 제압하고 그들에게 왕의 존엄성을 각인시키는 심리적 장치들이었다.

이 세 가지 요인에 기인하여 백년 전쟁 후 프랑스 왕권은 크게 신장되었다. 그러나 이는 어디까지나 제한적이고 상대적인 의미에서였다. 지방 제후들은 여전히 독자적으로 막강한 권력을 누리고 있었다. 15세기 초까지 브르타뉴는 자체의 행정조직은 소유하고 있었고, 루이 9세의 후손에 해당하는 앙주의 공작들도 왕에 예속되지 않은 독자적인 세력을 형성하고 있었다. 무엇보다 왕권에

샤를 6세의 대관식 장면 담청색에 황금색 무늬가 수놓아진 대관식 의상은 왕의 권위와 신성성을 상징하며, 왕권의 존엄성을 각인시키는 역할을 하였다.

가장 위협적인 세력은 부르고뉴 가문이었다.

발루아 가문의 친척뻘인 부르고뉴 가문은 백년 전쟁 기간 중인 1363년부터 세력을 크게 신장시켰다. 그들은 정치적으로 넓은 영토를 소유하고 있었을 뿐만 아니라 경제적으로는 플랑드르 지역의 부유한 도시들*의 수입을 확보하고 있었으며, 문화적으로도

* 디종, 본, 부르제, 캉,
브뤼셀.

이탈리아의 르네상스에 버금가는 독특한 플랑드르 문화권을 형성하고 있었다. 당시 부르고뉴 공의 궁정은 유럽에서 가장 화려한 곳이었고, 디종은 파리보다 더 높은 문화를 향유하고 있었다.

이처럼 백년 전쟁 후 왕권이 크게 신장되었다고 하지만 강력한 지방 제후들의 세력이 완전히 사라진 것은 아니었다. 그들은 17세기 루이 14세에 이르러서야 중앙의 궁정 귀족으로 완전히 포섭된다. 따라서 루이 14세 시대가 되어서야 비로소 프랑스에 진정한 의미의 절대적 왕권이 수립되고 영토적 통일이 완성되었다고 말할 수 있을 것이다.

기독교의 쇠퇴

교회의 대분열과 아비뇽 교황청

역대 프랑스 국왕들은 교황과 밀접한 공생 관계를 유지했다. 왜냐하면 프랑스 국왕의 입장에서는 교황의 지지를 얻으면 왕의 신성한 권위를 높일 수 있었고, 교황의 입장에서는 독일 황제와 대립하고 있는 처지라 프랑스 국왕의 후원이 절실히 필요하였기 때문이다. 그러나 필립 4세가 성직자들에게 세금을 부과하자 프랑스 국왕과 교황 사이가 악화되기 시작했다. 필립 4세는 교황 보나파키우스 8세가 사망하자 친프랑스적인 교황 클레멘트 5세를 추대하고 1309년에는 아예 교황청을 프랑스의 아비뇽으로 옮겼다. 이 사건을 고대 유대인의 바빌론 유수에 비유해 교황의 '아비뇽 유수'라고 부른다.

1377년 교황청이 다시 로마로 돌아가고, 이탈리아 시민의 압력을 받은 추기경 회의는 우르바누스 6세를 교황으로 선출하였다. 그런데 또다시 추기경들과 우르바누스 6세가 대립하게 되자 추기경들은 다시 새 교황 클레멘트 7세를 선출하여 교황청을 아비뇽으로 옮겨 버렸다. 이로 인해 로마와 아비뇽에 두 개의 교황청이 세워지는 사태가 되었는데, 이것을 '교회의 대분열(1378~1417년)'이라고 부른다.

이런 대분열은 1417년 콘스탄츠 공의회가 새 교황 마르틴 5세를 선출함으로써 끝났지만, 이미 실추된 교황의 위신과 종교적 권위는 회복하기 힘든 상황이었다. 그 결과 교황권이 추락되었고, 교황은 세속적 국왕과 대결하기에 너무 미약한 존재가 되어 버렸다.

이렇듯 교황의 위신이 크게 실추되자 교황의 보편적 지배에 대한 저항이 일어났다. 종교에 있어서 국민주의적 경향이 나타나기 시작한 것인데, 프랑스에는 갈리카니즘이 등장하였다. 갈리카니즘이란 신앙은 지키면서 교황권과 왕권을 명확히 구분하여 프랑스 교회의 독립권을 지키자는 주장이다. 갈라카니즘은 1438년 '부르제Bourges의 결의'로부터 시작되었다. 이 결의에 의해 교황의 프랑스 주교 임명권이 폐지되고 교회세의 로마 납부가 금지되었으며, 그 결과 프랑스 교회의 독자적 발전이 가능해졌다.

프란체스코 수도회와 도미니크 수도회

12세부터 도시가 발달하자 그곳을 근거지로 하여 많은 이단들이 등장하였다. 악마를 숭배한다는 혐의를 받고 이단으로 낙인찍혀

**도미니크 수도사들의
탁발 수행**

잔인하게 학살당한 발도파Valdois 역시 대도시 리옹을 중심으로 성장하였다. 이처럼 도시를 배경으로 이단들이 등장하자 13세기부터 이것에 대처하기 위한 수도회가 등장하였다. 그것이 바로 구걸로 연명하며 설교를 하고 떠돌아다닌 탁발수도회이다. 그것은 12, 13세기의 변화된 상황에 부응하여 나타난 새로운 형태의 수도원 운동이었다.

탁발수도회에는 생 도미니크가 창립한 도미니크 수도회와 생 프란체스코가 창립한 프란체스코 수도회가 있다.

스페인 태생의 생 도미니크는 13세기 초 남부 프랑스 지역을 여행하던 중에 그곳에 확산된 이단을 보고 심한 충격을 받았다. 이후 그는 랑그도크와 툴루즈를 중심으로 이단을 척결하는 일에 종사하며 수도회의 기반을 다졌다. 그의 활동은 1216년 교황 호노리우스의 정식 승인을 받게 되었다.

도미니크 수도회는 청빈과 교육, 인간의 영혼 구제, 복음의 전도 등을 강조하였다. 인간의 영혼을 구원하기 위해 그들은 무엇보다 이단 척결에 앞장섰다. 그들은 설교를 통해 이단을 개종시켰을 뿐만 아니라 종교재판소를 장악해 더욱 효율적으로 이단을 척결하였다. 중세 말 이단재판과 마녀 사냥을 담당한 심문관들은 대부분 도미니크 수도사들이었다.

그러나 도미니크 수도회가 그런 어두운 역사에만 관여한 것은 아니다. 그들은 학문을 중시하여 파리 대학에 우수한 교수들을

아비뇽 교황청

진출시켰다. 그 대표적인 사람이 바로 스콜라 철학을 집대성한 토마스 아퀴나스이다.

프란체스코 수도회를 창설한 생 프란체스코는 매우 전설적인 인물이다. 그는 1182년 이탈리아의 아시시에서 부유한 상인의 아들로 태어났다. 경건한 신자였던 어머니는 그의 이름을 요한이라고 지었으나 아들이 프랑스와의 교역을 통해 부유한 상인이 되기를 바라는 아버지에 의해 그의 이름이 '프랑스'를 의미하는 '프란체스코'로 개명되었다고 한다. 프란체스코는 청년 시절을 사치와 환락으로 보냈다. 그런 그에게 '회심'의 기회가 두 번 찾아왔다. 한번은 그가 낡고 부서진 교회에서 그리스도의 환상을 본 사건인

데 그때 그는 그리스도로부터 '무너진 교회를 재건하라'는 계시를 받았다. 그리고 또 한 번은 한 작은 예배당에서 마태복음 10장 8절에서 10절까지의 구절을 들었을 때이다. 그 성경 구절의 내용은 자신의 모든 것을 버리고 하느님 말씀을 선포하라는 것이었는데 프란체스코는 그대로 하였다.

프란체스코 수도회를 창설한 생 프란체스코

프란체스코는 자신의 모든 재산을 가난한 사람들에게 나누어 주고, 구걸하면서 설교하고 다니는 유랑생활을 하였다. 그리고 청빈과 노동, 이웃에 대한 사랑을 중심으로 하는 프란체스코 수도회를 설립하였다. 그것의 정식 명칭은 작은 형제들의 수도회였다. 이후 프란체스코 수도회는 1223년 교황의 정식 인가를 받아 발전하였다.

프란체스코 수도사들은 사도의 삶을 쫓아 자신의 생활과 소유를 포기하고 오로지 복음의 전파에 노력하였다. 그리고 이웃에 대한 사랑과 봉사를 중시하여 소외되고 가난한 사람들을 위한 자선사업과 구빈사업에 전념하였다. 그들은 종교적 구원은 학문적 예지에 의해서가 아니라 사랑과 신앙에 의해 이룩될 수 있다고 주장하였다. 또 그들은 고통스러운 예수의 삶을 모범으로 삼아 일련의 고행 의식을 중시하였다. 이 시대 도시에서는 자신의 몸에 채찍을 휘두르며 행진하는 프란체스코 수도사들의 행렬을 흔히 볼 수 있었다.

그러나 종교재판에 가담했던 도미니크 수도회 만큼이나 프란체스코 수도회도 역시 중세 말기의 혼란된 역사에 가담하였다. 프란체스코 수도사들은 떠돌이 설교 생활을 하며 다니다가 종종 민중을 선동하여 유대인이나 마녀들을 집단 린치하거나 학살하는 사건을 일으키기도 하였다.

프란체스코 수도회는 14세기에 수만 명의 신자를 확보할 만큼 발전하였으나 이후 사도들이 포기해야 하는 소유의 개념이 무엇인가를 두고 의견이 갈려 작은 형제회와 콘벤투알회, 카푸친회로 분열되었다.

신비주의와 경건주의

세기말적 재앙이 거듭되는 중세 말에, 분열되고 부패한 교회는 일반인들에게 진정한 구원을 줄 수 없었다. 그래서 사람들은 교회 밖에서 종교적 구원을 얻으려는 다양한 시도를 하였다. 신과의 개인적인 접촉에 의해 구원을 얻으려는 신비주의적인 경향도 그 중의 하나이다.

신비주의자들은 신과의 직접적인 접촉을 위해 의식을 중요시하였고 복잡한 교리보다는 심성의 단순함과 경건함을 강조하였다. 특히 플랑드르의 저지대 지방을 중심으로 많은 신비주의 종교 단체들이 활동하였다. 그런데 신비주의는 종교의 제도와 형식보다는 신과의 개인적이고 직접적인 접촉이나 체험을 중시하기 때문에 이단으로 흐를 위험성을 항상 내재하고 있었다.

조락하는 중세 문화

부르고뉴 공국의 귀족 문화

중세 말은 귀족 문화가 활짝 꽃핀 시기였다. 호이징가의 묘사대로 그것이 몰락하는 귀족들의 마지막 모습이었다고 해도 참으로 화려했다. 그러한 화려함은 중세 말기의 전쟁과 죽음의 어두운 그림자와 대비되어 더욱더 빛을 발했다.

중세 예술은 실용성과 응용성을 특징으로 하는데 이 시대도 역시 마찬가지였다. 예술가들은 귀족들의 화려한 축제나 군주들의 장엄한 입성식을 위해 자신의 예술적 재능을 발휘했다. 그들은 귀족들의 축제를 웅장하고 기상천외한 것으로 만들기 위해 온갖 아이디어를 동원했다. 이 시기의 축제는 일종의 종합 예술이었다. 화려한 의상과 무대장치, 음악과 춤 등 모든 예술이 동원되어 귀족들을 즐겁게 했다. 중세 말 귀족들은 화려하고 웅장한 것 기상천외한 것에 환호했다.

이 시대에 귀족 문화의 중심은 파리보다는 부르고뉴였다. 1363년부터 1404년까지 부르고뉴 공작이었던 대담 공 필립 시절 이래 부르고뉴 궁정의 사치와 화려함은 유럽에서도 명성이 자자하였다. 부르고뉴 궁정에서는 성대한 행사와 볼거리, 경기, 마상 시합, 춤, 연극, 사냥, 연회 등이 끊임없이 계속되었다.

15세기 부르고뉴 축제는 웅장함과 기상천외함을 잘 보여주고 있다. 가면으로 치장한 귀족들이 커다란 케이크를 한 바퀴 돌면서 축제가 시작되었다. 이상한 모습으로 분장한 사람들이 지나가고, 테이블은 기상천외한 것들로 가득 찼고, 거구의 터키인이 커다란

부르고뉴 축제

코끼리를 끌고 지나갔다. 출범 준비가 완료된 대형 범선 카락, 샘과 바위와 생 안드레 상이 있는 나무숲에 둘러싸인 풀밭, 요정들의 성, 풍차 곁의 새 사격장, 야생동물들이 뛰노는 숲, 마지막으로 오르간과 성가대의 음악이 파이 속에 든 스물여덟 명의 오케스트라의 음악과 번갈아 연주되는 교회당 등등. 이 웅장하고 기상천외한 축제가 유럽 제일의 궁정이었던 부르고뉴 궁에서 벌어진 것이긴 했지만 유별난 것은 아니었다. 당시 대부분의 귀족들은 지루한 일상에서 벗어나 호기심과 허영심을 만족시키기 위해 축제에 엄청난 돈을 퍼부었다.

이 밖에도 부르고뉴의 공작들은 건축과 회화, 조각 분야의 예술 방면에도 많은 후원을 하였다. 조각가인 클로스 슬뤼테르와 화가 로지에 반 데르 바이덴과 반 아이크 형제 등이 그들의 후원을 받은 대표적 예술가들이다. 부르고뉴는 이러한 유능한 예술가들에 의해 이탈리아의 르네상스와는 다른 독자적인 '저지대 문화권'을 형성하였다.

반면 파리는 15세기 이후 이탈리아의 영향을 강하게 받았다. 회화 분야에서 르네상스의 기법을 프랑스에 가장 먼저 도입한 화가는 장 푸케이다. 그는 15세기 중반 이탈리아를 여행하고 돌아와 원근법을 이용한 사실적인 세밀화를 많이 그렸다. 〈샤를 7세의 초상화〉와 〈아기예수를 안은 성모〉는 그의 대표작이다.

죽음의 춤

역사상 중세 말기는 죽음에 대한 인간의 생각과 감동이 가장 강렬했던 시대였다. 당시 유럽을 휩쓴 흑사병과 전쟁, 반란과 봉기, 대기근은 죽음을 일상적
인 것으로 만들었다. 일
상화된 죽음은 설교와
이미지를 통해 사람들
의 마음을 더욱 강렬하
게 사로잡았다. 그 결과
사람들은 늘 죽음에 대
한 망상과 공포에 사로
잡혀 생활하였다. 죽음

에 대한 예배 의식과 장례 기술이 발달하고 죽음과 연관된 예배당　**죽음의 춤**
과 기념비가 증가하였다.

죽음의 관념은 모든 예술, 조각이나 그림, 문학, 연극을 지배
했다. 그 중 가장 대표적인 것이 이 시대 교회 벽보나 목판화에 그
려져 전 유럽에 유포된 '죽음의 춤'이다. 그 중에서 파리의 이노
상 묘지에 그려진 죽음의 이미지와 1485년 기요 마르샹이 그린 〈
죽음의 무도Danse macabré〉가 특히 유명하다. 중세 말의 대표적 시인
비용Villon은 자신의 묘비에 죽음의 이미지를 다음과 같이 남겨 놓
았다.

　　우리 죽은 뒤 살아갈 형제들이여
　　우리에게 냉혹한 마음을 품지 말라
　　차라리 그대들 우리를 불쌍히 여길 때
　　신께서는 곧 그대들에게 자비를 베푸시리라
　　보라, 여기 우리들 다섯 여섯씩 목매달려
　　포식으로 길러온 육체는

이미 오래 전에 뜯어지고 썩어지고
우리의 해골은 진토가 되어간다
아무도 우리의 비운을 비웃지 말라
다만 신께 구하라 우리 모두의 죄를 사해줄 것을!

우리 비록 법으로 처형된 몸이나
그대들을 형제라 부름을 탓하지 말라
인간이 모두 옳은 생각만을 가질 수 없는 일
이는 그대들도 알고 있다
이미 우리는 죽은 몸이니 용서하고
성모 마리아의 아들께 기도드리라
우리에게 내리는 그의 은총이 마르지 않고
지옥의 불길에서 우리를 지켜주도록
우리는 죽은 몸 누구도 우리를 괴롭히지 말고
다만 신께 구하라 우리 모두의 죄를 사해줄 것을!
빗물은 우리를 적셔 씻겨내고
햇빛은 우리를 말려 검게 태운다
까치와 까마귀는 우리의 눈을 파내고
수염과 눈썹을 쪼아낸다
우린 잠시도 쉴 때가 없다
바람이 부는 대로
이리저리 한없이 흔들리며
새 쪼아 먹은 몸은 골무보다 더 험상궂다
그러므로 행여 우리 같은 신세 되지 말고
다만 신께 구하라 우리 모두의 죄를 사해줄 것을!

만백성을 주관하는 왕자 예수시여,

지옥의 권세에 들지 않도록 우리를 지키시고

그곳에서 할 일도 갚을 것도 없게 하소서

사람들이여 이 일은 절대 비웃을 일이 아니니

다만 신께 구하라 우리의 모든 죄를 사해줄 것을!

이렇듯 중세 말 예술을 지배한 죽음의 이미지들은 조락해 가는 중세 문화를 상징적으로 표현하고 있다.

종교극의 발전

고대 시대에 발달한 연극은 중세가 되면서 한때 교회에 의해 배척당했다. 그러나 연극은 10세기부터 교회 내부에서부터 서서히 나타나기 시작해 13, 14세기에 크게 유행하였다. 특히 종교극의 일종인 신비극과 기적극이 발달하였다. 신비극은 성서의 내용을 소재로 한 것이고, 기적극은 성자의 전설을 소재로 한 것이다. 하지만 이 둘의 구분이 엄격한 것은 아니다.

종교극은 처음에는 대개 속어로 만들어져 주요 축일에 교회 안이나 마당에서 성직자들에 의해 상연되었다. 그러다가 점차 다양한 조합들에 의해 상연되었다. 그러면서 종교극의 신성한 성격이 약화되고 거기에 해학적이고 풍자적인 요소들이 많이 도입되었다. 예를 들어 헤로데 왕이나 빌라도, 유다, 유대인들이 지옥의 악마에게 인도되는 장면은 해학적으로 연출되어 군중의 폭소를 자아내었다. 거기에는 의사와 군인, 재판관, 성직자에 대한 풍자도 풍부하였다.

이렇듯 해학과 풍자적 성격이 강해지면서 종교극은 점차 교회와 정부의 탄압을 받게 되었다. 그 이후부터는 종교극이 점차 쇠퇴하다가 결국 1548년 파리 고등법원에 의해 전면 금지되었다. 신성한 소재를 다루는 종교극이 불경스럽고 신성모독적이라는 것이 이유였다.

　　종교극 이외에도 풍자적이고 교훈적인 내용을 담은 세속극인 소극(笑劇)이 발달하였다. 그것은 전형적인 인물들이 엮어가는 우연적인 사건이나 사고를 통해 사회를 신랄하게 풍자하는 연극 형태였다. 이 시대 대표적인 소극으로는 〈파트랭 선생의 소극〉이 있다.

5
새로운 시대의 시작

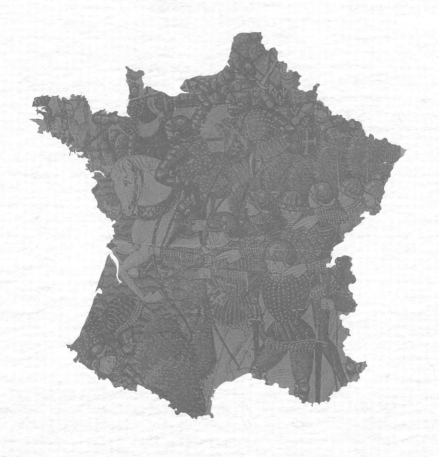

새로운 시대의 시작

16세기의 경제 성장과 도시의 발달은 부르주아 계층의 성장을 가져왔다. 한편 발루아 왕조 왕들의 야망은 프랑스에 이탈리아 문화의 유입을 가져왔으나, 위그노 전쟁을 통해 새롭게 부르봉 왕조가 세워졌다. 특히 루이 14세는 왕의 절대적인 권력을 확립하고 근대 국가로의 발전을 가져왔다. 그는 '태양왕'으로 군림하였고, 이 시대 프랑스는 유럽에서 최강의 지위를 자처했으나 왕위와 함께 재정난이라는 고질적인 문제를 루이 15세에게 남겼다.

경제의 발전

16세기적 현상

세기말적 재앙의 시대가 지나고 15세기 중반부터 경제가 서서히 회복되었고 인구도 증가하였다. 흔히 '16세기적 현상'이라고 불리는 이 경제 성장은 아메리카 대륙의 발견 때문이었다. 황금의 땅, 아메리카 대륙이 발견되면서 엄청난 양의 금과 은이 유럽으로 흘러 들어왔고 그에 힘입어 상업과 도시가 성장한 것이다.

그러나 상업 발달의 혜택이 모든 계층에게 고르게 분배된 것은 아니었다. 신대륙에서 들어온 금과 은은 새로운 수요를 창출하였지만 당시의 생산 수준으로는 증가한 수요를 충족시킬 수 없었다. 따라서 물가가 급등하고 인플레이션이 발생하였다.

이런 상황이 되자 상인이나 화폐 지대를 내는 농민들은 이익을 보았지만, 화폐 지대를 받는 영주나 도시 임금노동자들은 불이익을 보았다. 또한 영주들은 상인 부르주아에 비해 상대적으로 빈곤해졌고, 이러한 경제적 빈곤은 영주들을 몰락시킨 요인이 되었다. 도시 하층민들은 절대적 빈곤에 허덕였다. 그들의 극심한 궁핍함을 해결하기 위해 1520년부터 빈민구제 대책이 나오기 시작하였다.

부르주아들은 16세기 경제 성장을 바탕으로 급격히 성장하였다. 그런데 프랑스 부르주아들은 상업을 통해 얻은 이윤을 상업이나 금융업에 재투자하기보다는 토지를 구입하거나 관직으로 진출하는 데에 주로 사용하였다. 그들은 주로 법관이나 관료층으로 진출하였다. 이후 일정한 세금만 내면 관직을 세습시킬 수 있는 폴

16세기에는 법률이나 문화에 관련된 고등교육을 받는 것이 필요했다.

레트세가 제정되면서 부르주아들의 관직은 대대로 세습되었다. 관직을 세습시킬 수 있게 된 부르주아들은 새로운 귀족층을 형성하였다. 전통적인 혈통 귀족이 대검(帶劍) 귀족이라고 불린데 비해 새 귀족층은 법복(法服) 귀족이라고 불렸다. 국왕은 전통 귀족들을 견제하기 위해 이들 새 귀족들과 결탁하였다.

도시의 생활

상업이 발달하면서 도시는 다시 활기를 되찾았다. 도시는 상업과 행정의 중심지로서 상인과 수공업자, 교회참사회와 사제, 법률가와 학생, 교사, 관리 등 다양한 계층의 사람들이 생활하였다. 이런 다양한 계층의 사람들은 엄격한 위계제로 구분되어 있었다. '도시의 공기가 사람을 자유롭게 한다'는 것은 이미 옛말이 된 지 오래였다.

도시에서는 농촌보다 더 엄격한 위계질서가 지배하였다. 새 귀족층인 법관robin을 정점으로 대상인과 금융업자, 수공업자와 소상인, 노동자 등이 서열을 이루었고, 이 서열은 도시의 수많은 축제와 행렬 속에서 그대로 표현되었다. 이 시대 행렬의 순서는 도시 내에서 그 신분이 차지하는 위계나 중요성을 상징하는 것이어서 매우 중요하였다. 그래서 종종 행렬 순서를 놓고 야유와 욕설뿐만 아니라 칼싸움이 일어나기도 하였다.

16세기의 경제 성장과 도시의 발달은 부르주아의 성장을 가져왔다. 그 부르주아들은 자신들의 경제적 이익이나 정치적 야망을 위하여 국왕을 지지하였다. 국왕 역시 지방의 제후세력들을 견제하기 위해 부르주아들과 결탁하였다.

그 결과 프랑스 왕권은 위그노 전쟁을 전후하여 한때 위기를 겪긴 했지만, 착실한 성장을 거듭해 17세기 루이 14세 치세에서 전성기를 누릴 수 있게 되었다.

절대왕정을 향해

이탈리아와 오스트리아에 대한 야망과 좌절

백년 전쟁을 겪으면서 관료제와 상비군을 조성해 강력한 왕권의 기반을 다진 샤를 8세, 루이 12세, 프랑수아 1세, 앙리 2세 등은 16세기부터 해외로 눈을 돌리기 시작하였다. 특히 이탈리아 지역은 프랑스와 왕위 계승권으로 얽혀 있었을 뿐만 아니라 경제·문화적으로 앞선 지역이어서 프랑스 국왕들이 가장 욕심을 낸 지역이었다.

프랑스와 이탈리아 전쟁의 원인은 13세기까지 거슬러 올라간다. 13세기 독일의 프리드리히 2세가 죽은 뒤 시칠리아 왕위가 프랑스 왕가로 넘어가면서 앙주 가가 시칠리아를 지배하게 되었다. 그러나 앙주 가의 지배는 '시칠리아의 만종'(1282년)이라는 민중 반란에 의해 종식되고 시칠리아 왕국은 시칠리아와 나폴리로 분열되었다. 나폴리는 여전히 앙주 가에 예속되었지만 시칠리아는 아라곤의 지배 하에 들어갔다. 그러다가 1442년 아라곤은 나폴리마저 점령하여 '양 시칠리아 왕국'을 건설하였다.

그로부터 40여 년이 지나 왕위에 오른 샤를 8세(1483~1498년)는 아라곤에 빼앗긴 나폴리 왕위를 요구하며 이탈리아를 침략하였다. 그는 1494년 3만 명의 군사를 거느리고 알프스 산맥을 넘었고, 이듬해인 1495년에 피렌체에 입성해 대대적인 환영을 받았다. 사실 샤를 8세의 이탈리아 침략은 이탈리아 도시 국가들에 의해 유도된 측면도 있었다. 그들이 프랑스를 이용해 나폴리의 아라곤 세력을 몰아내려 했던 것이다. 1495년 샤를 8세는 드디어 나폴리에 입성하였다. 그런데 프랑스군이 마치 나폴리의 점령군처럼 행동하자 이탈리아 도시 국가들은 교황과 동맹을 맺어 프랑스에 맞섰다. 궁지에 몰린 결국 샤를 8세는 퇴각할 수밖에 없었다.

샤를 8세의 원정은 비록 정치적 성과는 없었지만 이탈리아의 막대한 전리품과 함께 이탈리아 기술자들을 데려왔다. 이것은 프랑스에 이탈리아의 르네상스 문화가 유입되는 계기가 되었고, 이로 인해 프랑스 문화는 더욱 발전할 수 있었다.

1507년 루이 12세의 제노바 입성

샤를 8세가 28세의 나이로 요절하자 그의 종형인 오를레앙 가의 루이가 왕위를 계승하였다. 36세에 왕이 된 루이 12세(1498~1515년)는 샤를 8세의 왕비였던 안느에게 반해, 자신의 아내인 루이 11세의 딸 쟌느 드 프랑스와 이혼하고 안느와 재혼하였다.

루이 12세는 샤를 8세의 아내뿐만이 아니라 그의 이탈리아에 대한 야망도 이어받았다. 그는 1503년과 1513년 두 번에 걸쳐 밀라노를 침략하였다. 그러나 전혀 명분이 없었던 것도 아니었다. 루이 12세는 스포르차에 의해 축출된 비스콘티 가문의 외손자였기 때문에 밀라노 공국을 계승할 자격을 주장할 수 있었다. 그러나 이탈리아의 반(反) 프랑스 동맹, 스페인과 교황의 배신 등으로 실패하였다.

이탈리아 원정 이후 루이 12세는 남은 인생의 대부분을 블루아 성에서 왕비 안느와 함께 보내다가 딸만 둘 남기고 1515년에 사망하였다.

루이 12세의 뒤를 이어 그의 사위이자 조카인 프랑수아 앙굴렘이 프랑수아 1세(1515~1547년)로 즉위하였다. 모험심 강한 그는 즉위하자마자 1515년 2만 6천 명의 병력을 거느리고 알프스 산맥을 넘어 재차 이탈리아를 침략하였다. 그는 마리냥 전투에서 밀라노 국경을 수비하는 스위스군을 물리치고 밀라노를 점령한 후 교황과 협상하여 볼로냐 협약을 맺었다. 이 일을 계기로 스위스 용병들이 연금을 받고 프랑스 왕실의 경비를 담당하는 관례가 생기게 되었다.

프랑수아 1세는 밀라노 점령에 만족하지 않고, 신성 로마 제국의 황제가 되려는 야심까지 품었다. 1519년 막시밀리안 황제가 사망하자 그의 손자 칼이 황제의 후보가 되었다. 그런데 칼이 황제가 되면 오스트리아와 부르고뉴, 스페인이 그의 손아귀에 들어가 프랑스의 안보가 위협받을 수 있었다. 따라서 프랑수아 1세는 황제 선출권을 가진 독일 선제후들을 매수하여 자신이 황제가 되려 하였다.

하지만 황제의 직위는 막시밀리안의 손자인 샤를 5세에게 돌아갔다. 이에 앙심을 품은 프랑수아 1세는 1519년 오스트리아를

공격하였다. 당시의 상황은 프랑수아 1세에 절대적으로 불리하였다. 전 유럽뿐만 아니라 프랑스 내의 샤를 드 부르봉마저 적과 내통하며 대항하였기 때문이다.

　결국 프랑수아 1세는 파비아에서 대패하여 포로의 신세가 되었다. 부르고뉴 지방을 양도하고 두 아들을 인질로 보낸다는 조건으로 겨우 석방될 수 있었다. 전쟁은 1529년 캉브레이 조약에 의해 종결되었다. 조약에 의해 프랑스는 두 왕자를 데려오기 위해 200만 에퀴를 오스트리아에 지불하였고, 프랑수아 1세는 카를 5세의 누나인 33세의 과부 엘레아노르와 혼인하였다.

프랑스와 오스트리아가 전쟁을 치르던 적대관계에서 처남매부 관계로 바뀐 것이다. 그 외에도 캉브레이 조약에는 프랑스는 밀라노를 포기하고 오스트리아는 부르고뉴를 단념한다는 타협안이 포함되어 있었다.

카트린 드 메디시스

프랑수아 1세는 이후에도 신성 로마 제국의 황제에 대한 복수를 단념하지 않았다. 그는 황제를 제압하기 위해 독일의 신교도만이 아니라 터키의 이슬람교도와도 손을 잡았다. 이러한 외교정책은 자연스럽게 국내 가톨릭 신자들의 불만을 샀다.

게다가 프랑수아 1세의 누나 마르그리트가 신교에 대해 관용적 태도를 취하고 있었기 때문에 국민들의 원성이 더욱 커졌다.

프랑수아 1세는 국민들의 원성을 무마하기 위해 이탈리아의 가톨릭 가문인 메디치 가의 카트린 드 메디시스와 왕태자를 혼인시켰다. 이렇게 하여 자신과 가톨릭과의 유대를 증명해 보였다. 그런데 이런 과정에서 프랑스의 정치문제와 종교문제가 복잡하게 얽히기 시작했고, 그것은 멀게는 위그노 전쟁의 원인이 되었다.

뚱뚱하고 못생긴 카트린 드 메디시스는

왕태자의 사랑을 받지 못하였다. 이후 앙리 2세로 즉위한 왕태자는 죽을 때까지 18살 연상의 디아느만을 사랑했다고 한다. 그녀는 왕태자가 어릴 때부터 좋아한 여인으로 궁정 주방장의 미망인이었다. 디아느는 왕의 연인으로 한때 귀족 작위까지 받았으나 왕이 사망하자 카트린의 모진 학대를 받기도 하였다. 카트린은 왕의 사랑을 받진 못했지만 왕자를 넷이나 낳아 자신의 위치를 확고히 다졌다. 그리고 이탈리아의 고상한 취미와 예술을 프랑스 궁정에 도입하였다. 이로 인해 이탈리아 르네상스가 프랑스에 본격적으로 유입되었다.

프랑수아 1세의 뒤를 이어 왕위에 오른 앙리 2세(1547~1559년)는 선왕들과는 달리 이탈리아에 대한 야망을 접고 라인 강 유역과 로렌 지방을 프랑스 영토에 귀속시키는데 전력하였다. 이 일을 성사시키기 위해서는 영국의 지지가 필요했기 때문에 앙리 2세는 자신의 큰아들과 스코틀랜드의 어린 여왕 메리 스튜어트를 결혼시켰다. 또 독일 내의 신교파 제후들과도 손을 잡았다. 하지만 독일 신교파 제후들의 배신으로 메츠에서 포로가 되는 수모를 당하기도 하였다.

그 뒤 황제 카를 5세가 사망하자 오스트리아와 프랑스의 관계가 새로운 단계로 접어들었다. 카를 5세의 동생 페르디난트가 황제의 칭호를 계승하였고 카를 5세의 아들인 필립 2세는 스페인을 비롯한 제국의 영토를 상속받았다. 이에 앙리 2세는 1559년 필립 2세와 카토 캉브레시 조약을 체결하여 오랜 적대 관계를 해소하였다. 이 조약에 의해 프랑스는 이탈리아와 사부아에 대한 모든 권리를 포기하는 대신 메츠와 투르, 베르덩 지역을 확보하였다. 이로써 프랑스는 이탈리아에 대한 야망을 완전히 접는 대가로 프랑스 지역의 영토적 통일성을 확보할 수 있게 되었다. 카토 캉브레시 조약에는 이 외에도 앞으로의 유대 강화를 위해 앙리 2세의 장녀 엘리자베드 드 프랑스와 필립 2세의 결혼 조항도 포함되었다. 하지만 불행하게도 그 결혼식날 앙리 2세는 마상 시합 도중 사망하였다.

위그노 전쟁

앙리 2세의 사망 후 15세의 프랑수아 2세(1559~1560년)가 왕위를 계승하였다. 국왕의 나이가 어려 모후 카트린이 섭정하였다. 그녀의 섭정이 시작된 후 프랑스의 국내 정치는 왕족 문제와 종교 문제가 얽히면서 점점 혼미해졌다.

당시 프랑스에는 서로 다른 종교를 믿는 세 개의 당파가 대립하고 있었다. 하나는 위그노인 나바르의 왕, 앙투완느 드 부르봉이고 다른 하나는 광신적인 가톨릭교도인 로렌의 제후 프랑수아 드 기즈이며 마지막으로는 좀 더 온건한 가톨릭교도인 몽모랑시 가문이 그들이다. 이런 상황에서 독실한 가톨릭 신자인 스코틀랜드의 메리 스튜어트가 새 왕비가 되자 기즈 가는 더욱 의기양양해져 위그노를 탄압하기 시작했다. 그러자 가톨릭과 위그노 간의 대립이 심해지고 정국이 불안해졌다.

혼미한 정국은 어린 왕들의 요절로 인해 더욱 심각해졌다. 프랑수아 2세가 요절하자 이번에는 그의 동생인 10살의 샤를 9세(1560~1574년)가 왕위를 계승하였다. 카트린은 어린 아들들을 위해 정국을 안정시킬 필요성을 느끼고 위그노에 대한 유화 정책을 실시하고 그들의 시외 집회를 허용하였다.

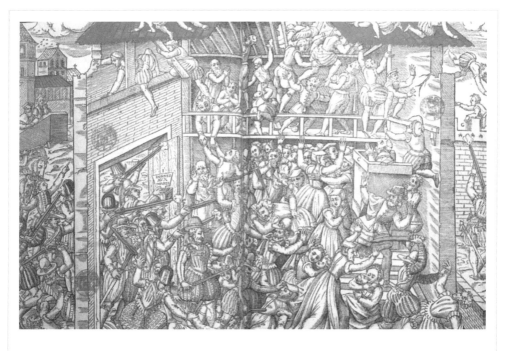

그러나 상황은 호전되지 않았다. 가톨릭과 위그노는 서로를 이단시하고 학살과 방화를 일삼았다. 심지어 그들은 죽은 아내의 장례식을 가톨릭식으로 치를 것인가 위그노식으로 치를 것인가를 두고 대립하다 여러 번 무덤을 파헤치기도 하였다. 종교적 폭력과 대립은 개인 단위로 마을 단위로 끊이질 않고 계속되어 프랑스 국토를 피로 물들였다.

그러던 중 1562년 기즈 공이 바시를 지날 때 23명의 위그노 신자를 살해하는 사건이 발생하였다. 이것은 그 동안의 폭력과 대립이 위그노 종교 전쟁으로 비화되는 계기가 되었다.

이처럼 위그노 전쟁의 직접적인 원인은 가톨릭과 위그노, 즉 구교와 신교의 대립이었다. 그러나 거기에는 또 다른 복잡한 원인들이 작용하였다. 거기에는 귀족들 간의 세력 다툼과 귀족과 왕의 대립, 왕위 계승 문제 등이 복잡하게 얽혀 있었던 것이다.

생 바르텔르미 축일의
대학살

　전쟁이 일어나자 가톨릭과 위그노들은 각각 무장하여 전국에
서 전투를 벌였고, 여기에 영국과 스페인이 가담해 국제전의 양상
까지 띠었다. 방화와 약탈로 인해 전국이 폐허가 되었고 성당과
수도원이 파괴되었다. 가톨릭세력이 강한 파리에서는 위그노가
금지되었고, 위그노가 세력을 떨치는 노르망디에서는 가톨릭이
금지되었다. 그러다가 1570년 합리적이고 온건한 가톨릭파인 '폴
리티크 당Politique'의 중재로 가톨릭과 위그노 간에 생 제르맹 조약
이 체결되면서 전쟁이 수그러들었다. 이 조약으로 인해 위그노들
은 라 로셸을 포함한 4개 도시를 관리할 수 있게 되었다.

　카트린은 이 기회에 두 세력 간의 평화를 더욱 공고히 할 결
심으로 과감한 결단을 내렸다. 그녀의 딸 마르그리트와 위그노의

이야기 프랑스사

지도자이자 나바르의 왕인 앙리 드 나바르를 결혼시키기로 한 것이다. 그러나 정략에 의한 그 결혼에는 첫날부터 불운이 드리워졌다. 1572년 8월 23일 파리의 가톨릭교도들이 결혼식에 참석하기 위해 온 위그노들을 대량 학살한 것이다.

'생 바르텔르미 축일의 대학살'이라고 불리는 이 사건은 카트린과 앙리 드 기즈가 주도한 것이었다. 평소 샤를 9세가 자신의 영향에서 벗어나기 위해 온건 가톨릭파인 콜리니와 가까워지는 것에 불만을 품어 오던 카트린이 결혼식 날 콜리니를 비롯해 위그노들을 대량 학살하였다. 그녀는 딸의 결혼식마저도 정략적으로 이용한 비정한 어머니였다. 이때 살해된 위그노들은 2천 명에 이르렀다.

위그노 학살은 파리에만 한정되지 않고 리옹과 오를레앙에까지 확대되었는데 거기서의 학살은 더욱 참혹하였다. 대부분의 위그노 왕족들과 지도자들이 살해당했다. 위그노 왕족 중에서는 마르그리트의 남편인 앙리 드 나바르와 콩데만이 목숨을 구할 수 있었다. 앙리 드 나바르는 포로가 되어 루브르 궁에 갇히는 신세가 되었다. 그러나 얼마 후 그는 한 위그노의 도움으로 탈출하여 흩어진 위그노 세력을 규합해 가톨릭에 저항하였다.

1574년 샤를 9세마저 24세의 나이로 사망하자 그의 동생이 앙리 3세(1574~1589년)로 왕위를 계승하였다. 앙리 3세는 위그노에 대한 유화 정책을 폈다. 그는 1576년에 볼리외 칙령을 내려 위그노에게 예배의 자유와 관직에 취업할 권리를 허용하였다.

급진적 가톨릭세력인 기즈 가는 이러한 유화 정책에 강력하게 반대하였다. 앙리 드 기즈는 신성동맹을 결성하여 앙리 3세를 위협하였다. 그러나 그는 앙리 3세의 동생 프랑수아 달랑송과 결

파리의 가톨릭 교도들의 행진 스페인의 지원을 받아 무장하고 위그노와 싸우려는 결의를 보이고 있다.

탁하여 때를 기다릴 뿐 직접적인 반란을 일으키진 않았다. 그런데 앙리 3세의 후계자로 기대했던 프랑수아 달랑송이 1584년 사망하자 상황이 돌변하였다. 이제 왕위가 위그노인 앙리 드 부르봉에게 넘어가게 되었기 때문이다. 결국 다급해진 앙리 드 기즈는 쿠데타를 일으켰다. 1588년 그는 스페인의 지원을 받아 파리에 입성해 앙리 3세를 내쫓았다. 가톨릭 성향이 강한 파리 시민들은 앙리 드 기즈를 열렬히 환영하였다.

쫓겨난 앙리 3세는 앙리 드 나바르와 결탁하여 앙리 드 기즈를 암살하였다. 그러나 기즈의 암살은 오히려 가톨릭적인 프랑스 국민의 원성을 샀다. 설교사들은 기즈 암살자에 대한 복수를 주장하며 공공연하게 국민들을 선동하였다. 그러던 중 1589년 8월 1일 앙리 3세는 도미니크 수도회 소속의 한 광신적인 가톨릭교도에 의해 살해되었다. 앙리 3세는 죽기 전 앙리 드 나바르를 자신의 후계자로 지명하고 그에게 개종을 권유하는 유서를 남겼다. 그로써 프랑스 왕위는 부르봉 가로 넘어가게 되었다.

위그노 전쟁의 종결과 왕권 강화

1589년 부르봉 가문의 앙리 드 나바르가 앙리 4세(1589~1610년)로 왕위에 올랐다. 그러나 그는 앙리 3세의 유언대로 곧 개종하지 않고 가장 적절한 시기를 기다렸다.

파리의 신성동맹파들은 앙리 4세의 왕위 계승을 인정하지 않고 저항하였다. 그러나 그들은 누가 새로운 왕이 될 것인가를 두고 대립하여 일치된 모습을 보여주지 못했다. 그들이 내분에 휩싸여 있는 동안 앙리 4세는 착실히 프랑스 국민의 신임을 얻어가고 있었다.

앙리 4세는 1593년 7월 파리에서 삼부회를 열어 가톨릭으로 개종할 것을 선언하였다. 그의 개종은 가톨릭적인 프랑스 국민들의 환호를 받았다. 그는 다음해 1594년 2월 27일 샤르트르 대성당에서 축성식을 가졌고, 3월에 파리에 입성해 노트르담 대성당의 미사에 참석하였다. 앙리 4세는 이런 과정을 통해 국민의 지지와 신의 축복을 받은 프랑스 국왕으로서 위상을 다질 수 있었다.

앙리 4세는 자신의 이전 종교였던 위그노에 대한 배려도 잊지 않았다. 그는 1598년 낭트 칙령을 발표해 위그노에게 공직에 취업할 권리와 일정한 지역에서 자유롭게 예배를 볼 수 있는 권리를 허용하였다. 이로써 오랫동안 프랑스인의 영혼과 육신을 황폐화시킨 위그노 전쟁이 끝이 났다.

앙리 4세의 이러한 정치적 성공은 그 자신의 개인적 능력 때문이기도 했지만, 그 배후에는 폴리티크 당이라는 새로운 정치 세력의 지원이 있었다. 이미 1570년 생 제르맹 조약에 의해 가톨릭과 위그노의 타협을 성사시킨 바 있는 그들은 전쟁이 끝난 후에도 앙리 4세를 도와 강력한 왕권을 확립하는데 기여하였다. 그들은

앙리 4세

종교적 극단주의를 피하고 합리적이고 현실주의적인 정치사상을 주장하였다. 또한 그들은 강력한 왕권을 중심으로 전쟁의 피해를 극복하고 국가를 재건하는데 주력하였다. 그들의 노력에 의해 17세기 절대왕정을 위한 기반이 마련되었다고 해도 과언이 아니다.

폴리티크 당의 대표적인 인물은 앙리 4세의 보좌관이었던 쉴리이다. 그는 일종의 관직상속세인 폴레트세paulette를 신설해 재정을 확충하고, 수입보다는 수출 중심의 중상주의 정책을 펴 국부를 증가시켰다. 이 외에도 그는 농업을 장려하고 도로와 교량을 개축하고 신설하였으며 파리의 사치품 공업과 견직물 공업을 육성하였다. 영화 '퐁-뇌프의 연인들'로 유명해진 센 강의 퐁-뇌프 다리도 이때 건설되었다.

오랫동안 별거한 탓인지 앙리 4세와 그의 부인 마르그리트 사이에는 자식이 없었다. 그러자 앙리 4세는 토스카나 대공의 질녀인 마리 드 메디시스와 재혼하였고, 1601년 루이 13세가 탄생하였다. 루이 13세가 태어난 지 9년이 지난 1610년 앙리 4세는 마차를 타고 가다가 한 가톨릭 신자의 습격을 받아 그 자리에서 숨지고 말았다. 종교전쟁을 종식시키고 왕권 강화에 기여한 앙리 4세는 오늘날 샤를마뉴 대제이나 성 루이 왕, 잔 다르크 등과 함께 프랑스의 위대한 영웅 중의 한 명으로 숭배되고 있다.

루이 13세와 리슐리외

앙리 4세 치세에서 강화된 왕권은 이후 프롱드 난을 겪으면서 다시 위기를 맞이하였다. 앙리 4세의 뒤를 이어 9살의 루이 13세(1610~1643년)가 왕위를 계승하였다. 왕의 나이가 어려 관행대

리슐리외

로 모후인 마리 드 메디시스의 섭정이 시작되었다. 그런데 마리는 그녀의 모국 이탈리아에서 온 레오노라 갈리가이라는 여인과 그녀의 남편 당크르 후작에게 전적으로 의존하는 정치를 하였다. 외국인들에 의해 좌우되는 섭정을 프랑스 귀족들이 좋아할 리가 없었다.

루이 13세 역시 외국인의 조종을 받는 모후의 섭정에 불만이었다. 결국 성년이 된 루이 13세는 모후의 섭정을 끝내기로 결심하고, 당크르 후작을 암살하고 갈리가이를 마녀로 몰아 그레브 광장에서 태워 죽였다. 그리고 모후는 블루아로 귀양 보냈다. 모후와는 곧 타협이 이루어졌다. 루이 13세는 모후의 권고를 받아들여 1624년 리슐리외 추기경에게 모든 국사를 일임하였다.

리슐리외는 이미 1614년의 삼부회 때 두각을 나타낸 인물이었다. 1614년의 삼부회는 1789년 대혁명이 일어나기 전에 마지막으로 열린 삼부회로도 유명하지만, 리슐리외가 탁월한 연설로 섭정을 매료시킴으로써 그의 정치적 야망의 토대로 삼은 삼부회이기도 하였다.

국사를 맡은 리슐리외가 가장 중요시한 것은 강력한 왕권과 위대한 국가를 만드는 것이었다. 그는 그 목적을 위해 그의 모든

노력을 다하였다. 그에 의해서 국가주의가 확립되었고, 프랑스는 절대주의의 정점을 향해 한 발 더 다가설 수 있게 되었다. 국가주의는 17세기 리슐리외와 마자랭이 추구한 정치 이념으로, 국민의 행복보다는 왕권의 강화와 국가의 안정을 최우선으로 하는 것이었다.

리슐리외는 왕권을 강화하기 위해 지방세력을 분쇄하였다. 우선 그는 1628년 위그노가 지배하고 있던 라 로셸 항을 장악하여 남서부 지방을 중심으로 한 위그노들의 분파주의를 제거하였다. 다음으로 그는 지방 귀족들의 근거지인 수많은 요새를 파괴하

당시 군인들의 만행을 담은 자크 칼로의 목판화 리슐리외는 로렌 지방을 병합하기 위해 1631년에서 1633년 사이 세 번에 걸쳐 군사를 파견하여 농민을 약탈하고 처형하였다.

였다. 또한 귀족들 사이의 결투를 금지시킴으로써 그들의 자의적인 물리력 행사를 제한하였다. 그는 농민들의 반란도 효과적으로 진압하였다. 1636년 크로캉의 농민 반란과 1639년 노르망디의 뉘피에 농민 반란이 그에 의해 진압되었다.

지방세력을 분쇄한 리슐리외는 중앙집권적 통치를 강화하는 일에 착수했다. 그는 각 지방에 장관을 파견하여 재판과 치안, 조세, 행정을 담당하게 하였다. 또한 그는 왕권을 강력하게 뒷받침할 수 있도록 중앙의 국무회의를 강화하고 전문화하였다. 그 뿐만 아니라 현실적인 외교 수완을 발휘해 프랑스의 영토를 확대시켰다. 그의 시대에 프랑스의 국경선은 에스코와 라인 강, 피레네 산맥과 알프스 산맥을 잇는 자연 국경선까지 확대되었다.

1638년 9월 5일 왕비 안느 도트리쉬가 결혼 23년 만에 미래의 루이 14세가 될 왕태자를 출산하여 왕권이 더욱 공고해졌다. 그러나 오스트리아의 여인인 그녀를 중심으로 궁정의 음모가 끊이지 않은데다가 오스트리아가 프랑스 왕권에 점점 위협적인 세력이 되자 리슐리외는 오스트리아를 견제하는 외교 정책으로 선회하였다. 그 일환으로 그는 가톨릭세력인 오스트리아와 신교 세력인 독일 제후들이 벌인 30년 전쟁(1618~1648년)에 개입하여 독일 제후들을 지원하였다. 가톨릭 국가인 프랑스가 같은 가톨릭 세력이 아니라 신교 세력을 지원한 것이다.

프랑스의 왕권 강화를 위해 일생을 바친 리슐리외가 1642년 사망하자 후임인 마자랭에 의해 국가주의 정책이 계승되었다.

프롱드의 난

리슐리외가 죽은 다음 해인 1643년에 루이 13세가 사망하였다. 그리고 왕위를 계승한 루이 14세(1643~1715년)의 나이는 불과 5세였다. 왕의 나이가 어려 실제 정치는 섭정 안느 도트리쉬와 리슐리외의 후임 마자랭Mazarin이 담당하였다. 이탈리아 추기경 출신인 마자랭은 선임자의 국가주의 정책을 계승하여 왕권을 강화하고 국가를 부강하게 하는데 전력하였다.

유능하고 현실주의적이었던 마자랭은 우선 리슐리외가 시작한 30년 전쟁을 끝내고 1648년 베스트팔렌 조약을 체결하였다. 그는 외교적 수완을 발휘해 그 조약에서 가능한 한 많은 이익을 얻어냈다. 이 조약에 의해 프랑스는 1552년부터 점령해 온 세 개 주교구의 소유를 공식적으로 인정받았으며, 알자스 지방의 대부분을 양도받았다. 또 프랑스에 위협적이었던 오스트리아 합스부르크 왕가의 정치적 야심이 사라지게 되어 정치적인 안정도 보장받았다. 그러나 독일과 오스트리아의 입장에서는 이 조약으로 인해 정치적, 종교적 분열이 가속화되어 통일적인 국가 수립이 더욱 어렵게 되었다. 프랑스는 이 조약 이후 유럽에서 절대적인 지위를 확립할 수 있었다.

마자랭 현실적이었던 마자랭은 리슐리외의 정책을 계승하여 왕권을 강화시키는 데 노력했다.

그러나 이후 합스부르크 왕가는 베스트팔렌 조약을 잘 이행하지 않았다. 따라서 프랑스는 영국과 연합하여 합스부르크 왕가를 침략해 1659년 피레네 조약을 체결하였다. 이 조약에 의해 루시용과 아르투아가 프랑스에 양도되었다. 뿐만 아니라 합스부르크 왕가의 마리아 테레

베스트팔렌 조약의 조인 장면

지아와 루이 14세의 결혼도 합의되었다.

마자랭의 외교적 성공에도 불구하고 파리 고등법원과 시민들은 그를 싫어하였다. 왜냐하면 그들은 프랑스의 정치가 '이탈리아 소 귀족'과 '오스트리아 여인'에 의해 휘둘리고 있다고 생각하였기 때문이다. 여기에 마자랭이 고등법원의 의견을 존중하지 않는 것, 재정의 악화를 빌미로 과중한 세금을 부과하는 것도 그들의 불만 원인이었다.

이러한 불만들이 쌓여 결국 1648년 6월 자유주의적이고 공화주의적인 사상을 가진 파리 고등법원 법관들과 시민들이 섭정과 마자랭에 저항하였다. 법관들은 군주에 대한 고등법원의 권리를 명시한 소위 '성 루이 재판부의 명령'이라고 불리는 것을 요구하였다. 거기에는 관리를 소환할 수 있는 권리나 조세 및 관직의 신설에 대한 결정권, 24시간 이상의 무단 구금에 대한 저항권 등과

프롱드의 난

같은 고등법원의 권리가 포함되어 있었다.

그러나 섭정은 법관들의 이러한 요구를 무시하고 오히려 그들 중 세 명을 체포하였다. 이로 인해 군주와 고등법원 사이의 갈등이 표면화되었고, 파리 시민들은 고등법원의 선동을 받아 파리 시에 바리케이드를 설치하고 난을 일으켰다. 이 난은 마자랭의 집 창문에 돌을 던지면서 시작되었기 때문에 '투석기fronde'에서 그 이름을 따서 프롱드의 난이라 불린다.

고등법원의 법관들은 마자랭을 비난하는 소책자 '마자리나드'를 살포하며 시민들을 선동하였다. 상황이 위급해지자 왕실은 파리를 벗어나 피신할 수밖에 없었다. 그 피신 행렬에는 루이 14세도 끼어 있었다. 그때 루이는 무력한 왕권의 비참함을 절실히

마자리나드 머리 위 C · M이라고 적혀 있는 인물이 마자랭이다.

깨닫게 되었고 그 경험 때문에 이후 성년이 되어 왕권 강화에 더욱 전력하였다.

1649년 왕당파 콩데 공에 의해 반란군이 진압되고 섭정과 고등법원 사이에 강화조약이 체결되었다. 흔히 이 시기까지를 전기 프롱드 난이라고 부르는데, 난의 주역이 고등법원 법관들이었기 때문에 '고등법원의 프롱드(1648~1649년)'라고 불리기도 한다.

후기 프롱드 난의 원인은 '고등법원의 프롱드'를 진압하는 과정에서 이미 잉태되었다. 난을 진압하기 위해 왕의 군대를 지휘한 콩데의 권력이 지나치게 강력해진 것이다. 그러자 섭정과 마자랭은 콩데의 권력이 너무 강력해진 것을 우려해 그를 제거하기로 결심하였다. 콩데가 제거되자 그를 지지하던 고등법원과 군인들이 반란을 일으켰다. 그리고 콩데 자신은 기이엔 지방으로 내려가

이야기 프랑스사

반 왕당파 세력을 규합하여 왕에 저항하였다. 흔히 이것을 '고등 법원의 프롱드'와 비교해 '콩데의 프롱드(1651~1653년)'라고 부른다.

콩데는 스페인의 지원을 받아 프랑스 남서부 지역을 장악한 후 파리로 진격하였다. 그러나 파리 시민과 고등법원은 콩데가 외세를 끌어들이고 파리의 하층민과도 결탁할 움직임을 보이자 그에게 등을 돌려버렸다.

상황이 불리해진 콩데는 1652년 스페인으로 피신하였고, 루이 14세와 그의 모후는 시민들의 열광적인 환호를 받으며 파리에 입성하였다. 다음 해 2월에는 마자랭도 귀환하였다. 귀환한 마자랭은 재정 총감독관 니콜라 푸케의 도움을 받아 재정을 강화하는 등 국가주의 정책을 계속 추진하였다.

태양왕 루이 14세

어린 시절 프롱드의 난을 경험한 루이 14세는 그로부터 많은 정치적인 교훈을 얻었다. 그것은 강력한 재상은 국민의 저항을 일으킬 수 있다는 점과 국민의 저항 앞에서 약한 왕은 한없이 비참해질 수 있다는 것이었다. 그래서 성년이 된 루이 14세는 재상을 두지 않고 직접 강력한 친정(親政)을 실시하였다. 그 결과 그는 그 어느 왕보다 강력한 왕으로 군림하였다. 흔히 그를 '태양왕'이라고 부르는 이유는 그 때문이다. 루이 14세에 의해 프랑스의 절대왕정 체제는 완성되었다.

절대왕정 체제를 확립하기 위해서는 지방 귀족들의 세력을 무력화시킬 필요가 있었다. 루이 14세는 그 점에 있어 유화 정책

을 사용하여 지방 귀족들을 중앙 귀족으로 흡수하였다. 그는 그들
을 베르사유 궁 주위로 불러들여 연금을 하사하고 매일 연회를 베
풀었다. 그의 풍성한 대접을 받은 귀족들은 그 대가로 그에게 절

대적인 존경을 바치고 엄격한 예의를 지켰다.

콜베르

루이 14세는 그 외에도 하층민 출신의 장관을 임명해 장관에 대한 영향력을 확대하고, 봉인장 제도를 확립해 고문관 회의를 강화하였다. 모든 사람들에 대해 절대적 권력을 휘두른 루이 14세는 왕권신수설에 근거해 자신을 지상에서의 신의 대리자라고 공언하였다. "짐이 곧 국가다."라는 그의 주장도 이러한 배경에서 나온 것이다.

루이 14세가 이런 강력한 군주가 된 데에는 재무총감 콜베르의 기여가 컸다. 그는 강력한 왕권과 부강한 국가를 위해 중상주의 정책을 추진하였다. 그의 중상주의 정책은 그의 이름을 따 콜베르주의라고 불린다. 콜베르주의의 목적은 수출을 증대하고 수입을 억제하여 국부 유출을 막고 국가를 부강하게 하는 것이었다. 그것을 위해 콜베르는 국내 관세를 정비하고 도로와 운하를 개통하여 상업을 촉진하였다. 그리고 동인도회사를 설립하여 국제 무역을 증진하고 식민지 획득에도 노력하였다.

수입을 억제하기 위해서는 국내 공업이 발전해야 한다. 따라서 콜베르는 공업을 발전시키기 위해 국립공장과 특권 매뉴팩처를 설립하여 각종 특권을 부여하고 장려금을 하사하였다. 외국인 기술자들도 적극적으로 유치하였다. 그는 공업만이 아니라 농업 진흥에도 힘써 개간 사업을 확대하고 관개 시설을 확충하였다. 이러한 그의 중상주의 정책에 힘입어 17세기 프랑스의 국부가 크게 증가하였다.

그런데 프랑스의 국부가 증가했음에도 불구하고 잦은 전쟁과 궁정의 사치와 낭비 등 다양한 요인으로 인해 재정은 더욱 어려워졌다. 때문에 재정 적자를 개선하기 위한 여러 제도들이 마련되었다. 우선 세액을 증가시키기 위해 세율을 인상하고 국민세와 10프로세와 같은 새로운 세금을 신설하였다. 세금 징수 방법도 개혁해 총괄징세 청부제도를 실시하였다. 여기에 관직 매매와 채권 발행과 같은 재정 적자를 해결하는 전통적인 방법도 동원되었다. 그러나 이러한 다양한 방법에도 불구하고 재정 적자는 해결되지 않았다. 그 결과 루이 14세가 사망할 즈음인 1715년 국가의 빚은 20억 리브르에 이르렀다. 국가의 재정은 파탄 직전에 있었다.

무모한 대외 전쟁

재정 악화의 주원인이 전쟁이 있었다고 할 만큼 루이 14세는 외국과 많은 전쟁을 벌였다. 콜베르 정책에 의해 꾸준히 신장된 국력을 영토 확장 전쟁에 퍼부은 것이다. 먼저 그는 스페인 왕실 출신인 왕비의 상속권을 내세워 1667년과 1672년 두 차례에 걸쳐 스페인령 네덜란드를 침략해 네덜란드 전쟁을 일으켰다. 그러나 네덜란드의 오렌지 공 윌리엄의 완강한 저항과 영국과 오스트리아, 스페인, 프로이센의 간섭으로 그의 뜻이 좌절되었다. 그래도 결과가 전혀 없진 않아서, 1678년 나이메헨 조약에 의해 프랑슈콩테 지방을 확보할 수 있었다.

다음으로 루이 14세는 1688년 라인 강 서부 지역으로 영토를

루이 14세 시대의 대외 전쟁

넓히기 위해 아우크스부르크 전쟁(1688~1697년)을 일으켰다. 이 번에도 거의 전 유럽이 동맹하여 그에게 대항하였다. 특히 영국이 제해권을 장악함으로써 프랑스에 결정적인 패배를 안겼다. 프랑스는 할 수 없이 뤼스위크 조약을 맺어 알자스 지역 일부를 차지하는 것으로 만족해야 했다.

1700년 왕위 계승자가 없던 스페인 국왕이 자신의 외손자이자 루이 14세의 친손자인 앙주 공에게 왕위를 물려주고 사망하였다. 이에 프랑스가 강력해질 것을 두려워한 영국과 오스트리아, 네덜란드가 동맹하여 프랑스에 전쟁을 일으켰는데, 그것이 1701년 왕위 계승 전쟁이다. 세 나라는 앙주 공의 스페인 왕위 계승을 강력하게 반대하였다.

이 전쟁의 결과로 1713년 유트레히트 조약이 맺어졌다. 이 조약에 의해 프랑스는 스페인과 영토를 합병하지 않는다는 조건으로 앙주 공을 스페인의 왕위에 앉힐 수 있었고, 영국은 신대륙의 프랑스령 일부를 양도받았다. 영국은 이 조약에 의해 제해권을 완전히 장악하여 유럽 제일의 강국이 되었을 뿐만 아니라 식민지 경쟁에 있어서도 절대적 우위를 차지할 수 있었다.

이처럼 루이 14세는 그의 치세 말기에 무모한 전쟁을 거듭함으로써 재정을 탕진하였다. 그는 한때 절대 왕정의 절정을 구가하며 유럽의 최대 국왕임을 자부했지만, 죽을 때는 프랑스에 엄청난 재정 적자를 남긴 불명예스러운 왕이 되고 말았다.

절대왕정의 토대들

위그노 전쟁과 프롱드 난을 겪으면서 왕권이 위기에 처한 경우도 여러 번 있었지만 앙리 4세 이래 왕권은 꾸준히 강화되어 루이 14세 시대에 절대왕정 체제가 완성되었다. 이 절대왕정 체제를 가능하게 했던 것은 중앙과 지방의 확고한 관료 제도였다.

중앙조직에는 추밀원과 최고 국무회의로 구성된 국무회의와 고등법원, 삼부회 등이 있었다. 국무회의에는 전문적인 4명의 국무 비서가 배치되어 더욱 체계화되었다.

고등법원은 파리를 비롯해 주요 지방*에 세워져 왕의 재판을 담당하고 왕의 권위를 높였다. 그런데 이 고등법원은 왕권 강화와 관련해 이중적인 성격을 가지고 있었다. 처음에는 그들이 왕권 강화에 기여한 것은 사실이지만 점차 스스로를 관습법의 수호자로 자처하고 그 관습법을 무기로 왕권을 견제하기 시작하였다. 게르만의 전통법인 살리크 법은 그 대표적인 예라고 할 수 있다. 뿐만 아니라 고등법원의 법관들은 폴레트세를 이용해 관직을 세습시킬 수 있게 되면서 강력한 귀족층을 형성하여 왕에 저항하였다.

이에 비해 삼부회는 고등법원에 비해 효과적인 기능을 하지 못하였다. 실제 1614년 이래 약 180여 년 동안 삼부회는 한 번도 소집되지 않았다. 삼부회의 역사적인 소명은 프랑스 대혁명과 함께 시작될 것이다.

지방 제도에 있어서는 전국을 12개의 군관구로 나누어 총독을 파견하여 질서를 유지하게 하였으며, 다시 전국을 100개의 바이아쥬와 세네쇼세로 나누어 행정과 사법을 담당하게 하였다. 여기에 1542년부터는 세금의 효율적인 징수를 위해 전국을 16개의 징세구généralité로 나누고 그것을 다시 소징세구élection로 나누었다. 소징세구에는 재정출납관을 파견해 세금의 수납과 행정을 맡도록 하였다.

* 주요 지방 : 파리, 툴루즈, 보르도, 루앙, 엑스, 그로노블, 디종, 랜느.

위와 같은 중앙과 지방의 관료제 정비와 확대는 왕권의 강화에 기여하였지만 다른 한편으로는 국가의 재정에 엄청난 부담을 안겨주었다. 설상가상으로 국가가 재정 문제를 해결하기 위해 새로운 관직을 만들어 매매함으로써 재정 문제는 악순환의 고리를 면치 못하였다. 게다가 점차 비대화된 관료제는 효율성마저 떨어졌다.

종교적 갈등

종교적 개혁주의와 위그노

16, 17세기 유럽의 역사는 종교 개혁과 그로 인한 종교 전쟁의 역사였다. 16세기 전반에는 루터가 독일에서 의인설(義認說)을 주장하며 종교 개혁을 일으켰고 그의 뒤를 이어 16세기 후반에는 칼뱅이 스위스 제노바를 중심으로 예정설을 주장하며 종교개혁을 일으켰다. 이러한 종교개혁은 전 유럽을 종교적 대립으로 몰아갔고 그 결과 유럽은 17세기까지 종교 전쟁의 소용돌이에 휘말렸다.

프랑스도 예외는 아니었다. 루터와 칼뱅의 종교적 개혁주의는 프랑스에도 영향을 주었고 특히 칼뱅주의를 신봉하는 위그노들이 광범위하게 확산되었다. 위그노의 세력 확대는 가톨릭교도를 자극하였고 그 결과 위그노 전쟁이 일어났음은 앞에서 확인하였다. 여기에는 앞에서 다루지 못한 프랑스 종교적 개혁주의와 위그노 전쟁을 전후한 위그노들의 상황에 대해 자세히 살펴보자.

루터와 칼뱅의 종교개혁이 영향을 미치기 이전 이미 프랑스에는 종교적 개혁주의가 일어날 수 있는 여러 원인들이 내재되어 있었다. 국민들은 고위 성직자들의 부정부패와 면죄부 판매, 교회의 독자적인 예산 집행에 대해 불만과 비판의 목소리를 높였다. 교회가 모범적인 모습을 보여주지 않자 신자들은 이단 속에서 종교적 구원을 찾으려 하였다. 그리고 군주는 교회의 막대한 재산을 가로챌 구실을 찾고 있었다.

이 모든 종교적 위기는 참된 종교를 원하는 사람들의 개혁에 대한 열정을 고무하였다. 종교적 개혁주의자들은 종교적 구원은 기성 교회가 강조하듯이 의식(儀式)이나 선행에서 비롯되는 것이 아니라 성서와 복음, 신앙에서 비롯되는 것이라고 강조하였다. 그래서 그들은 성서를 적극적으로 연구하였다. 특히 루터주의의 영향을 받은 파리 대학의 데따블르는 성서 원전을 연구하고 불어판 성서를 간행하였다. 또한 그는 루터의 영향을 받아 참된 종교적 구원은 개인의 신앙에 의해서만 획득될 수 있다고 주장하였다. 프랑스에 전파된 루터주의는 귀족과 노동자들에게 확산되었다.

프랑스에 루터주의보다 더 많은 영향을 준 것은 칼뱅주의였다. 칼뱅주의는 1540년경 프랑스에 유입되었다. 프랑스의 칼뱅교도들을 위그노Huguenot라고 하는데 이것은 동맹을 의미하는 독일어 'Eidgennosse'에서 유래하였다.

이처럼 위그노가 '동맹'을 의미하는 말에서 파생된 원인은 그것이 주로 제노바의 동맹시, 프라이부르크와 베른을 중심으로 전파되어 그 인근 지역인 리옹과 노르망디, 랑그도크으로 확대되었기 때문이다. 칼뱅주의는 도시의 중산 계급인 교수와 의사, 법률가, 하위 성직자들 사이에 파고들었다.

위그노는 처음에 프랑수아 1세와 그의 누이 마르그리트의 보호 속에서 꾸준히 성장을 하였다. 그러나 위그노들이 점차 국왕의 절대 권력을 부인하고 공화주의적인 색채를 드러내자 프랑수아 1세는 그들을 탄압하기 시작하였다. 1534년 10월 성사(聖事)를 공격하는 벽보가 왕실 앙보아즈 궁전에까지 붙여진 '벽보 사건'으로 인해 위그노에 대한 탄압이 본격화되었다. 앙리 2세는 고등법원 내에 이단을 심판하는 특별재판소를 설치하여 위그노를 비롯한 종교적 개혁주의자들을 처형하였다.

위그노에 대한 탄압은 이미 살펴본 대로 위그노 전쟁으로 발전하여 수십 년간 프랑스를 전쟁으로 몰아넣었다. 앙리 4세의 위그노 칙령에 의해 전쟁은 종결되었지만 그것으로 종교적 대립이 끝난 것은 아니었다.

용병에 의해 폭력적으로 개종을 강요당하는 위그노

루이 14세 시대에 위그노에 대한 탄압이 재개되었다. 루이 14세는 중앙집권적인 절대 왕권을 확립하기 위해 프랑스의 문화적, 종교적 통일성을 원하였다. 그 종교적 통일성을 확보하기 위해 루이 14세는 가톨릭만을 강요하고 위그노들을 탄압하였다. 그는 우선 위그노와 가톨릭계 판사들이 같은 수로 참여하고 있는 재판부를 폐지하고 위그노가 국가 관리가 되는 것을 금지하였다. 그 외에도 위그노와 가톨릭교도의 통혼을 금지하였고, 위그노를 가톨릭으로 개종시키고 위해 노력하였다.

개종을 위한 루이 14세의 노력은 군사적이고 폭력적이었다. 그는 위그노들의 본거지에 용병을 주둔시켜 용병들의 위그노 학대를 방조하였다. 용병의 학대를 피하기 위해서 위그노들은 억지로 개종하지 않을 수 없었다. 당시 이 용병들은 '장화를 신은 선교인단' 이라고 불렸다.

마침내 루이 14세는 1685년 10월 낭트 칙령을 폐지하였다. 위그노들의 예배는 금지되었고 위그노 목사들은 추방되었으며 위그노 신학교는 폐지되었다. 당시 대다수의 위그노들은 개종보다는 조국을 버리고 망명하였다. 약 20만 명의 위그노들이 프랑스를 떠나 영국과 네덜란드, 신대륙으로 이주하였다. 그들은 대개 상인과 기술자, 군인들이어서 그들의 이주는 이후 프랑스 경제에 큰 타격을 주었다.

그러나 루이 14세의 강경한 탄압에도 불구하고 위그노는 사라지지 않았다. 1702년 위그노 농민들이 세벤에서 대규모 반란을 일으켰다. 그 규모는 국가가 2만 명의 진압군을 파병해야 할 정도였다. 그리고 1715년에는 님 근처에서 수 많은 위그노 목사와 신자들의 모여 비밀 집회를 열었는데, 그것은 위그노 세력들이 여전히 건재함을 보여주는 사건이었다.

얀센주의의 등장

종교적 통일성을 이룩하려는 루이 14세에 의해 탄압받은 또 다른 종교는 얀센주의이다. 얀센주의는 네덜란드 출신의 이프르 주교 얀센에 의해 시작되었다. 얀센은 1640년 《아우구스티누스》를 저술하여 급진적인 아우구스티누스 사상을 주장하였다. 당시 신교와 가톨릭 사이에 신의 은총과 예정을 두고 격심한 논쟁을 하고 있는 상황에서 얀센은 아우구스티누스의 사상에 입각하여 인간의 자유의지보다 하느님의 은총이 더욱 중요하며 인간의 구원은 소수의 사람들에게만 미리 예정되어 있다고 주장하였다.

얀센의 사상은 그의 친구인 아베 드 생시랑에 의해 프랑스에 전파되어 포르 로얄 수녀원을 중심으로 확대되었다. 그것은 파리의 법조계 인사들과 상업 부르주아, 하급성직자들 사이에 보급되었고 오라토리오회와 베네딕트회도 얀센주의를 채택하였다.

1653년 교황이 얀센의 《아우구스티누스》에는 다섯 개의 이단적인 요소가 들어있다고 비난하자 얀센주의자와 교황에 충실한 예수회가 유명한 교리 논쟁을 시작하였다. 당시 얀센주의자 아르노는 《빈번한 영성체》를 저술하여 예수회의 형식주의를 비판하였다. 이에 예수회는 하느님 은혜의 절대성과 구원의 예정을 주장하는 얀센주의를 칼뱅적이라고 비난하였다. 이 논쟁에서 파스칼은 《시골 친구에게서 온 편지》를 저술해 얀센주의를 옹호하였다.

루이 14세는 점차 세력을 확대하고 있는 얀센주의를 탄압하였다. 이유는 위에서 지적했듯이 얀센주의자들이 국가의 종교적 통일성을 저해할 뿐만

얀센

IN VERITATE ET CHARITATE

CORNELIVS IANSSENIVS EPISCOPVS IPRENSIS

아니라 왕의 절대적 권력을 부인하였기 때문이었다. 1709년 루이 14세는 포르 로얄 수녀원을 해산하였고 1713년에는 얀센주의자인 케멜의 저서《도덕적 성찰》을 비난하는 〈우니게니투스 교서〉를 교황으로부터 얻어냈다. 그러나 루이 14세의 탄압은 위그노에 대한 탄압과 마찬가지로 그의 시대에만 유효하였다. 그의 사후에는 오히려 얀센주의자들이 승리하고 예수회 회원들이 숙청당하였다.

가톨릭 교회의 반동 종교개혁

종교개혁은 가톨릭 내에서도 일어났다. 루터와 칼뱅의 사상이 확대되고 있는 상황에서 가톨릭 교회 역시 내부적으로 혁신할 필요를 느낀 것이다. 16세기 초까지만 해도 가톨릭 교회는 느슨하고 불완전하였다. 그들의 가장 가까이에서 민중의 구원 사업을 담당한 교구 신부들은 충분한 교육과 수련을 받지 못하였다. 그들은 약간의 문자를 터득했지만 실제 그들의 지적 수준이나 생활은 민중과 다를 바 없었다. 그들 역시 민중 계급 출신이었고, 그들의 생활이 항상 민중과 함께하는 생활이니 당연한 결과일 것이다.

가톨릭 교회는 평신도들을 개혁하기 위해서는 그들의 가장 가까이 있는 신부들을 교육시키는 것이 급선무라고 생각했다. 따라서 가톨릭 교회의 혁신을 주장한 트렌트 공의회(1545~1563년)는 무엇보다 성직자들의 교육을 강조하였다. 그 결과 각 교구마다 성직자들을 교육시키기 위한 신학원이 설치되었다. 성직자들은 여기서 체계적인 교육을 받은 후 교리문답이나 피정, 국내 선교, 신도단의 조직 등에 의해 평신도들의 신앙생활을 개혁해 나갔다.

다음으로 가톨릭 교회는 민중 사이에 광범위하게 퍼져 있는

트렌트 공의회 가톨릭 교회의 혁신을 논의했다.

미신적 관행을 척결하였다. 당시 민중들의 미신적인 관행은 가톨릭 교회의 성사 의식, 예를 들면 주일 미사나 고해성사, 부활절의 성체 배수, 사순절의 금식과 금욕, 개인의 칠성사(七聖事) 등에까지 침투해 있었다.

가톨릭 의식 내의 미신적이고 이교적인 관행은 사실 중세 초부터 있었던 일이었다. 중세 초 유럽이 기독교화되면서 이전의 이교적인 요소들이 없어지지 않고 기독교와 융합되어 유지되어 왔던 것이다. 처음에 교회는 민중들이 가톨릭을 더욱 잘 수용할 수 있도록 이교적 관행을 묵인 내지는 허용해주었다. 그런데 시간이 지나면서 교회의 주교와 신학자들은 민중들의 미신적 관행을 비판하기 시작했고, 결국 16세기 가톨릭 종교개혁 시기에 그것을 완전히 타파하기 위한 운동이 본격적으로 전개되었다.

교회는 우선 종교적 축일에 행해지는 농민들의 이교적 관행들을 금지하였다. 예를 들면 11월 1일 만성절All Hallow Day 전야에 행해지는 무덤에서의 유희적 놀이들, 성탄절과 새해 무렵에 교회에서 벌어졌던 '바보들의 축제' 등이 금지되었다. 2월경에 카니발 축제에서 벌어졌던 무질서하고 해학적인 연극과 놀이들도 금지되었다. 그리고 축제 기간에 이러한 연극과 놀이를 담당했던 청년 단체와 유희 단체들은 탄압을 받았다.

교회는 지나친 성인 숭배에 대해서도 비판하였다. 성인이란 기독교 박해의 시기에 순교하거나 혹은 그 이후 기적을 베푼 위대한 사람들로서 교회에 의해 추앙된 사람들이었다. 그런데 점차 성인의 수가 급증하고 민중들도 하느님이나 예수보다는 좀 더 가깝고 구체적으로 느낄 수 있는 성인에 매달리는 경향이 강해졌다. 중세와 이 시대 사람들의 대화를 살펴보면 두세 마디마다 성인의 이름이 등장함을 알 수 있다. 그러나 지나친 성인 숭배는 범신론으로 흐를 수 있고, 따라서 이교적이고 미신적인 경향을 띨 수 있었다. 교회가 성인 숭배를 제한한 이유는 바로 그 때문이다.

가톨릭 교회의 종교개혁에 의해 농민들의 미신적인 관행이 많이 사라지긴 했지만 이후 17세기까지, 아니 19세기까지도 그러한 요소는 완전히 없어지지 않았다.

성직자들을 도와 가톨릭 종교개혁에 활기를 불어 넣은 것은 각종 교단들이었다. 그 중에서 카르멜 수녀원과 프랑수아 드 살이 창립한 성모방문회, 생상 드 폴이 창립한 자선회 수녀들, 오라토리오회 등이 대표적이다. 이 교단들은 성직자들의 교육만이 아니라 구빈사업과 설교, 전도 등 다방면에 적극적으로 참여하였다. 그 중에서 예수회의 활동이 가장 눈부셨다. 예수회의 설립자인 로

욜라는 1530년에서 1534년 파리에서 가톨릭을 다시 강화할 목적으로 예수회를 구성하여 교황의 승인을 받았다. 예수회는 엄격한 규율과 교황에 대한 복종, 전도의 정신을 천명하였다. 이후 예수회는 급격하게 성장하였지만 17세기에 등장한 얀세니즘과 경쟁하며 시련을 겪기도 하였다.

갈리카니즘의 후퇴

1438년 부르제의 결의를 통해 채택된 갈리카니즘은 이 시대에 오히려 약화되었다. 갈리카니즘이 약화된 원인은 프랑수아 1세가 이탈리아 원정 중에 밀라노에서 교황과 맺은 협정 때문이었다.

그 협정에 의해 부르제 칙령은 폐지되었고, 프랑스 교회의 재정은 교황에 종속되는 결과를 가져왔다. 그 협정은 성직자의 임명이나 교회세에 관한 국왕과 교황 사이의 타협으로, 주교의 임명은 국왕이 되고 그 서임은 교황이 하며, 성직자의 성록은 국왕이 배분하고, 신임 성직자의 초입세는 교황에게 바친다는 내용으로 되어 있었다. 이러한 타협은 외교적 필요에 의한 것이었지만 프랑스의 재정적 희생을 감수한 조처였다.

문화적 부흥

세련된 귀족 문화의 형성

샤를 6세 시대의 궁정 무도회와 가면 축제에서 최초로 이탈리아적인 요소가 나타나더니 15세기 후반부터 이탈리아 르네상스가 프랑스 궁정에 본격적으로 전파되었다. 이탈리아의 세련되고 우아한 세속적 취향과 습관이 파리와 발루아 가의 궁전으로 흘러들었다. 이는 대개 파리에 정착한 이탈리아 상인이나 은행가, 예술가에 의한 것이었다.

16세기 샤를 8세와 프랑수아 1세의 이탈리아 원정을 계기로 그리고 메디치 가문의 여인들이 프랑스 궁전에 시집옴으로써 이탈리아 문화의 유입이 더욱 촉진되었다. 프랑수아 1세는 이탈리아 원정길에서 많은 유물과 함께 이탈리아의 장인과 예술가들을 데리고 왔다.

다빈치가 프랑스에서 그린 〈암굴의 성모〉

그는 첼리니와 레오나르도 다빈치와 같은 이탈리아의 화가들을 초빙하였고, 왕립학교를 세워 이탈리아의 인문학을 보급시켰다.

이탈리아 문화는 프랑스의 건축 양식에 많은 영향을 주었다. 루아르 강변의 슈농소 성, 빌랑드리 성, 샹보르 성, 그리고 퐁텐블로 성은 이탈리아 르네상스의 영향을 받은 대표적인 성들이다. 이탈리아에서 온 예술가들을 '퐁텐블로 학파'라고 부른 이유는 그들이 주로 퐁텐블로 성을 중심으로 활동하였기 때문이다. 르네상스 양식의 특징은 대리석과 조각으로 전체의 성을 장식한 점과 옥외의 축제나 놀이를 중심으로 성을 설계하였다는 점이다.

퐁텐블로 성

르네상스 양식의 이 화려한 성들을 중심으로 16세기의 궁정 문화가 만개하였다. 이 시기의 궁정 문화는 12세기 봉건 귀족들의 성에서 발달한 문화에 비해 훨씬 더 귀족적이고 세련되었지만 다른 한편으로 폐쇄적이기도 하였다. 중세 문화는 광장에서 노래하는 음유시인과 방랑 배우, 교회 앞에서 상연된 신비극에서 보여지는 바와 같이 개방적이고 민중적이었다. 그러나 이 시기 귀족들은 과거처럼 광장에 나가 민중들과 섞이려 하지 않았다. 그들은 성 안에서 무도회와 연극을 즐겼다.

또 이 시기의 귀족 문화는 개인적이고 엘리트적이었다. 중세의 대성당이 무명 장인들에 의해 만들어졌다면 르네상스 시기의 건축은 '천재적인 만능인'에 의해 건축되었다. 또한 그들의 작품은 너무나 엘리트적이어서 민중들과 공감대를 형성하지 못하였다. 이 시기의 대표적인 시인 롱사르의 시는 민중들이 이해하기에 매우 난해하였다.

마지막으로 16세기 귀족 문화는 자연과 유리된 인위적이고 세련된 문화였다. 당시 귀족들은 중세 기사들의 취향을 투박하고 촌스러운 것으로 여겼다. 예를 들면 같은

16세기 궁정 귀족 당시의 귀족들은 중세와는 다른 우아하고 세련된 양식을 발전시켰다. 그 중심은 궁정 무도회였다.

그릇을 사용하는 공동 식사 관행, 인간의 생리적인 욕구에 대한 솔직한 표현들, 아무데서나 칼을 휘두르는 폭력적인 성향들을 다소 야만적이고 혐오스러운 취향이라고 생각하기 시작한 것이다.

이러한 인식의 변화가 생긴 이유는 중세의 지방 귀족들이 중앙 귀족들로 흡수되면서 새로운 사교계가 형성되었기 때문이다. 군주와 상류층을 중심으로 형성된 그 사교계에서는 상대방에 대한 고려와 매너가 강조되었다. 그 매너란 상대방을 불쾌하게 만들 수 있는 자신의 생리적이고 본능적인 욕구를 조절하는 것이었다. 이런 측면에서 16세기 귀족 문화는 세련된 문화였지만, 한편으로는 인위적이고 비자연적인 문화였다.

이탈리아 르네상스의 영향을 받아 16, 17세기 프랑스에서 발달한 대표적인 귀족 문화는 바로크와 고전주의 문화였다.

바로크와 고전주의

바로크 양식 │ 프랑스는 앙리 4세 치세 말부터 로마의 바로크 예술

의 영향을 받기 시작하였다. 바로크라는 말은 '비뚤어진 진주 barroco'를 의미하는 스페인어에서 비롯되었다. 그것은 교황이 로마를 장식하기 위해 사용했던 '반 종교개혁적인 예술'로서 불규칙하고 그로테스크한 모양을 특징으로 하였다. 당시 종교개혁으로 위협을 느낀 교황은 '예술'에 의해 가톨릭의 과거의 영광을 회복하려 하였다. 그는 예술적 형태가 종교적 열정을 고무시킬 수 있다는 확신을 가지고 화려하고 장엄한 형태의 종교예술을 발전시켰는데, 그것이 바로 바로크 양식이다.

바로크 양식은 프랑스로 전해지면서 화려한 궁정 예술로 탈바꿈하였다. 그 결과 웅대하고 장엄한 바로크 양식의 궁정이 건축되었다. 그러나 바로크 시대에는 건축 자체보다 건축물의 장식과

뤽상브르 궁전에 걸려 있던 루벤스의 〈마리 드 메디시스의 생애〉 중 일부분

미술이 더 강조되었다. 뤽상부르 궁전에 걸린 루벤스의 벽화 〈마리 드 메디시스의 생애〉는 바로크 미술의 대표적인 작품이다. 이 외에 니콜라스 푸생의 그림과 자크 칼로의 판화들이 있다.

바로크 시대에 가장 발달한 분야는 연극이었다. 그 이전의 서정시의 자리를 대신해 이 시대에 연극과 소설이 크게 발달하였다. 당시 프랑스의 연극은 웃음과 울음이 뒤섞인 행동, 궁정의 성(性)과 풍속을 반영하는 잔혹성을 잘 보여 주었다. 1636년에 상연된 코르네유의 〈르 시드〉는 이 시대의 귀족적 이상을 잘 표현하고 있으며, 그 외에도 생 타망과 테오필드 비오의 시도 대표적이다.

음악에 있어서는 오페라가 특히 발달하였다. 루이 14세 시대의 궁정 음악가 륄리는 우아하고 화려한 춤곡 미뉴에트를 오페라에 도입하기도 하였다. 바로크 양식은 귀족들의 의상에도 영향을 주어 화려한 레이스와 괴기적인 장식의 의복이 유행하였다.

고전주의 | 바로크 문화는 후반기로 들어가면서 점점 더 권위주의적인 궁정 문화가 되었다. 루이 14세의 절대주의 이념이 예술에도 영향을 주어 보편성과 통일성을 추구하는 고전주의 문화가 등장한 것이다. 바로크 문화가 불균형과 부조화를 강조한 것에 비해 고전주의 문화는 균형과 조화를 강조하였다. 그것은 절대주의 이상인 질서와 균형, 법칙을 예술에 반영한 것이었다.

높은 교양과 취미를 겸비한 루이 14세는 자신의 통치를 영광스럽게 하기 위해 고전주의적인 문학과 예술을 사용하였다. 그는 작가와 예술가, 학자들을 경제적으로 지원하고 일할 여건을 마련해 주었다.

루이 14세 시대의 고전주의적 이상이 가장 잘 표현된 것은

1662년에서 1702년 사이에 건설된 베르사유 궁전이다. 베르사유 궁전은 플랑드르보다는 이탈리아, 특히 로마의 영향을 많이 받았다. 루이 14세는 르 보와 느트르를 데려다 선왕으로부터 물려받는 평범한 사냥용 별장을 개조하기 시작했다. 생 제르맹 성과 루브르, 퐁텐블로 성을 이미 소유한 국왕은 베르사유 궁전만큼은 특별히 축제를 위한 공간으로 만들고자 하였다. 그리하여 무엇보다 연회와 오락, 음악회를 위한 넓은 정원과 홀에 많은 신경을 썼다. 축제를 위한 임시 건물이나 궁전 내부와 정원 장식 등에는 아직 바로크적 잔재가 남아 있지만 궁전 전체의 균형과 절도, 장엄함, 좌우 대칭은 고전주의 예술의 완전한 표본이다.

베르사유 궁전에서는 왕에 대한 예절과 존경을 표시하기 위한 축제들이 끊임없이 벌어졌다. 그 외에도 외국의 대사나 군주를 영접하기 위한 축제 등, 베르사유에서 축제와 의례는 일상적인 일이었다. 공연을 중시하는 시대적 취향도 이런 배경 속에서 나타난 것이다.

공연은 유희와 무도회와 함께 축
제의 중심이었는데 이러한 취향은
기마 수렵이나 장거리 여행, 마상 시
합, 모의전투가 주종을 이루었던 프
랑수아 1세 시대의 귀족 문화와는 대
조적이었다. 왕실 음악 총감독인 륄
리는 발레와 오페라, 코미디를 중심
으로 하는 공연 풍토를 조성하는데
노력하였고 코르네유와 몰리에르,
라신 등도 왕의 후원을 얻어 연극 공
연을 발전시켰다. 연극 공연에 있어
서는 희극이나 비극보다는 발레나
코미디발레가 더욱 인기가 있었는
데, 거기에는 감정을 억제하고 열정
을 순화시키는 고전주의의 이상이
잘 표현되어 있다.

귀족들의 베르사유 축
제

축제의 장소인 베르사유 궁전은 또한 왕을 중심으로 귀족들
이 재편성되는 장소이기도 하였다. 16세기까지만 해도 귀족들은
성과 성, 도시와 도시를 옮겨 다니며 사냥이나 전투를 즐기는 이
동 생활을 하였지만 17세기, 좀 더 정확히 1664년부터 루이 14세
의 궁정을 중심으로 정착하였다. 그러한 과정에서 16세기 이래 형
성되기 시작한 귀족들의 세련되고 우아한 양식이 더욱 확고한 틀
을 갖추어 17, 18세기의 독특한 귀족 문화를 형성하였다.

당시 귀족들은 루이 14세에 의해 '부양'되었다. 그들은 풍부한 연금과 서훈으로 받은 직책, 딸을 위한 지참금, 세속인에게 주는 성직록, 아들을 위한 사관 증서를 하사받는 대신 왕을 위한 축제와 의식의 들러리가 되었다. 귀족들은 오로지 왕의 환심을 사고 아첨하는 일에만 골몰하였다. 국왕이 만든 울타리 속에서 귀족들은 점점 무력해졌다. 그런데 이 울타리는 귀족의 위험성을 제거하긴 했지만 국가에 엄청난 재정적 부담을 안겨주었다.

인쇄술의 발달과 지식 생활의 향상

1450년 마인츠의 구텐베르크의 인쇄기는 프랑스에도 전파되어 1470년경 최초의 인쇄소가 파리, 좀더 정확히 말하면 소르본 대학에 세워졌다. 이후 15세기 말까지 프랑스에는 총 9개의 인쇄소가 설립되었고 그 중에서 파리와 리옹은 인쇄업의 중심지로 성장하였다. 인쇄술의 발달은 책의 독자층을 확대시킴으로써 16세기 이후 도시의 지적 생활을 크게 향상시켰다.

거리에서 책을 파는 행상 인쇄술의 발달로 책을 더 많은 사람들이 접할 수 있게 됐다.

책의 보급이 보편화되기 이전의 지적 생활의 중심은 교구와 학교였다. 교구는 사제들의 엄격한 규율과 교회에서 전시되는 성유물함이나 종교극, 행진, 탁발수도사들의 설교 등에 의해 도시인들의 지적 생활에 기여하였다. 학교 역시 법관과 상인의 자제들에게 교양과 지식을 교육함으로써 도시인의 지적 생활을 향상시켰다. 그러나 인쇄술이 발달하면서 교구의 의식이나 학교 외에 책이 지적 생활에서 차지하는 비중이 점점 커졌다.

프랑스의 인쇄소

　　책이 보급되면서 지적 생활의 향유층이 성직자 계층에서 일
반 상류층으로, 그리고 그 범위도 학교의 테두리를 넘어 일반 가
정으로 확대되었다. 그런데 이렇게 지적 생활의 향유층이 상류층
과 부르주아 계층으로 확대되었다는 것은 그들과 일반 민중들과

의 교육적·문화적 격차가 더욱 심화되었다는 것을 의미하기도 하였다. 왜냐하면 책을 접할 수 없었던 민중들은 여전히 문맹 상태에 빠져 있었기 때문이다.

　인쇄술의 발달은 종교개혁의 성공에도 기여하였다. 종교개혁가들의 사상이 광범위하게 확산될 수 있었던 것은 인쇄술의 발달 때문이었다. 그리고 종교개혁가들은 신앙생활에서 성경을 가장 강조하였는데, 그 성경의 보급 역시 인쇄술의 발달로 인해 가능한 것이었다.

인문주의와 속어 문학의 발달

인쇄술의 발달은 프랑스 인문주의 성장에 기여하였다. 프랑스 인문주의는 이탈리아에서 들어온 고전 고대 작품과 귀중한 사본들에 의해 촉발되었고, 인쇄술의 발달과 프랑수아 1세의 콜레주 드 프랑스의 창립으로 더욱 확산되었다. 콜레주 드 프랑스에서는 저

라블레

명한 인문주의자들이 그리스어와 히브리어, 수학 등을 교육했다.

　인문주의자들은 고전고대 문헌에 대한 깊은 취향과 왕성한 지적 호기심을 기반으로 인간 자체를 깊이 탐구하였다. 르페브르 데타플과 기욤 뷔데는 초기의 대표적인 인문주의자였으며 파스칼과 보쉬에, 라신느 등도 인문주의를 발전시키는데 기여하였다.

　프랑스 인문주의자들은 왕성한 지적 호기심을 보였지만 그것을 서신이나 저서를

통해 나누기를 즐겼을 뿐 민중과 공유하는 것에는 별 관심이 없었다. 이로 인해 인문주의적 문화는 엘리트들 사이에서만 보급되었을 뿐 민중들에게까지 확대되지 않았다. 이런 측면에서 인문주의는 엘리트 문화와 민중 문화의 간격을 심화시킨 원인이었다고도 볼 수 있다.

인문주의자들과는 달리 종교개혁가들은 대중 속으로 파고들어 대중을 향해 설교하였다. 그리고 또 인문주의자들의 사상은 종교개혁가들의 사상만큼 급진적이지 않았다. 인문주의자들은 가톨릭을 비판하되 그 한계를 넘지 않은 반면, 종교개혁가들은 가톨릭 교리를 정면 비판하고 새로운 종교를 창시했던 것이다. 17세기 루터파와 칼뱅파가 확산되고 종교적 박해와 종교 전쟁이 진행되는 동안 인문주의자들은 오히려 침묵하였다.

16세기 국민감정의 증대와 인문주의의 영향을 받아 속어 문

당대의 사회를 풍자한 〈가르강튀아〉와 〈팡타그뤼엘〉

학이 발달하였다. 칠성시파는 재치 있는 시적 표현으로 프랑스어
의 기초를 세웠을 뿐만 아니라 프랑스어의 보호와 장려에도 많은
기여를 하였다.

프랑수아 라블레의 뛰어난 작품은 프랑스어의 풍요로움과 다
양성의 극치를 보여주었다. 프란체스코회 수사였으며 몽펠리에
대학에서 의학을 공부한 의사이기도 했던 라블레는《가르강튀아》
와《팡타그뤼엘》에서 불손한 유머와 풍자, 품위 없는 익살과 농
담, 외설 등을 사용해 당시 민중문화의 일면을 잘 보여주었다. 그
는 평생 술주정뱅이로 살다간 익살광대였지만, 당대의 사회를 풍
자와 익살로 비판한 위대한 인문주의자였다.

속어 문학의 발달은 프랑스어의 발전과 밀접한 관련을 가진
다. 1539년 요아힘 드 벨레는《프랑스어를 위한 변호와 설명》을
발간하여 프랑스어의 중요성을 강조하였다. 절대주의 정부는 프
랑스의 문화적 통일성을 확보하기 위해 프랑스어를 강요하였다.
그 일환으로 1539년 발레르-코트레 칙령이 발표되어 프랑스어가
모든 법적 공문서의 공식 언어로 확립되었다.

그러나 그러한 발전에도 불구하고 여전히 프랑스에는 프랑스
어를 구사하지 못하는 사람들이 많았다. 1790년대조차도 프랑스
인 4명 중 한 명은 프랑스어를 구사하지 못하고 브르타뉴어, 독일
어, 스페인어, 바스크어, 오크어와 같은 수많은 방언을 사용하고
있었다. 특히 이러한 방언은 농민들과 노동자와 같은 하층민이나
여성들에 의해 많이 사용되었다.

6
이성의 시대

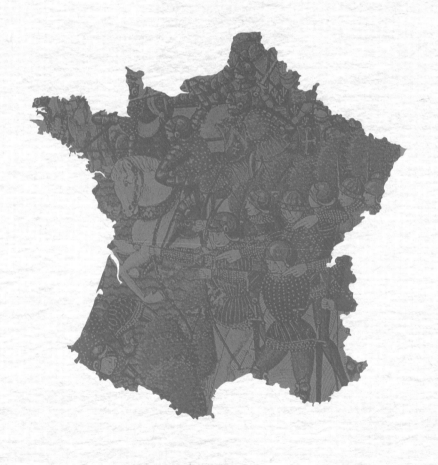

이성의 시대

프랑스 내부의 문제 및 대외관계로 인해 루이 15세와 루이 16세 시대에 재정 문제는 더욱 악화되었다. 결국 루이 16세는 재정난을 호소하기 위해 삼부회를 개최하였는데, 이는 곧 혁명의 도화선이 되었다. 또한 이 시기 성장한 계몽사상은 프랑스 대혁명을 수행하는데 큰 역할을 하였다.

경제 성장

국제 무역의 발달

'16세기적 현상'으로 불릴 만큼 호황을 누렸던 16세기의 경제는 17세기가 되면서 쇠퇴하였다. 이 시기 경제의 쇠퇴를 설명하기 위해 '17세기 위기론'이라는 유명한 논쟁이 등장하기도 하였다. 그러나 18세기가 되면서 프랑스 경제는 서서히 회복되어 혁명의 기운이 감돌기 시작하는 1775년까지 내내 번영을 구가하였다.

18세기 경제 번영을 주도했던 것은 국제 무역의 발달이었다. 귀족들의 호화롭고 사치스러운 생활은 사치품의 수요를 증가시켰다. 이 사치품의 대부분은 해외에서 공급되는 것이었기 때문에 사치품의 수요 증가는 국제 무역의 활성화로 이어졌다. 프랑스의 주요 수입품에는 북유럽의 아마와 삼, 철, 역청과 아시아의 자기와

국제 무역의 발달 영국과의 교역으로 활기찬 파리의 모습.

향신료 등이 있었고 수출품으로는 스페인과 영국, 레반트 지역으로 나가는 아마포와 나사, 포도주, 브랜디, 밀, 설탕 등이 있었다.

특히 서인도 제도의 국제 무역은 프랑스에 많은 이익을 안겨주었다. 서인도 무역은 아프리카에서 포획한 흑인 노예를 서인도의 사탕수수 농장에 공급해주고, 그 비용으로 원당과 면, 커피를 구입해 그것을 다시 프랑스로 가져가 거기서 설탕으로 정제하여 그 중간 이익을 챙기는 삼각 무역 형태로 진행되었다.

이러한 서인도 무역이 프랑스에 경제적 이익을 준 것은 사실이지만 거기에 포함된 노예무역은 경제적 번영에 가려진 어두운 그림자였다.

가내 공업의 발달

18세기의 상업 발달에 이어 공업 생산도 크게 발달하였다. 그러나 프랑스의 공업 생산은 영국과 같은 대량 생산이 아니라 각 가정이나 작업장에서 이루어지는 소규모 생산 위주였다. 그것은 상인들이 생산자에게 원료를 공급해주면 생산자들이 그것을 받아 가정이나 작업장에서 소규모로 물건을 생산해내는 체계였다. 그 대부분은 직조나 방적에 관계된 일들이었다. 이러한 형태의 가내 공업은 주로 북부와 서부의 농촌 지역, 리옹을 중심으로 확산되었다.

그러나 소규모 가내 공업 형태로는 증가한 수요를 충족시킬 수 없었다. 그래서 상인들은 원거리 국제 무역을 더욱 중요시하였고 그 결과 상업 자본주의가 발달하였다.

부르주아의 성장

상업과 무역의 발달로 인해 도시가 급격히 성장하였다. 포부르 Faubourg라고 불리는 파리의 성 밖 동네들, 예를 들면 생 탕투완, 생 탕플, 생 마르소 등지에 주민들이 꽉 들어차기 시작한 것도 이 시기의 일이다. 도시의 발달은 그 안에 거주하는 시민, 즉 부르주아의 성장으로 이어졌다.

부르주아 계층에는 대상인이나 대금융업자와 같은 상층 부르주아부터 법조인과 의사, 관리와 같은 자유전문직에 종사하는 중간 부르주아, 그리고 소상인이나 소수공업자와 같은 하층 부르주아에 이르기까지 다양한 계층이 포함되어 있었다. 16세기 이래 꾸준히 성장한 이들 부르주아 계층은 이 시대에 이르러 이미 무시할 수 없는 거대한 사회 세력을 형성하고 있었다.

부르주아들은 경제적으로 성장하였을 뿐만 아니라 앞에서 언급하였듯이 관직에 진출하여 새로운 법복 귀족층을 형성하였고 그 결과 정치적 권력까지 장악하게 되었다. 그들은 부르주아라기보다는 귀족이라고 할 수 있었다. 법복 귀족들의 핵심은 고등법원의 법관들이었다. 그들은 새로운 법령의 등록과 간주권, 등기를 거부할 권리 등 막강한 권력을 가지고 점차 왕권을 견제하는 세력으로 변해갔다. 오를레앙 공의 섭정 시기에 그들의 권력은 더욱 강력해졌다.

부르주아들의 경제적 성장은 그들의 생활수준을 향상시켰다. 그들은 상당한 물질적 풍요와 함께 기품과 지성을 겸비한 생활을 하였다. 그들은 충분한 여가를 가지고 있어 독서와 연구, 토론을 즐겼고 또 학회에 모여 도덕이나 음악, 신학, 수학 등에 관한 토론에 열중하기도 하였으며 살롱에 모여 좀 더 가벼운 학문적 담소를

보내며 시간을 보내기도 하였다. 이러한 과정에서 18세기 부르주아들은 경제적으로만이 아니라 문화적으로도 프랑스의 가장 활력적이고 주도적인 계층을 형성하였다.

그런데 혈통과 명예 외에는 내세울 것이 없는 전통 귀족들은 부르주아들의 이런 성장을 시기하고 견제하였다. 그들은 부르주아들이 경제적 부를 앞세워 자신들의 귀족적 위신을 흉내 내는 것에 불만을 품고, 부르주아들을 견제하기 위한 여러 법령들을 마련하였다. 그 결과 1625년 명백한 허가 없이 귀족의 칭호를 사용하거나 상인과 대소인(對訴人), 집달리(執達吏)의 처에게 귀부인의 칭호를 사용하는 것, 변호사와 의사, 그리고 그의 부인들이 비단이나 새틴으로 만든 옷과 모자를 착용하는 것 등이 금지되었다. 이른바 혁명 직전에 귀족들이 행한 '봉건적 반동'은 농민에게 케케묵은 봉건적 권리를 강요하는 조치였을 뿐만 아니라 성장하는 부르주아를 견제하기 위한 수단이기도 했다. 봉건적 반동에 의해 귀족들은 부르주아와 농민의 불만을 동시에 받게 되었다.

중농주의

18세기는 상업과 무역이 발달하고 그것을 배경으로 부르주아들이 성장한 시기였다. 하지만 농업은 상대적으로 낙후되어 있었다. 18세기 영국의 농업은 인클로저 운동과 농업혁명을 거치면서 눈부신 성장을 하였지만 프랑스의 농업은 침체되어 있었다.

프랑스에서도 중세 말 농노 해방이 이루어져 농민들이 자유로운 신분이 되었지만 그들은 영국처럼 농업 자본가로 성장하지 못하였다. 왜냐하면 프랑스 농민들은 강력한 군주들의 중세로 인해 자본을 축적할 여력이 없었기 때문이다. 게다가 프랑스 부르주아들이 상업으로 획득한 부로 토지를 구매하였고, 그 토지를 농민들에게 소작시켰기 때문에 소작제가 강화되었다. 당시 프랑스의 소작농들은 자유농민과 농노의 중간 신분으로 매우 열악한 생활을 하고 있었다.

이러한 상황에서 프랑스 농업 발달은 매우 느리고 불완전하였다. 광대한 미경작지와 불모지의 존재, 농업 기술의 부진, 인클로저 운동의 부재, 과중한 세금, 농산물 교역에 대한 제재 등 농업 발달을 저해하는 요소들이 산적해 있었다. 프랑스 인구의 80퍼센트 이상을 차지하는 농민들의 경제는 과중한 소작료와 세금 등으로 파탄 직전에 있었다. 이러한 상황을 개혁하고 농업을 부흥시키기 위해 등장한 것이 중농주의였다.

18세기 등장한 중농주의는 그간의 중상주의에 반대하고 농업을 중요시한 경제정책이나 사상이었다. 대표적인 중농주의자에는 케네와 혁명가 미라보 백작의 부친인 미라보, 튀르고 등이 있다. 그들은 국부의 원천은 농업이며 농업만이 생산적인 노동이라고 주장하였다. 그리고 그들은 중상주의하에서의 국가의 지나친 간섭에 반대해 경제활동의 자유방임을 주장하였다. 중농주의자들의 사상은 케네의 《경제표》에 잘 나타나 있다.

중농주의자들은 농학회(農學會)를 만들어 농학의 발전에 기여하였다. 그들의 사상은 실제 정책에도 많은 영향을 주었다. 루이 16세 때 재무장관을 지낸 튀르고는 중농주의 사상의 영향을 받아 농업을 장려하고 경제 규제를 완화하는 정책을 폈다. 그는 농민의 부역을 면제하고 봉건적인 직업 조합을 폐지했으며 곡물 거래를 자유화시켰다. 또 이윤의 유일한 원천은 토지라고 보고 그동안 면세 대상이었던 토지에 대해 세금을 부과했다. 중농주의가 농업 발달에 직접적으로 기여하진 않았다고 해도 농업에 대한 중요성을 인식하고 경제 정책을 개혁하는데 기여한 것은 사실이다.

무능한 왕들과 재정 위기

오를레앙 공의 섭정
루이 14세가 1715년 77세의 나이로 사망하였을 때 이미 그의 장

어린 루이 15세와 섭
정 오를레앙

남이나 손자들은 모두 사망한 뒤였다. 따라서 겨우 2세였던 그의
증손자 루이 15세(1715~1774년)가 왕위를 계승하였다. 새 왕의
나이가 어려서 루이 14세의 조카이자 사위인 오를레앙 공이 1723
년까지 섭정을 맡아 통치하였다.

　루이 14세는 섭정의 전횡을 우려해 그의 서자인 멘 공과 툴루
즈 백작에게 권력을 분산시키는 유언을 남겼지만, 오를레앙 공은
고등법원의 도움으로 그 유언을 무효화했다. 오를레앙 공은 그 대
가로 고등법원의 간주권을 다시 회복시켜 주었다. 그의 이러한 처
사는 루이 14세하에서 억압되었던 고등법원의 권리를 강화시키
는 결과를 가져왔다. 게다가 그는 국왕참사회의 의견을 각별히 존
중함으로써 귀족들의 권력도 다시 회복시켜 주었다. 그뿐만이 아

니었다. 그는 루이 14세가 탄압한 얀센주의자들을 해방시켰으며, 외교적으로 프랑스와 적대관계였던 오스트리아와도 화해하였다. 한마디로 그의 정치는 루이 14세에 대한 반동의 정치였다고 할 수 있다.

오를레앙 공과 자유롭고 강력해진 귀족들은 그 시대를 방탕과 스캔들로 물들었다. 16세기 이래 확립된 귀족들의 우아하고 세련된 양식은 그의 시대에 향락과 방탕에 젖어 도덕적 타락의 길로 들어섰다. 환락을 즐기는 오를레앙 공은 100여 명의 애첩을 두었고, 궁정에서는 추잡한 정사 사건이 연이어 일어났다. 이러는 동안 왕권은 크게 실추되었다.

루이 15세 시대의 추락

성년이 되어 국사를 맡게 된 루이 15세는 플뢰리에게 모든 정치를 위임하였다. 플뢰리는 즉각 오를레앙 공을 제거하고 콜베르주의 정책을 채택해 프랑스 경제를 부흥시켰다.

플뢰리는 영토 확장에도 주력해 폴란드와 러시아 사이의 분쟁에 개입해 로렌 지방을 확보하였다. 1733년 폴란드 왕이 사망하자 러시아와 오스트리아는 색슨 선제후를, 프랑스는 왕비의 부친인 스타니슬라스 레친스키를 왕의 후보로 지원하였다. 이러한 분쟁은 1738년 빈 조약으로 마무리 되었다. 그 조약에 의해 마리아 테레지아와 로렌 공 프랑수아의 결혼이 성립되었고 로렌 지방이 프랑스 영토에 편입되었다. 이러한 외교적 성공에도 불구하고 플뢰리는 이후 또 다른 대외 전쟁에 휘말려들게 되었고 그로 인해 국민의 신임도 상실하였다.

그것은 바로 오스트리아 왕위 계승 전쟁(1740~1748년)이었다. 1740년 오스트리아의 황제 칼 5세가 사망하면서 황위 계승 문제가 부각되었다. 황제는 딸에게 황위와 영토를 상속하고 싶어 생전에 이미 국사칙령을 선포하고 제후들의 동의를 얻어둔 터였다. 국사칙령은 여성의 왕위 계승을 금하는 전통적인 게르만 법에 반하여 마리아 테레지아의 황위 상속을 규정한 것이었다.

하지만 실제 황제가 사망하고 마리아 테레지아가 그 뒤를 계승하자 제후들은 그 칙령을 인정하려 하지 않았다. 특히 프로이센은 칙령을 무시하고 실레지아를 점령하였다. 오스트리아는 영국의 지원을 받아 프로이센에 저항하였고 이에 프랑스와 스페인이 프로이센을 지지하면서 전쟁이 발생하였다.

전쟁은 오스트리아와 영국의 승리로 끝났고, 1748년 엑스 라샤펠 조약이 체결되었다. 이 조약에 의해 마리아 테레지아의 왕위가 인정되었고 프로이센은 패전국이었음에도 불구하고 실레지아 지방을 그대로 보유하였다. 정작 아무것도 얻지 못한 것은 프랑스였다.

프랑스의 패전으로 인해 여론이 극도로 악화되었다. 특히 정부가 전쟁으로 인한 재정적 손실을 '5퍼센트세'를 신설해 해결하려고 하자 국민의 불만이 더욱 증가하였다. 결국 5퍼센트세는 고등법원의 반대에 부딪혀 실시되지 못하였다.

오스트리아 왕위 계승 전쟁은 유럽만이 아니라 해외 식민지에까지 확대되어 프랑스 식민 정책에 치명적인 결과를 안겨주었다. 프랑스와 영국의 식민지 경쟁은 17세기 이래 계속되어온 것이었다. 서인도 제도에서는 영국령의 자마이카와 프랑스령의 산토도밍고, 북아메리카에서는 대서양 연안에 자리 잡은 영국과 루이지애

나에 자리 잡은 프랑스가 대립하고 있었으며, 인도에서는 프랑스 동인도회사와 영국 동인도회사가 각각 경쟁하고 있었다. 그러나 오스트리아 왕위 계승 전쟁과 이후 7년 전쟁을 계기로 프랑스는 해외 식민지 경쟁에서 영국에게, 우위권을 완전히 상실하였다.

왕위 계승 전쟁에서 실레지아를 획득한 프로이센은 프리드리히 2세하에서 점차 강력해졌다. 프로이센의 세력 확대는 프랑스를 불안하게 만들었다. 결국 프랑스는 200년간 외교적 숙적이었던 오스트리아와 화해하여 프로이센을 견제하려 하였다. 오스트리아 역시 실레지아 지방을 회복하기 위해 프로이센을 침략할 기회를 노리고 있던 터라 화해는 쉽게 이루어졌다. 프랑스는 오스트리아 외에도 러시아를 끌어들여 프로이센에 대항하였고 이에 프로이센은 영국의 지지를 얻어 맞섰다. 전쟁은 7년 동안 계속되었기 때문에 흔히 7년 전쟁(1756~1763년)으로 불린다.

이 전쟁은 실레지아 영유권 때문에 일어났지만 전 유럽 국가들이 개입하였고, 지역적으로도 해외에까지 확대되어 프랑스와 영국의 식민지 쟁탈전의 양상까지 띠었다. 그러나 이번 전쟁에서도 프랑스는 패배하였다.

프랑스는 1763년 파리 조약에 의해 캐나다의 왼쪽은 영국에게 오른쪽은 스페인에게 양도하였다. 이로 인해 영국은 북미 대륙과 인도에서 압도적인 우위를 장악하였다. 프랑스에게 그나마 다행인 것은 설탕 산지인 서인도 제도를 계속 보유한 점으로, 국내의 여론이 어느 정도 진정될 수 있었던 것도 그 때문이었다. 아무튼 7년 전쟁에 의해 프로이센은 유럽의 강국으로 부상했고 영국은 세계 제국으로서의 지위를 확보한 반면 프랑스는 루이 14세 시대의 영광을 상실하였다.

　왕의 전적인 신임을 받았던 플뢰리가 오스트리아 왕위 계승
전쟁 중인 1743년에 사망하자 루이 15세가 친정(親政)을 시작하
였다. 그러나 1745년부터 루이 15세가 사망할 1764년까지 실제로
궁정의 대소사를 좌우한 것은 왕의 애첩인 퐁파두르 부인이었다.

그녀는 왕을 움직이고 싶어하는 한 정치인에 의해 훈련받은 시민 출신의 후궁이었다. 그녀는 루이 15세를 환락으로 유혹했고, 그녀 스스로 더 이상 그 일을 할 수 없게 되자 뚜쟁이 노릇까지 하였다. 퐁파두르 부인은 20여 년 동안 루이 15세와 프랑스 정치를 좌우했다. 그녀는 계몽사상가들을 후원하였고, 정부 고관의 임명에 결정적인 영향력을 행사하였다. 쇼아죌이 총리대신으로 임명된 것도 그녀의 덕분이었다.

쇼아죌은 외교적으로는 파리 조약에서 프랑스의 이익을 지켜 내기 위해 최선을 다하였으며 국내적으로는 예수회를 억압하고 얀센주의자와 국교회주의자, 계몽사상가를 적극적으로 지원하였다. 그러나 그는 고등법원이 일으키는 각종 정치적 혼란과 왕권에 대한 도전을 해결하지 못하고 1770년 해임되었다.

루이 15세는 쇼아죌을 해임시킨 후 대법관 모푸를 중심으로 고등법원에 대한 대대적인 사법 개혁에 착수하였다. 모푸는 루이 16세가 즉위한 후 1771년 2월 칙령을 발표하여 파리 고등법원의 재판 관할 구역을 6개의 신설 법원으로 분할시켰으며, 고등법원의 법관들도 국왕이 임명하도록 하였다. 그러나 재정 문제가 점점 악화되면서 모푸의 인기가 하락하였고, 그 결과 그의 사법 개혁도 실패하였다.

그 와중에 퐁파두르 부인 외에 루이 15세의 또 다른 애첩인 뒤바리 부인이 나타나 정치에 개입하면서 국민들의 원성이 날로 더해갔다. 궁정의 사치와 계속되는 전쟁 때문에 재정이 더욱 악화되었고 새로운 과세안이나 증세는 고등법원의 반대로 번번이 실패하였다.

루이 16세와 재정난

절대 왕정의 성공 여부는 통치자의 인격이나 능력에 많이 좌우되었는데 불행하게도 루이 16세(1774~1793년)는 18세기의 정치적 난관을 해결하기에는 너무 무능력하고 정치에 무관심하였다. 그는 자물쇠 만들기와 사냥을 좋아해 대부분의 시간을 대장간과 숲에서 보냈다. 루이 16세와 결혼한 오스트리아의 여제 마리아 테레지아의 딸, 마리 앙투와네트 역시 그런 국왕을 내조하지 못했다. 오히려 그녀는 궁정의 사치를 주도하고 온갖 음모의 주인공이 되었다.

루이 16세의 정책은 일관성이 없었다. 그는 고등법원을 억제하기 위한 모푸의 사법개혁이 실패하자 그를 해임하고 모르파를 기용해 다시 고등법원을 강화시켰다. 그런데 이것은 왕권에 치명적인 결과를 초래하였다. 권력을 회복한 고등법원이 간주권을 무기로 왕권에 대한 조직적인 저항 운동에 들어간 것이다.

루이 16세는 재정 문제를 해결하기 위해 튀르고를 기용해 개혁 정책을 실시하였다. 중농주의의 영향을 받은 튀르고는 곡물의 자유로운 판매 제도를 실시하고 1776년 국왕의 부역을 폐지하고 노동의 자유를 위해 길드와 동업조합을 폐지하였다. 그리고 그는 토지세를 신설해 특권계급에게 과세하려 하였다.

루이 16세

마리 앙투아네트

그러나 튀르고가 재정 문제를 해결하기 위해 궁정 경비의 삭감을 권고하자 평소 불만을 품어오던 왕실과 은행가, 징세 청부인들이 일제히 반기를 들었다. 결국 튀르고는 1776년 왕비의 음모에 의해 해임되었다. 튀르고의 해임 후 루이 16세는 다시 고등법원에 의지하였고 때문에 그 동안의 개혁은 모두 좌절되었다.

튀르고의 후임인 네케르는 재정 문제를 해결하기 위해 공채를 발행하였다. 그런데 그 공채는 고리의 이자를 부담해야 했으므로 결과적으로 오히려 재정을 더욱 악화시켰다. 그러나 네케르는 공채 발행 이외의 다른 묘법을 찾을 수 없었을 것이다. 세출을 억제하면 궁정의 미움을 샀고, 세입을 증대하면 고등법원이나 국민의 원성을 샀기 때문이다.

국민들은 재정 악화의 원인이 궁정의 사치, 특히 오스트리아 여인인 마리 앙투아네트의 사치 때문이라고 생각하였다. 때마침 터진 '목걸이 사건'은 왕비와 궁정의 위신을 더욱 실추시켰다. 반면 국왕에 대한 국민들의 신망은 여전했다. 국민들은 루이 16세를

왕비에 의해 좌우되는 '가없은 사람'으로 생각
하였다.

1781년 네케르도 왕실의 경비가 너
무 과중하다는 보고서를 제출한 뒤
해임되었다. 네케르의 후임으로는
왕비의 후원을 받는 칼론느가 임명
되었다. 그도 처음에는 공채를 발행
해 재정 문제를 해결하였다.

그러나 경제 사정이 악화되어 그것
마저 어렵게 되자 1786년 모든 특권계급에
게 토지세를 부과할 것을 제안하였다. 그는 고등법
원의 반대를 예상하고 혈통 귀족들의 모임인 명사회에 호소하였
다. 그러나 명사회는 칼론느의 제안을 거부하였고 1787년 4월 칼
론느는 해임되었다.

칼론느 칼론느는 특권
계급에도 토지세의 부
과를 시행하고자 했으
나 귀족들의 반대로
실패하였다.

툴루즈의 대주교인 브리엔가 칼론느의 후임이 되었다. 브리
엔은 토지세 신설 법안을 고등법원에 상정하지 않고 1787년 8월
친림 법정을 열어 신설 법안에 관한 칙령을 등록시켰다. 그러자
고등법원은 이것이 불법이라고 주장하며 맞섰고 국민들은 이러한
고등법원의 행동을 왕의 절대권에 저항하는 자유주의적인 태도라
고 격려하였다.

루이 16세는 고등법원과 대결하기 위해 1788년 라모아농을
등용해 모푸와 비슷한 사법적 개혁을 시도했지만 고등법원과 귀
족, 제3신분의 반대에 부딪혔다. 고등법원과 귀족들은 국왕에 대
항해 자신들의 특권을 지키려 하였고, 제3신분은 절대 왕정과 특
권 자체의 폐지를 원하고 있었기 때문이다.

왕과 사사건
건 대립했던 고등법원
은 귀족들과 손을 잡
고 왕권을 제한하려
했다.

프랑스 곳곳에서 라모아뇽에 반대하고 삼부회 소집을 주장하
는 소요가 발생하였다. 이러한 과정에 이미 도피느의 비지유에서
지방 삼부회가 개최되어 '삼부회의 승인 없이는 어떠한 조세도
징수할 수 없다'는 원칙과 제3신분의 대표 수를 두 배로 늘여야
한다는 주장이 제기되었다. 브리엔은 재정 문제를 해결하기 위해
서는 삼부회를 소집할 수밖에 없다는 결론을 내리고 1788년 6월
삼부회 소집을 공포하였다.

귀족들이 거부한 과세 문제가 삼부회의 손으로 넘어가면서
전국에 혁명의 기운이 감돌기 시작하였다. 왕의 개혁이 좌절되고
귀족들이 왕에 저항하는 상황 속에서 혁명은 피할 수 없는 것이
되었다.

재정 파산이 임박하자 브리엔이 파면되고 네케르가 재임용되

었다. 이것을 계기로 파리 군중들은 왕비를 '적자 부인'이라고 조롱했으며, 폴리냐크 부인의 마네킹을 하수구로 끌고 돌아다니면서 시위를 벌이고 여론을 동요시켰다. 1788년 겨울은 유달리 추웠다. 그해 유례없는 대흉작 때문에 프랑스의 국민들은 기아와 혹한 속에서 겨울을 보내고 봄을 맞이하였다.

새 봄은 제3신분 대표를 선출하는 분위기 때문에 더욱 활기차고 희망에 넘쳤다. 제3신분의 대표 숫자를 배가한다는 원칙이 결정되면서 귀족과 성직자를 합친 수만큼의 제3신분 대표가 전국에서 선출되었고, 그들은 1789년 봄 베르사유에 모여들었다.

가톨릭의 침체

18세기 가톨릭은 한편으로는 내부 분열로 인해 그리고 다른 한편으로는 계몽사상가들의 공격에 의해 침체기를 맞이하였다. 루이 14세하에서 억압당했던 얀센주의자들은 그가 사망하면서 세력을 회복하였다. 그러나 예수회와 얀센주의자들의 오랜 신학적 논쟁으로 인해 가톨릭의 정신적 권위는 상당한 타격을 받았다.

18세기 사람들은 이전 사람들에 비해 종교에 무관심하였다. 그 결과 점점 종교의 세속화가 진행되었으며, 성직자들의 수가 크게 감소하였다. 무신앙의 경향은 특히 자유주의 철학가들 사이에 만연하였다.

18세기에 발달한 자유주의적 계몽사상가들은 무신앙의 단계를 넘어 격렬히 교회를 비판하였다. 이미 17세기 말에 리샤르 시몽이 《구약성경 비평사》와 《신약 텍스트 비평사》를 저술해 교회에 대한 합리주의적 비판의 포문을 연 이래 베일과 볼테르, 백과전서파들이 그 뒤를 이었다. 그들은 사회에 만연한 부조리와 비합리성의 원인이 교회의 교조주의와 민중들의 미신적 관행 때문이라고 보았다.

계몽사상가들은 교회를 비판하였을 뿐만 아니라 새로운 종교인 이신론(理神論)을 주장하였다. 영국에서 발달한 이신론은 세계의 보편적 질서의 창조자로서 초월적 존재를 인정하는 합리주의적인 종교사상이었는데, 그것이 프랑스에 들어오면서 볼테르와 루소 등에 의해 반 가톨릭적인 무신론적 사상으로 발전하였다. 이신론은 계몽사상가들이 시민종교론을 확립하는 토대가 되기도 하였다.

계몽 시대의 문화

로코코 양식

* 대부르주아 : 징세청부인, 무역상인, 은행가.

로코코 시대의 의자

18세기는 우아함과 세련됨을 추구하는 귀족 문화와 부르주아들의 합리적인 계몽사상이 병존한 시대였다. 이러한 귀족 문화는 루이 14세 시대에 완성된 것이지만 오를레앙 섭정 시대에 더욱 번성하였으며 혁명 직전까지도 계속 유지되었다. 귀족들의 문화는 무엇보다 축제와 연회로 대표되었다. 귀족들은 다양한 모임과 살롱, 희극과 오페라가 상연되는 연회로 나날을 보냈다. 당시 귀족과 대부르주아*들이 연 살롱은 사교를

위한 공간이자 학문적, 정치적 토론의 장이었다. 세련된 축제의 화가 바토와 음악가 장 필리트 라모에 의해 이 시대 귀족 문화의 단면들이 잘 표현되었다.

　이 시대의 건축은 고전적 전통을 유지했지만 실내외 장식은 로코코라는 루이 15세풍의 양식을 따랐다. 이 양식은 윤곽의 형태를 곧게 처리하기보다는 여러모로 들쑥날쑥하게 하거나 지나치게 꾸미는 것을 선호한 양식이었다. 그러나 로코코 양식에 이어 곧 간결함과 엄격함을 추구하는 신고전주의 양식이 등장하였다. 파리의 생 쉴피스 교회와 팡테옹 신전은 대표적인 신고전주의 양식의 건물들이다.

고전주의의 대표적인 건축물 베르사유 궁전 내부에는 로코코 양식으로 이루어진 방도 있다. 부드러운 곡선으로 이루어진 벽과 천장, 흰색과 금색의 배색은 로코코 건축 양식의 특징이다.

계몽사상가들

루이 14세하에서 자유주의 사상은 철저한 탄압을 받았다. 절대 왕권에 반대했던 자유주의자들이나 위그노, 얀센주의자들이 특히 탄압의 대상이었다. 그리고 자유주의적인 책의 출판도 금지되었다. 대부분의 자유주의적 저서들은 네덜란드에서 출판되어 비밀리에 프랑스 내로 유입되었다.

루이 14세가 사망하면서 자유주의 사상이 크게 발전했다. 그 영향을 받아 18세기에 정치와 종교에 매우 비판적인 계몽사상이 등장하였다. 계몽사상가들은 데카르트의 합리주의 전통을 계승하고 영국의 경험주의 철학을 받아들여 형이상학적인 탁상공론보다는 현실적인 사회 문제에 더 많은 관심을 가졌다. 그들은 이성에 근거해 현실 사회에 만연되어 있는 모든 불합리와 광신, 편견을 비판하였다.

정치적인 측면에서 계몽사상가들은 절대군주제를 비판하였다. 그들은 절대군주제가 개인의 기본적인 자유권을 침해한다고 보고 영국식의 입헌군주제를 옹호하였다. 대부분의 계몽사상가들이 입헌군주제를 주장한 반면 급진적인 루소는 민주적 공화제를 강조하였다.

종교적인 측면에서 계몽사상가들은 교회의 부정부패와 교조주의를 비판하고 이신론을 주장하였다. 이신론에 의하면 신은 세계를 창조한 후 더 이상 자신의 창조물에 관여하지 않는다. 따라서 이 세상에는 더 이상 신의 섭리나 은총이 작용하지 않는다. 그 대신에 자연의 법칙인 자연 이성이 작용한다. 따라서 이신론자들은 자연 이성에 입각한 인간의 도덕이나 시민적 책임감 등을 강조하였다.

경제적 측면에서 계몽사상가들은 국가 주도의 중상주의 보다는 자유방임주의를 주장하였다. 이런 점에서 계몽사상가들은 당시 등장한 중농주의자들과 통한다. 그들 모두 자연법사상에 입각하여 경제적 자유주의를 주장하였다.

이처럼 계몽사상가들은 몇 가지 점에 있어 공통적인 생각을 가지고 있었다. 그러나 그들 사이에는 그 공통점만큼이나 차이와 다양성이 존재하였다.

몽테스키외(1689~1755년)는 보르도의 고등법원장까지 역임한 귀족 출신이었다. 그럼에도 그는 당대의 정치와 사회를 풍자한 개혁적 사상을 가지고 있었다. 그는 루이 14세 치세 말기에 프랑스인의 신앙과 풍습을 페르시아인의 눈을 통해 신랄하게 비판한 《페르시아인의 편지》를 발표하였고, 그 이후에는 절대 군주제를 비판하고 입헌 군주제와 삼권분립을 주장한 《법의 정신》을 발표하였다. 그는 이 책에서 상하 양원제를 주장하며 귀족의 정치적 중요성을 강조하였는데, 이것은 아마 그가 귀족 출신이기 때문이었을 것이다.

볼테르

계몽사상을 대표하는 인물은 볼테르(1694~1778년)이다. 그는 파리 한 공증인의 아들로 태어나 귀족에게 결투를 신청했다는 이유로 추방당해 한때 영국에서 망명 생활을 하였다. 당시 결투는 귀족들만의 특권이었기 때문에 귀족이 아닌 볼테르가 결투를 신청하는 것은 무례한 행동일 수 있었

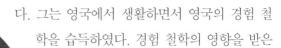

다. 그는 영국에서 생활하면서 영국의 경험 철학을 습득하였다. 경험 철학의 영향을 받은 그는 중요한 것은 현실을 제대로 인식하고 그 현실을 개혁하는 것이라고 생각하였다.

그런데 볼테르에게 현실을 개혁하는 주체는 민중이 아니었다. 그는 민중을 계몽시킬 필요는 있지만 민중을 계몽시켜 현실을 바로 보게 하고 그것을 토대로 현실을 개혁하는 주체로 만들기에는 너무 긴 시간이 필요하다고 보았다. 그는 그보다는 오히려 한 사람의 군주를 계몽시켜 그의 주도로 현실을 개혁하는 것이 훨씬 합리적이라고 생각하였다. 이런 측면에서 그가 각별히 염두에 두고 있었던 계몽군주는 프로이센의 프리드리히 1세였다. 볼테르의 계몽군주론은 그의 개혁적 사상에도 불구하고 그가 지니고 있는 보수적 성향을 잘 보여주고 있다.

볼테르가 현실적으로 계몽군주제를 제시하긴 했지만, 그가 가장 이상적으로 생각한 정치 제도는 영국식의 의회주의와 입헌군주제였다. 그는 그런 제도하에서 인간의 자유가 가장 잘 보장될 수 있다고 보았다.

볼테르의 교회와 신학에 대한 비판은 신랄하고 냉소적이었다. 그는 기성 종교를 부인하고 새로운 종교인 이신론을 주장하였다. 그의 신랄한 풍자는 종교만이 아니라 문학과 철학, 역사 등 광범위한 저서에서 유감없이 발휘되었다. 대표적인 저서에는《철학의 서》와《캉디드》,《루이 14세 시대》,《풍속론》등이 있다.

루소

이야기 프랑스사

사상적으로 볼테르와 정반대였던 사람이 루소(1712~1778년)이다. 제네바의 한 시계상의 아들로 태어난 루소는 아버지의 작업장에 배치된 고전을 읽으면서 학문과 접했다. 청년이 된 루소는 살롱을 무대로 성공한 다른 계몽사상가들처럼 성공해 보겠다는 청운의 꿈을 안고 파리로 향했다. 그러나 어릴 적부터 어머니의 사랑을 못 받고 자란 그의 우울한 성격 때문에 살롱 세계에 적응하지 못하였다.

이후 루소는 오히려 음담패설로 가득한 살롱 문화에 대해 환멸감을 느꼈다. 문명에 대한 그의 부정적 생각은 그때부터 싹텄다. 그는 《기예와 학술론》에서 학문과 기술, 예술로 대표되는 문명이 도덕적으로 인간을 타락시켰다고 주장하고 최초의 자연 상태에서의 인간의 순수한 감정을 강조하였다. 그래서 그는 사람들은 향해 '자연으로 돌아가라'라고 외쳤는데 그 말은 그 시대의 유행어가 되었다. 감성을 강조하는 루소의 자연주의 사상은 확실히 이성을 강조하는 당시의 계몽사상과는 대조적이었다.

정치적으로도 루소는 '이성의 반항아'였다. 계몽사상가들이 입헌군주제와 점진적 개혁을 강조한 반면 그는 민주공화제와 급진적 혁명을 주장하였다.

루소는 태초의 자연 상태를 강조했지만 인류가 그 원시 상태로 회귀할 수 없다는 것도 잘 알고 있었다. 따라서 가장 중요한 것은 문명 사회를 원시 사회로 되돌리는 것이 아니라 바람직한 문명 사회, 즉 이상적인 시민 사회를 건설하는 것이었다. 루소는 《사회계약론》에서 이상적인 사회는 개인의 자연권이 보장되고 인민이 주권을 행사하는 사회라고 주장하였다. 인민의 주권 행사란 무엇인가? 루소에 의하면 그것은 군주가 제대로 정치를 하지 않을 때 그에게 위임했던 권한을 거두어들이는 것, 바로 혁명권이다.

군주의 바른 정치는 일반의지에 따르는 정치이다. 일반의지란 흔히 인민의 의지라고 생각되기 싶지만 그보다 훨씬 복잡하다. 왜냐하면 루소는 일반의지와 인민 모두의 의지인 전체의지를 구분하고 있기 때문이다. 그에 의하면 일반의지란 단순한 머리수가 아니라 일종의 도덕성을 포함한 것이어야 한다. 이처럼 루소는 정치의 목적인 일반의지에 매우 추상적이고 애매한 도덕성을 결부시켜 그것을 플라톤이 말한 이데아와 비슷한 것으로 만들었다. 그는 이처럼 추상적이고 형이상학적인 민주주의를 끌어들여서 그의 이론은 전체주의로 오용될 수 있는 가능성을 열어 놓았다.

〈백과전서〉

루소의 이론에는 또 다른 암초가 포함되어 있다. 그는 국가가 일반의지의 직접적인 대변자여야 한다고 주장하였다. 따라서 국가와 인민 사이에는 어떠한 매개 집단, 예를 들면 이익 집단이나 정당이 존재해서는 안 된다. 이러한 이론은 일견 민주주의적으로 보이지만 일당 독재를 합리화할 수 있는 요소도 가지고 있다. 루소를 신봉한 로베스피에르의 정치가 공포 정치로 흘러 독재라고 비난받게 된 역사적 사실은 이와 무관하지 않을 것이다.

18세기의 계몽사상을 종합한 기념비적인 작품은 1751년에 발간된 《백과전서》였다. 도판 11권을 포함하여 전체 33권으로 이루어진 《백과전서》의 집필에는 실로 많은 사람들이 참여하였다. 뷔퐁과 달랑베르, 홀바하, 라 메트리, 디드로 등이 대표적이며, 위에서 언급한 루소는 음악 편을 담당하였다.

백과사전은 대개 단순한 지식이나 정보의 전달을 목적으로 하지만 이 《백과전서》는 보다 새로운 세계관을 전파하려는 목적도 가지고 있었다. 즉 과학과 기술에 관한 지식을 전달할 뿐만 아니라 교묘한 방법으로 정치와 종교를 비판하고 이성과 진보, 자유와 평등, 재산권 등에 대한 믿음을 강조하였던 것이다. 예를 들어 '식인풍속canivalisme'의 항목을 찾아보면 '성체성사 참조'라고 되어 있는데, 이것은 가톨릭의 성체성사 의식을 야만인들의 식인풍속에 빗대어 비판한 것이다.

계몽사상의 보급

비판적인 계몽사상의 보급은 18세기 말 프랑스 대혁명의 발생에 직간접적인 영향을 주었다. 그것은 살롱과 도서관, 프리메이슨 협회 등을 통해 부르주아 식자층 사이에 광범위하게 확산되었다. 그중 조프랭 부인의 살롱과 드팡 부인의 살롱이 유명했다. 드팡 부인의 살롱은 볼테르가 자주 드나들었던 곳으로 프랑스와 영국의 학문 교류에도 기여했다.

18세기 중엽이 되자 루이 15세의 애첩이었던 퐁파두르 부인의 살롱이 유명해졌다. 그곳은 1770년 이후 자유주의 계몽사상을 전국에 보급시키는 진원지 역할을 하였으며 당대의 이름난 학자인 다르장송과 말제브르, 쇼아죌 등이 출입하였다. 18세기 초의 학문적이고 문학적인 성격의 살롱이 이때에 와서는 이미 매우 정치적인 살롱으로 변화되어 있었다. 레스피나스 양의 살롱과 네케르 부인의 살롱은 특히 정치적인 성격을 가졌던 대표적인 살롱이었다.

아카데미는 살롱과는 달리 남성들만으로 구성된 좀 더 진지한 모임이었다. 프랑스 아카데미의 기원은 16세기에 설립된 콜레주 드 프랑스였다. 그 이후 17세기에 파리에 과학 아카데미가 창설되었고 18세기 중반에는 대부분의 중간 도시와 대도시에 시가 운영하는 시 아카데미가 세워졌다. 아카데미는 학문과 예술, 특히 과학을 연구하고 발달시키는 중심지였다.

신비주의적 비밀단체인 프리메이슨 협회 역시 계몽사상의 보급에 기여하였다. 1721년 영국에서 도입된 프리메이슨 협회는 신비주의적이고 상징주의적인 입회의식과 회원들 간의 자유, 평등, 박애 원칙으로 유명하였다. 그런데 그 협회의 회원 중에는 자유주의적 사상을 지닌 귀족이나 부르주아들이 많았는데 이들을 중심으로 계몽사상은 공유되고 전파되었다.

마지막으로 18세기 도시의 소학교와 중등학교(콜레주) 역시 계몽사상의 보급에 도움이 되었다. 당시 학생들은 계몽사상의 중요한 독자이자 청중이었다.

이처럼 계몽사상은 부르주아를 중심으로 보급되고 확산되었다. 게다가 점점 인쇄술이 발달하고 문자 해독 능력이 완만하게나마 증가하면서 계몽사상의 독자층도 급속히 확대되었다. 루이 14세 시대에는 궁정만이 사상과 문화적 취향을 창출하는 장소였지만 18세기가 되면 살롱과 아카데미를 통해 부르주아 엘리트들도

글을 읽고 토론과 논쟁에 가담했다. 그리고 그들의 주도로 공공 여론이 형성되었는데, 이후 그것은 결코 무시할 수 없는 정치 세력으로 성장하였다. 이제 살롱과 카페에서 형성된 여론은 정치적 향방에 매우 중요해졌다.

그렇다면 민중, 농민과 노동자들은 계몽사상에 대해 얼마나 알고 있었을까? 대답은 부정적이다. 서적 보급률이 증가하였다고 하지만 여전히 민중들은 쉽게 서적을 손에 넣을 수 없었다. 그리고 그들 대다수는 문맹으로서 책을 구한다고 해도 그것을 읽을 수 없었다. 그래서 공공장소에서 책을 읽어주는 공적 독서가 나타나기도 하였다. 그 결과 계몽사상이 민중에 직접적인 영향을 주진 않았지만, 샤르티에가 언급한 대로 최소한 민중들의 담론을 정치화시키는 데는 기여하였다. 민중들은 점차 광장과 선술집에서 사

살롱 문화 18세기 귀부인들의 살롱은 계몽사상이 전파되는 매개였다. 조프랑 부인의 살롱에서 토론하는 볼테르.

회와 정치 문제를 논하기 시작했고, 그것은 혁명 직전 반정부적 여론을 형성하기에 충분했다.

그러나 그것 역시 일부 지역에 국한되었다. 전체적으로 18세기의 농민과 노동자들은 계몽사상이나 정치에 무관심했다. 그렇다면 대혁명 이후 그들이 혁명에 적극적으로 가담한 어떻게 설명해야 할까? 그것은 계몽사상의 영향 때문이라기보다는 1775년에서 1789년 사이에 악화된 사회적 대립과 경제적 침체의 결과였다고 보는 것이 타당하다. 즉 그들의 혁명적 행동은 정치적 신념에서 나온 것이라기보다는 생존을 위한 항거였다.

7

프랑스 대혁명과 나폴레옹 제국

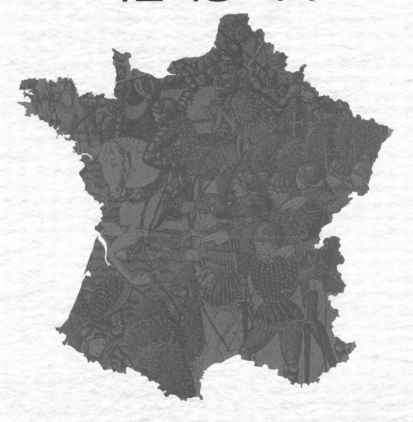

프랑스 대혁명과 나폴레옹 제국

루이 16세가 소집한 삼부회의 부르주아 대표들은 혁명을 선언하였다. 그리고 자유와 평등을 기조로 절대군주제를 폐지하고 공화제를 선포하였다. 그러나 계속해서 정치적 혼란과 경제적 악화, 사회적 무질서가 초래되었고, 이를 종결한 것은 나폴레옹이었다. 나폴레옹은 황제가 되어 전 유럽을 포함하는 대제국을 건설하나, 이에 대항한 유럽 군주국들에 의해 제국은 와해되었고 부르봉 왕조가 복고되었다.

프랑스 대혁명의 원인

프랑스 대혁명이 발생하게 된 원인은 매우 복잡하고 다양하였다. 앞에서 언급한 계몽사상의 영향 외에도 여러 가지 정치적, 사회적, 경제적 원인들이 작용하였다.

첫 번째 원인은 프랑스가 봉건제 사회였다는 점이다. 이미 봉건적 잔재를 청산하고 산업화의 길로 들어선 영국에 비해 프랑스에는 여전히 영주의 각종 지대와 시설 독점권, 하급 재판권 등 봉건제적 잔재가 남아 농민들을 억압하고 있었다.

두 번째 원인은 프랑스가 특권적 신분 사회였다는 점이다. 18세기 프랑스 사회는 세 개의 신분으로 구분된 신분제 사회였다. 제1신분에 속한 성직자들은 프랑스 전체 토지의 10분의 1 가량을 소유하고 있었을 뿐만 아니라 십일세를 징수하였고 교육과 구빈 사업, 출판물의 검열에 의해 막강한 권력을 행사하였다. 제2신분에는 혈통 귀족인 대검 귀족(帶劍貴族)과 관직 매입으로 귀족이 된 법복 귀족(法服貴族)이 있었다. 귀족들 역시 전국의 5분의 1의 해당하는 대규모 토지를 소유하고 있었다.

그러나 귀족들은 전통적으로 직업을 가지거나 상업 행위에 종사하지 않았기 때문에 경제적인 측면에서 부르주아에 비해 상대적으로 몰락해가고 있었다. 특히 지방의 하층 귀족들은 더욱 그러했다. 이러한 경제적 몰락에 더해 18세기 말에 경제 침체가 악화되자 귀족들은 이른바 '봉건적 반동'을 일으켰다.

제1신분과 제2신분은 성직자와 귀족으로 구분되긴 했지만 그들 모두 사회의 특권계급이라는 점에 있어서는 동일하였다. 그들

조세의 부담을 진 농민 성직자와 귀족의 세금을 제3신분이 부담하는 모습과 성직자와 귀족이 농민을 착취하는 모습을 묘사한 그림이다.

이 누리는 특권 중에 가장 큰 것은 면세 특권이었다. 그들은 전국적으로 매우 많은 토지를 소유하고 있음에도 불구하고 그 토지에 대해 한 푼의 세금도 내지 않았던 것이다.

그러나 제1, 2신분에 속한다고 모두 상류층이라고 할 수는 없었다. 제1신분 내의 하위 성직자의 지위는 제3신분과 다를 바 없었으며, 제2신분 내의 시골 귀족들 역시 부르주아만도 못한 생활을 하고 있었다.

제1신분과 제2신분을 제외한 나머지, 국민의 96퍼센트에 해당되는 사람들이 제3신분이었다. 혁명 직전의 베스트셀러였던 《제3신분이란 무엇인가》에서 시이예스가 "제3신분이란 바로 국민 전체이다."라고 했던 것은 그 때문이다.

제3신분에는 다양한 계층이 포함되어 있었다. 그 중에서 제3신분의 핵심을 구성하는 계층은 부르주아들이었다. 부르주아에는 대금융업자와 상공업자로 구성된 상층 부르주아, 자유전문직 종사자로 구성된 중간 부르주아, 소수공업자와 소상인으로 구성된 하층 부르주아들이 있었다. 이중 자유주의적 개혁정신으로 무장하고 혁명을 주도한 계층은 중간 부르주아들이었다.

부르주아들이 제3신분의 핵심이긴 했지만 숫자상으로 제3신분의 절대다수를 차지하고 있는 계층은 농민들이었다. 농민에는 부농과 소작농, 절반 소작농, 농업노동자, 소토지 보유농 등이 포함되었다. 이들 중 몇몇 부농을 제외하고는 대다수의 농민들이 18세기 봉건적 반동과 경제적 악화로 인해 어려움을 겪고 있었다.

이처럼 제3신분은 다양한 계층으로 구성되어 있었지만 그들 모두 특권에서 제외된 비특권계급이었다. 이러한 비특권계급으로서의 동질감이 혁명 이후 그들을 하나로 묶는 근거였다. 그들 모두는 특권에 저항해 신분 없는 평등한 사회를 건설하기 위해 혁명에 가담했다.

대혁명의 세 번째 원인은 절대 군주제였다. 프랑스는 유럽의 대표적인 절대군주제 국가였다. 루이 14세가 확립한 절대군주제의 제도적 기반은 관료제와 상비군이었고, 사상적 기반은 왕권신수설이었다. 그러나 이 모두가 혁명의 원인이 되었다. 우선 관료제와 상비군의 유지에는 엄청난 비용이 필요했는데 그것은 재정을 악화시킨 주요한 원인이었다.

18세기의 프랑스 정치사는 이런 재정 적자를 해결하려는 국왕과 그것에 저항하는 고등법원의 갈등의 역사였다고 해도 과언이 아니다. 결국 국왕은 이 문제를 삼부회를 통해 해결하고자 했는데, 그것이 바로 혁명을 일으킨 직접적 원인이었다.

그리고 절대군주제는 왕권신수설을 근거로 국왕의 절대적 권력을 강조했는데, 이것 역시 영국식

18세기 초 부르주아 은행가

의 의회민주주의를 바라고 있던 부르주아들에게는 불만이었다. 그들이 혁명을 성공시키고 가장 먼저 취한 조치 중의 하나는 절대 군주제를 폐지하고 입헌군주제를 확립한 것이었다.

대혁명의 네 번째 원인은 이 모든 사회적, 정치적 모순을 해결하고자 했던 부르주아들의 역동성이었다. 혁명 직전의 프랑스 사회가 봉건적인 특권 사회였고 절대군주제 사회였지만 결코 정체된 사회는 아니었다. 프랑스 경제는 18세기 내내, 최소한 1770년 전까지는 번영을 누렸다. 인구도 꾸준히 증가하였으며 농업 생산량도 완만히 증가하였다. 그리고 상업과 공업도 번성하였다.

이러한 경제적 번영을 혜택을 가장 많이 본 계층이 부르주아들이었다. 그들은 상공업과 금융업에 종사하면서 부를 축적하고 사회적 영향력을 확대하였다.

그러나 경제적 번영의 혜택이 누구에게나 골고루 돌아간 것은 아니었다. 귀족들은 부르주아에 비해 빈곤해졌고 하층민들 역시 절대적 빈곤에 시달렸다. 번영의 결실이 골고루 분배되지 않을 때 사회에 불만이 쌓이고, 그러한 불만은 때를 기다려 혁명으로 폭발한다.

18세기 후반부터 경제 사정이 악화되자 경제적 불평등과 빈익빈 부익부 현상이 더욱 첨예해졌다. 번영의 수혜자인 재정가와 제조업자, 선주, 무역상, 토지 임대업자 등과 그 피해자인 도시와 농촌의 하층민들 사이의 빈부 격차가 더욱 심해진 것이다. 그러자 사회에 퍼진 불만이 폭력적인 형태로 표출되었다. 혁명 직전 파리에는 거의 매일 빵 폭동이 일어났으며, 시골에서도 역시 조세에 반대하는 농민 폭동이 발생했다.

귀족들이 경제적 침체로 인한 손해를 봉건적 반동을 통해 만

회하려 했기 때문에 문제가 더욱 심각해졌다. 그들의 봉건적 반동은 농민과 부르주아 모두를 자극했다. 귀족들은 이미 유명무실해진 봉건적 제 권리들을 들추어내어 농민에게 강요하기 시작했다. 그 결과 농민의 불만이 증가했고 이것은 혁명 이후 '대공포'의 원인이 되었다.

　뿐만 아니라 귀족들은 자신들의 지위를 위협하는 부르주아에 대항해 전통적인 특권을 강화하는 일련의 조치를 취하였다. 예를 들어 1781년에 군대법을 개정하여 혈통 귀족만으로 장교를 충원하게 하였다. 이런 측면에서 봉건적 반동은 지대를 더 내야하는 농민들의 불만을 샀을 뿐만 아니라 관직에 의해 신분 상승을 원하고 있던 부르주아들의 비난도 샀다.

　부르주아들은 자신들의 경제력에 어울릴만한 정치적 권력을

명사회 왕족, 귀족, 고등법원, 시민으로 이루어진 명사회는 사실상 귀족 신분의 회의였으며, 특히 1788년 열린 명사회는 프랑스 대혁명의 단서가 되었다.

원했지만 귀족들의 봉건적 반동 때문에 그 길이 점점 좁아졌다. 한 사회의 역동적이고 활력적인, 그러면서도 그 사회의 모순을 체험한 부르주아들에 의해 프랑스 혁명이 시작되었다.

부르주아들이 혁명을 일으킨 가장 직접적인 원인은 17세기 이래 궁정의 골칫거리였던 재정 문제였다. 비대하고 비효율적인 관료제와 궁정 귀족들의 사치와 향락, 지속적인 해외 전쟁, 불균등한 조세 제도, 이 모든 것들이 원인이 되어 혁명 직전 궁정의 재정은 악화될 대로 악화되어 있었다.

재정 장관들은 재정 문제를 해결하기 위해 가장 손쉬운 방법으로 공채 발행에 의지하곤 했는데, 그것은 오히려 상황만 악화시켰다. 왜냐하면 공채 발행에는 고율의 이자 부담이 따르기 때문이었다. 재정 문제를 해결할 수 있는 가장 근본적인 해결책은 불균등한 조세 제도를 개혁하여 면세자로부터 세금을 거두어들이는 것이었지만 이러한 해결책은 빈번이 특권 신분의 반대에 부딪혀 좌절되었다.

앞장에서 살펴보았듯이 칼론느는 더 이상 조세 개혁을 미룰 수 없다고 판단하여 모든 토지 소유자들이 현물로 세금을 내도록 하는 토지세 신설을 제안했지만 실패하였다. 토지세 안은 그의 후임 브리엔에 의해 계속 추진되었다. 그 외에 다른 방법이 없었기 때문이다. 그러나 이번에도 역시 명사회와 고등법원은 토지세의 신설을 반대하였다. 결국 토지세 신설을 위해서는 삼부회를 소집할 수밖에 없었다.

대혁명의 발생과 경과

삼부회의 소집

1789년 봄에 열린 삼부회는 유례없이 혹독한 겨울을 보낸 국민에게 새 봄과 함께 찾아온 희망이었다. 프랑스의 국민들은 새로운 변화를 기대하며 제3신분 대표 선출에 적극적으로 참여하였다.

제3신분 대표를 선출하는 방식은 단계별 간접선거 방식이었다. 그것은 각 마을과 시에서 선거인단을 뽑아 대도시로 보내면 그들이 다시 제3신분 대표를 뽑는 형식이었다. 이런 선거 방식은 대다수의 국민들을 직간접적으로 대표를 뽑는 일에 연관시켰고

삼부회의 개최 1789년 5월 베르사유에서 열린 삼부회의 개막식.

그로 인해 산간벽지 구석구석까지 선거 분위기가 확산되었다.

정치적 불만을 표현하는 진정서가 작성되고 정치적 인쇄물이 범람하였다. 그리고 공적 공간에서 정치 토론이 활성화되면서 혁명의 중요한 변수가 될 정치적 담론이 형성되었다. 그와 동시에 반정부적인 여론이 광범위하게 확산되었다. 제3신분 대표들은 이 여론을 효과적으로 유도할 수 있는 웅변에 능한 법률가 출신이 많았다.

삼부회의 표결 원칙은 첫째 각 신분은 모두 동일한 대표 수를 가지며, 둘째 각 신분은 개인별이 아니라 신분별로 투표한다는 것이었다. 이러한 원칙은 당연히 제3신분에게 불리하였다. 신분별 투표제하에서는 제1신분과 제2신분이 특권을 유지할 목적으로 협력할 것이 분명하기 때문에 결과는 항상 2대1로 제3신분이 패할 것이기 때문이다.

그래서 제3신분은 자신들의 대표 수를 두 배로 늘려줄 것과 신분별 투표가 아닌 머릿수 투표를 할 것을 주장하였다. 첫 번째 주장은 수용되어 그 원칙대로 그들의 대표 수가 두 배로 늘었지만, 두 번째 제안은 거절된 상태에서 1789년 5월 1일 베르사유에서 삼부회가 소집되었다.

국민의회 시대

6월 17일 제3신분의 대표들은 신분별 투표에 기반을 둔 신분제 의회를 탈퇴하고 새로운 국민의회를 만들었다. 그들은 제3신분이 국민의 대다수를 차지하고 있기 때문에 그 대표인 자신들은 국민의 대표이며 자신들의 모임은 국민의회라고 선언하였다.

당시 국민의회를 지휘한 혁명적 세력을 애국파라고 불렀다. 그들 중에는 법률가와 사업가 출신이 많았다. 그들은 사상적으로 인간의 기본적 자유와 법률적, 재정적 평등을 주장하였고 정치적으로 대의제를 강조하였다.

제3신분의 국민의회 선포에 반대해 루이 16세는 6월 20일 그들의 회의 장소를 폐쇄하였다. 회의 장소를 잃은 국민의회 의원들은 테니스코트로 몰려갔다. 그들은 거기서 새로운 헌법을 제정하고 그때까지는 절대로 해산하지 않을 것을 서약하였는데, 이것이 '테니스코트의 서약'이다.

루이 16세는 국민의회에 대항하기 위해 베르사유 주변에 군대를 소집하기 시작하였다. 이 소식이 파리에 전해지자 파리 시민들은 국민의회를 지키기 위해 자치위원회Commune de Paris를 구성하고

테니스코트의 서약
1789년 6월 20일 제3 대표들의 회의장이 폐쇄되자 테니스코트로 달려가 새 헌법의 제정을 서약했다.

바스티유 감옥을 습격 하는 민중들

민병대를 조직하였다. 이 민병대는 이후 국민방위대로 개편되어 혁명 과정에서 중요한 역할을 담당하였다.

　　민병대의 무장을 위해서는 무기가 필요하였다. 마침 그때 바스티유 감옥에 무기가 있다는 소문이 돌자 7월 14일 파리 시민들이 바스티유 감옥을 습격하였다. 이 습격에는 바스티유 감옥 주변에 살고 있던 생 탕투완느의 주민들이 주도적인 역할을 하였다. 바스티유 감옥을 습격하였지만 소문으로 듣던 무기는 어디에도 없었고 수감자도 정치인과 정신병자 두 사람뿐이었다.

　　그럼에도 불구하고 이 7월 14일은 혁명이 시작된 날이며 오늘날 대혁명 기념일이기도 하다. 그날이 그처럼 중요한 이유는 바스티유가 가지는 상징적 의미 때문일 것이다. 거대하게 우뚝 솟아 있는 바스티유 감옥은 구체제와 절대군주제의 상징이었다. 그 구체제와 절대군주제가 민중의 손에 의해 붕괴된 것이다.

결과적으로 이 '소득 없는 사건'은 혁명의 기폭제가 되었고 이후 파리 곳곳에 바리케이드가 설치되었다. 그리고 파리의 저항 소식은 전국으로 퍼져 봉건적 반동에 시달리고 있던 농민들에게도 영향을 주었다. 농민들은 성을 약탈하고 방화하여 봉건적 문서를 불태웠다. 이러한 '대공포Grande Peur'는 순식간에 전국을 혁명의 도가니로 만들었다.

인권선언 자연법 사상과 계몽사상을 통해 자라난 인간 해방의 이념이었다.

국민의회는 민중과 농민의 급진적 행동에 당황하였다. 그들은 무질서를 조속히 해결하기 위해 8월 4일 봉건제 폐지를 선언하였다. 그리하여 봉건제하에서 영주에게 바치던 부역과 상속세가 무상으로 폐지되었다. 그러나 실질적으로 중요한 토지 부과조는 유상 폐지되었다. 이것은 농민들이 자신들이 경작하던 토지를 소유하기 위해서는 그것을 되사야 한다는 것이었다. 그러나 경제적 여력이 없는 대부분의 농민들에게 그것은 불가능했다. 따라서 당시 그 토지를 구매한 사람들은 거의 유산자들이었다.

국민의회는 봉건제 폐지에 뒤이어 8월 26일에는 '인간과 시민의 권리선언'을 발표하여 혁명의 이념을 만천하에 공포하였다. '모든 인간은 평등하고 자유롭게 태어났다'로 시작되는 인권선언은 자유와 평등, 인민주권의 원리를 표명했으며 재산의 신성불가침을 강조하였다.

그러나 인권선언은 그 자체로 혁명적일지 모르지만 많은 한계를 가지고 있었다. 그것은 봉건제와 신분제를 폐지하고 인간의 자유와 평등을 보편적인 것으로 선언했지만 사실 그것은 보편적인 것이 아니었다. 뒤이어 첨가된 재산권 신성불가침의 원리는 그 자유와 평등이 유산자들에게만 해당됨을 암시하고 있었다.

국민의회의 노력에도 불구하고 한번 붙은 혁명의 불길은 쉽게 가라앉지 않았다. 왕은 인권선언의 승인을 거부하였고 국내 소란에 위협을 느낀 귀족들은 연이어 망명하였다. 식량 위기도 악화되었다.

이러한 상황 속에서 베르사유의 왕실친위대가 혁명의 상징인 삼색휘장을 모욕했다는 소문이 파리에 전해졌다. 그 소문은 삽시간에 파리에 퍼져 10월 5일 아침 6, 7천 명의 화난 부녀자들이 바스티유 광장에 모여 들었다. 베르사유에 대한 응징과 자식들에게 먹일 빵을 요구하며 베르사유로 행진했다. 베르사유까지 행진한 그들은 그곳에 있는 왕 일가를 데려다 파리의 튈르리 궁에 거주시켰다. 이제 왕의 운명은 파리 시

아시냐 재정 문제의 해결을 위해 발행된 아시냐는 오히려 경제를 악화시켰다.

민의 수중에 놓인 셈이었다.

국민의회는 1790년에서 1791년 사이 착실히 개혁을 수행하였다. 그들은 우선 재정 문제를 해결하기 위해 교회 재산을 몰수하여 그것을 담보로 아시냐를 발행하였다. 그러나 아시냐는 단기적으로는 재정의 확보에 기여하였지만 결과적으로 인플레이션을 조장하여 경제를 악화시켰다.

국민의회의 반종교적인 조처는 여기서 그치지 않고 전국의 수도원을 해체하였고, 1790년 7월에는 성직자 민사기본법을 제정하기에 이르렀다. 성직자 민사기본법은 국가가 성직자를 선출하고 그들에게 봉급을 지불한다는 것으로, 결국 성직자를 국가 관리로 만들겠다는 의도였다. 국민의회는 모든 성직자들이 그것에 선서하도록 강요하였다. 그러나 그것에 선서한 성직자는 극소수에 불과했다. 이후 성직자는 선서파와 비선서파로 분열되었고 비선서파 성직자들은 혁명 기간 내내 반혁명 운동을 주도하였다.

국민의회는 지방 행정 제도도 개혁해 전국을 83개의 도dé partement와 군district, 시읍면 자치체commune로 개편하였다.

국민의회의 개혁이 한창인 1791년 6월 20일 국왕이 튈르리 궁을 빠져나와 바렌까지 도주하는 사건이 발생하였다. 왕가 일행은 국경 부근인 바렌까지 도주해 오스트리아로 넘어갈 계획이었지만, 한 역장의 아들에 의해 발각됨으로써 실패하고 파리로 강제 귀환되었다. 파리로 들어서는 국왕과 그의 가족을 바라보는 시민들의 눈빛은 냉랭했다. 그들에게는 더 이상 국왕에 대한 충성심과 존경심이 남아 있지 않았다.

이 사건을 계기로 왕가의 신변이 점점 위험해졌다. 유럽의 군주국가, 특히 왕비의 친정인 오스트리아는 왕가를 구하기 위해 팔

니츠 선언을 발표하였다. 그것은 왕가를 해치면 좌시하지 않겠다는 내용이었지만, 그로 인해 파리 시민들은 오히려 더욱 강경해졌다. 그들은 국왕이 외국과 내통하고 있다고 생각하게 되었고 그만큼 그들 사이에 국왕에 대한 충성도 사라졌다.

결국 파리 시민들은 급진적 혁명주의자들의 선동으로 7월 17일 샹 드 마르스에 모여 왕의 퇴위와 공화제를 요구하는 시위를 벌이기에 이르렀다. 그런데 여기서 그동안 국왕과 국민 사이를 매개해왔던 국민방위대 사령관 라파예트가 국민을 향해 발포하는 일이 발생했다.* 국왕과 국민 중에 하나를 선택할 수밖에 없는 상황에서 귀족 출신인 그는 국왕을 선택한 것이다.

이 사건에 즈음하여 국민의회도 입헌군주제를 옹호하는 페이양파와 공화제를 주장하는 자코뱅파로 분열되었다. 그리고 급진적 공화주의 사상으로 무장한 코르들리에 클럽도 등장하여 혁명의 앞길은 한치 앞을 내다볼 수 없을 만큼 혼미해졌다.

* 샹 드 마르스 사건 : 샹 드 마르스는 육군 사관 학교의 연병장으로, 의회는 공화제를 요구하며 샹 드 마르스에 모인 국민들을 무력으로 강제 해산시켰다.

그 와중에 1791년 9월 3일 드디어 새 헌법이 공포되었다. 이 '91년 헌법'에 의해 절대군주제가 폐지되고 의회주의와 입헌군주제가 채택되었으며 능동 시민에게만 선거권이 부여되는 제한선거로 입법의회가 구성되었다.

입법의회 시대

1791년 10월 소집된 입법의회는 중도파가 340석으로 다수를 차지했다. 그 외에 온건한 페이앙파가 240석, 급진적인 자코뱅파가 130석을 차지했다. 입법의회에서 페이앙파들은 주로 의사당의 오른쪽에 앉았고 자코뱅파는 주로 왼쪽에 앉았는데, 이로 인해 이후 온건한 세력을 우파, 급진적인 세력을 좌파라고 부르는 관행이 생기게 되었다. 자코뱅파는 소수였지만 그들 중 뛰어난 웅변술을 가진 브리소가 중도파를 포섭하고 있었으므로 주도권을 행사하는 경우가 많았다.

브리소는 1792년 4월 20일 오스트리아에 대해 선전포고를 하였다. 점증하고 있던 유럽 군주국들의 위협에 적극적으로 대처하기로 한 것이다. 그 결과 프랑스 대혁명에는 대외 전쟁이라고 하는 새로운 변수가 끼어들게 되었다. 한편으로 전쟁에 이기기 위해서는 민중의 도움이 필요했으므로 민중의 정치적 영향력이 점점 커지게 되었고 그 만큼 혁명은 급진적으로 되었다. 그리고 다른 한편으로 전쟁은 국민적 통합을 요구했기 때문에 민족주의가 발전하였다. 당시 프랑스인들은 대 유럽 전쟁을 혁명을 보호하기 위한 자유주의 전쟁이자 조국을 수호하기 위한 민족주의 전쟁으로 인식하였다.

1792년 대혁명을 형상화한 〈라 마르세예즈〉 조각가 뤼드의 작품이다.

하지만 개전과 더불어 프랑스는 패전을 거듭했다. 민중들은 패전에 대한 원망을 국왕에게 돌렸다. 국왕, 특히 왕비가 지속적으로 외국의 군주들과 내통하고 있다고 생각했기 때문이다. 결국 민중들은 1792년 6월 20일 국왕이 기거하고 있는 튈르리 궁을 습격하였다. 그 날의 습격은 실패로 끝났지만 7월 14일 지방의 혁명적 국민방위대가 파리로 집결하는 연맹제는 또 다른 위기를 예고하였다. 당시 마르세유 출신의 국민방위대가 루게 드 릴이 작곡한 〈라인강 수비대를 위한 노래〉를 부르며 입성했는데, 이 노래는 이후 프랑스 국가인 〈라 마르세예즈La Marseillaise〉가 되었다.

1792년 8월 10일 연맹제에 참여하기 위해 입성한 국민방위대와 파리 민중들이 힘을 합쳐 튈르리 궁을 재차 습격하였다. 그들은 왕실 친위대 600여 명을 사살하고 궁을 점령하였다. 국왕은 의회로 피신하였고, 입법의회는 왕권의 정지와 새로운 헌법 제정을 위한 국민공회의 소집을 결정하였다. 이 사건은 공화제 형성에 결정적인 계기가 된 사건으로 흔히 '제2의 혁명'이라고도 불린다.

계속되는 패전과 식량부족, 인플레 때문에 파리의 민심이 극도로 흉흉해졌다. 급기야 그들은 9월 초 모든 감옥을 돌아다니면서 반혁명자라고 의심되는 사람들을 살해하기에 이르렀다. 이때 살해된 사람은 1만 2천 명이나 되었다. 흔히 이 사건을 '9월 학살'이라고 부른다. 수정주의적인 역사학자들은 이때부터 혁명이 궤도를 이탈했다고 주장한다.

튈르리 궁을 습격하는 민중들

이 시기 혁명을 급진적으로 이끌어간 계층은 상퀼로트들이었다. 상퀼로트는 대혁명 시기의 급진적 민중을 지칭하는 말로 귀족들이 입는 바지인 퀼로트를 입지 않고 긴 바지를 입고 다녔기 때문에 부쳐진 이름이다. 그 외에도 그들은 붉은 혁명모를 쓰고 긴 창을 들고 다녔는데, 그것들은 이후 혁명의 상징이 되었다.

상퀼로트

상퀼로트들은 사회적으로 대부분 소생산자와 소상점주 출신이 많았지만 모두가 다 그런 것은 아니었다. 오히려 그들을 하나의 정치 세력으로 묶어준 것은 급진적인 정치 이념이었다. 즉 그들 모두는 자본의 집중을 반대하고 소규모 생산자들이 중심이 되는 사회를 원했으며 민중도 정치에 참여할 수 있는

직접민주주의와 공정가격제를 주장했다.

상퀼로트들은 공화제를 요구했다는 점에 있어서 부르주아 혁명파들과 동일하지만 부르주아보다 훨씬 더 급진적인 혁명을 요구하였다. 그들은 자유보다는 평등을 요구하였다. 이러한 급진적 요구로 인해 결국 그들은 부르주아들과 결렬하게 된다.

상퀼로트 기념품 상퀼로트의 붉은 모자를 본떠 만든 잉크병.

국민공회 시대 – 공화국의 탄생

입법의회는 8월 10일 사건으로 입헌군주제를 폐지하고 공화제를 채택했다. 프랑스 역사상 처음으로 채택된 공화제에 하늘도 축복의 미소를 보냈다. 공화제가 선포되기 하루 전인 1792년 9월 20일 패전을 거듭하던 프랑스군이 발미 전투에서 대승을 거둔 것이다. 승리의 분위기 속에서 9월 21일에 국민공회가 소집되고 공화제가 선포되었다.

국민공회는 다수의 중도적인 평원파와 지롱드파, 자코뱅파 등으로 구성되었다. 지롱드파는 부유한 부르주아의 이익을 대변하여 경제적 자유주의와 지방에 권한을 주는 연방주의를 주장하였다. 반면에 자코뱅파는 소부르주아와 중간 부르주아의 이익을 대변하였고 그 현실의 위기를 해결하기 위해 통제 경제와 강력한 중앙집권주의를 주장하였다.

지롱드파와 자코뱅파의 대립을 가져온 결정적인 계기는 루이 16세의 재판이었다. 자코뱅파는 루이 16세의 사형을 요구했지만 지롱드파는 그것에 반대했다. 결국 근소한 차이로 국왕의 사형이

확정되었고, 다음해 1793년 1월 21일 루이 16세는 단두대에서 처형되었다.

루이 16세의 단두대 처형

    국왕이 처형된 후 유럽 군주국의 위협이 증가하였고 국내의 정치적 혼란도 심해졌다. 대 유럽 전쟁에서는 이렇다 할 승리가 없었고 아시냐의 가치가 급락하여 인플레이션이 발생했다. 물가가 오르고 생필품이 품귀 현상을 일으키자 과격한 앙라제파*가 준동하였다. 그리고 지방에서는 반혁명파들이 세를 규합하여 반란을 일으켰다. 그 중에서 방데 반란이 가장 심각하였다. 이런 혁명의 위기를 해결하기 위해 국민공회는 혁명위원회와 공안위원회

* 앙라제파 : Enrages, 분노한 사람들.

를 설치하고 지방에 순찰 위원을 파견하였다.

　한편 급진적인 상퀼로트들은 1793년 5월 31일 국민공회를 습격하여 모든 정책에서 자코뱅파와 대립하고 있는 지롱드파를 숙청하였다. 이 사건은 지롱드파를 제거함으로써 자코뱅파를 강화시킨 사건이었지만 의회주의에 대한 심각한 타격이기도 하였다. 국민의 공격을 받은 의회는 더 이상 권위를 유지하지 못하고 힘을 상실하였다. 그 대신 행정부인 공안위원회가 전권을 장악하였다.

　공안위원회의 핵심세력은 로베스피에르와 그의 심복인 생쥐스트였다. 로베스피에르는 혁명적 성과들을 보호한다는 구실 하에 공포 정치를 실시하였다. 그는 우선 망명 귀족들의 재산을 몰수해 자신의 지지 기반인 소부르주아와 민중들에게 나누어 주었다. 1793년 7월 17일에는 봉건제를 완전히 폐지하여 농민들에게 토지를 무상 분배함으로써 그들의 지지를 확보하였다.

　1793년 6월 24일 로베스피에르는 급진적인 내용의 새로운 헌법을 발표하였다. 바로 '93년 헌법'이다. 여기에는 보통 선거와 생존권, 노동권, 교육권, 복지국가와의 원리와 같은 사회민주주의적인 내용들이 포함되었다. 그러나 이 민주적 헌법은 시행되지 않았다. 로베스피에르가 비상시국임을 선포하고 그 헌법의 실행을 유보한 것이다.

　로베스피에르가 선언한 대로 당시는 비상시국이었다. 유럽 군주국들은 프랑스에 대한 공격을 강화하였고 지방의 반혁명적 반란도 날로 확산되었다. 파리에서도 역시 경제적 불안으로 인해 과격파들이 극성을 부렸다. 게다가 〈인민의 벗〉의 발행인인 마라Marat가 코르데이라는 지롱드파 소녀에 의해 암살되면서 민중들이 동요하기 시작했다.

비상시국을 타개하기 위해 로베스피에르는 공포 정치를 강화했다. 그는 국민총동원령을 내려 18세에서 25세 사이의 모든 청년들을 징병해 전선에 투입하고 6세에서 50세까지의 남자들은 전시 태세를 갖추도록 했다. 그리고 최고가격제와 매점매석법 등 통제 경제 정책을 실시하였고, 미터법과 혁명력을 제정해 중앙집권적인 정책을 추진하였다.

1793년 10월 로베스피에르는 '혁명정부'를 선언하고 왕비의 처형을 시작으로 해서 수많은 반혁명 혐의자들을 약식 재판으로 처형하였다.

로베스피에르의 독단적인 공포 정치는 자코뱅파를 분열시켰다. 온건한 당통은 로베스피에르를 독재자로 비난하였고, 에베르를 비롯한 급진적 상퀼로트는 로베스피에르가 부르주아를 위한 정책을 편다고 비난하였다. 이에 로베스피에르는 우선 당통의 힘을 빌려 에베르를 제거한 후 당통까지 제거함으로써 전권을 장악하였다.

'청렴한 자'로 통하는 로베스피에르가 왜 사람들의 비난을 받아가면서까지 공포 정치를 추진하였을까? 그가 정말로 원한 것은 시민적 미덕에 기초를 둔 공

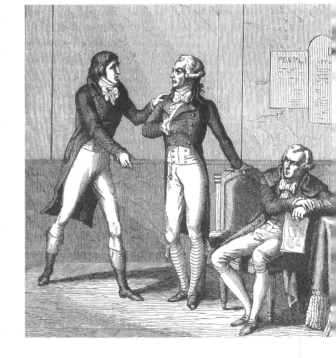

자코뱅파 왼쪽부터 생쥐스트, 로베스피에르, 쿠동. 테르미도르 반동 직전의 모습이다.

화국이었다. 그래서 그는 시민적 미덕을 찬양하고 숭배하기 위해 1764년 6월 8일에 최고 존재의 예배를 거행하기도 하였다. 그러나 그는 미덕만으로 이루어진 공화국은 무력하다고 하였다. 공화국을 강력하게 해줄 수 있는 것은 공포 정치였다.

그러나 공포 정치는 비상시국하에서만 정당성을 획득할 수 있다. 사람들은 점차 공포 정치를 완화할 때라고 생각하게 되었고, 그의 동료들도 독재에 싫증을 내며 등을 돌렸다. 1794년 7월 27일 그들은 마침내 로베스피에르를 독재자라고 규탄하며 처형대로 보내버렸는데, 이것이 테르미도르 반동이다.

그러나 로베스피에르를 규탄한 사람들은 어떠한 정치적 신념이나 이념도 갖고 있지 않았다. 그들은 자신이 연루된 크고 작은 부정부패에 불안해하고 있던 기회주의 의원들이었다. 그런 그들에게 산적한 위기를 해결할 능력이 없음은 자명했다. 따라서 그들이 전폭적으로 지지하고 의존한 인물은 나폴레옹이었다.

총재 정부 시대

테르미도르 반동을 일으킨 의원들에 의해 1795년에 새 헌법이 제정되었다. '95년 헌법'은 원로원과 오백인회로 구성된 양원제와 5인의 총재로 구성된 행정부, 그리고 제한 선거제를 규정했다.

새 헌법에 의거해 총재 정부가 구성되었지만 정치적 혼란과 경제적 불안은 계속되었다. 오히려 정치적 혼란은 이전보다 더 심각해보였다. 한편에서는 귀국한 망명 귀족과 왕당파 청년들이 민중들의 9월 학살만큼이나 잔인한 백색 테러*를 자행하고 다녔고 다른 한편에서는 급진적인 민중들이 '93년의 헌법'을 조속히 실

* 백색 테러 : 정치적 목적을 위해 우익 집단이 암살과 파괴를 자행하는 것을 백색 테러라고 한다. 혁명파에 대한 왕당파의 보복, 테르미도르 반동 등은 모두 이에 해당한다. 좌익에 의한 테러는 이와 구별하여 적색 테러라고 부른다.

행하고 먹을 빵을 달라고 요구하며 반란을 일으키고 있었다. 1796년에는 공산주의자 바뵈프가 생산과 유통의 국가 관리를 주장하며 봉기를 일으키기도 하였다.

온건한 기회주의자인 테르미도르파 의원들은 이런 위기를 해결할 능력이 없었다. 그들은 점차 대 유럽 전쟁을 통해 국민의 영웅으로 부상한 나폴레옹에게 의지하였다.

마침내 1799년 11월 9일* 나폴레옹은 정치적 안정을 바라는 테르미도르파와 부르주아, 농민의 열망에 부응해 쿠데타를 일으키고 권력을 장악했다. 그에 의해 프랑스 대혁명이 종결되고 프랑스 사회에 새로운 질서가 부여되었다.

* 브뤼메르 18일.

프랑스 대혁명은 사회혁명인가 정치혁명인가

1989년 프랑스에서 프랑스 혁명 200주년 기념행사가 대대적으로 거행되었다. 대혁명 이후 200여 년 동안 프랑스 대혁명을 바라보는 시각은 다양하게 변했다. 그중 대표적인 것이 정통주의 해석과 수정주의 해석이다.

정통주의 해석의 역사학자들, 예를 들면 올라르와 마티에, 르페브르, 소불, 미슐레 등은 프랑스 대혁명을 근대 시민 사회를 탄생시킨 시민혁명으로 본다. 그들에 따르면 대혁명에 의해 절대군주제가 타도되고 대의제가 정착되었으며 합리적 계몽사상이 사회 전반에 확립되었다. 그리고 대혁명은 경제적인 측면에서도 소규모 생산자들에게 안정된 경제적 기반을 제공해줌으로써 자본주의가 발달하는 계기가 되었다. 결과적으로 대혁명은 봉건적 특권 사회를 평등한 시민 사회로 전환시킨 사회혁명이었다는 것이 정통주의 역사학자들의 견해이다.

그러나 수정주의 역사학자들은 정통주의 역사학자들의 견해를 프랑스 대혁명에 대한 신화적 해석이라고 비판한다. 실제 그들이 보기에 프랑스 대혁명은 정치, 사회, 경제, 사상에 걸쳐서 엄청난 변화를 가져온 사회 혁명은 아니었다.

수정주의 해석은 영미 역사학자들에서 먼저 시작되었지만 현재는 프랑스 역사학자들의 폭넓은 지지도 받고 있다. 수정주의 해석의 단초를 제공한 것은 코반Cobban이었다. 그에 의하면 18세기 프랑스 사회에는 영주제의 잔재가 남아 있긴 했지만 혁명적 부르주아가 타파했다는 봉건제는 존재하지 않았다. 존재하지도 않은 봉건제를 타파하고 혁명을 일으켰다는 것은 어불성설이라고 하였다. 그리고 그는 국민의회 의원들의 직업을 분석한 결과 혁명을 일으킨 세력은 부르주아 본래의 의미인 자본가들이 아니라 대부분 관리와 자유전문직 종사자들이었다고 주장했다. 요컨대 프랑스 대혁명은 부르주아 혁명이 아니라는 의미이다.

프랑스 수정주의 역사학자 퓌레는 당시 혁명 세력은 부르주아라기보다는 진보적 엘리트층이었다고 보고 '엘리트 혁명론'을 주장하였다.

또한 그는 '일탈설'을 주장하여 1791년 이후 민중들에 의한 과격한 혁명은 혁명의 본래 궤도를 벗어난 것이라고 주장하였다.

결국 정통주의 역사학자들이 프랑스 대혁명을 사회의 전반적인 근대화를 가져온 사회 혁명으로 바라보았다면 수정주의 역사학자들, 특히 헌트는 대혁명을 새로운 민주주의적 정치 문화를 가져온 '정치 혁명'으로 의미를 축소하여 바라본 셈이다.

나폴레옹 제국

나폴레옹의 국내 정책

나폴레옹은 브뤼메르 쿠데타 이후 곧 새 헌법을 공포하였다. 그 헌법은 세 명의 통령을 규정했지만 실제 모든 권력은 제1통령인 그에게 집중되고 나머지 두 명의 통령은 명예직에 불과하였다. 그는 법률의 발의권이나 예산과 외교, 전쟁의 제반 권리, 관리 임명권 등 모든 권력을 장악했다. 그러나 국민들은 이 독재적인 헌법을 승인하였다. 왜냐하면 그들은 나폴레옹이 혁명의 성과를 존중할 것이고 대외적 평화를 가져다 줄 것이라고 믿었기 때문이다.

실제 나폴레옹은 '내가 곧 혁명이다' 라고 주장하며 대혁명의 성과들을 법제화했다. 그는 혁명적 토지 개혁을 단행하여 농민과 부르주아에게 토지를 분배하였으며, 프랑스 은행을 설립하고 효율적인 세금 제도를 정착시켰다. 또한 지방에 도지사를 파견하여 혁명 시기의 중앙집권적 행정 개혁을 지속하였다. 그리고 그는 선전적 효과를 고려해 튈르리 궁에 스키피오와 브루투스, 워싱턴, 미라보의 동상 등을 안치해 자신이

제국을 상징하는 독수리와 나폴레옹

혁명의 계승자임을 과시하였다.

그러나 나폴레옹의 통치는 독재적이고 반동적이었다. 그는 철저한 검열제에 의해 언론의 자유를 제한했다. 또 재판 없이 구금하거나 영장제도를 무시함으로써 국민의 자유를 억압했다. 각종 공문서에서 인민주권과 상퀼로트의 상징인 창을 제국을 상징하는 독수리로 대체하였다. 그리고 그는 레종 도뇌르라는 훈장과 작위를 창설하여 새로운 궁정 귀족층을 형성하였다. 그들의 충성심을 확보하여 자신의 지지기반으로 삼고자 하였던 것이다. 이러한 과정에서 명사층이라고 하는 19세기의 새로운 지배층이 형성되었다.

나폴레옹 통치의 이러한 이중적 성격은 1804년에 발표된 민법전에 잘 나타나 있다. 세계사에서 로마법과 더불어 대표적인 법전으로 알려진 나폴레옹 민법전에는 혁명적 합리주의와 권위주의 원칙이 혼합되어 있다. 그것은 한편으로는 국민에게 법 앞의 평등과 능력에 따른 출세를 보장하였지만 다른 한편으로는 가부장 중심의 가족제도를 강조하고 이혼의 자유를 폐기하여 여성의 지위를 크게 제한하였다.

종교 정책에 있어 나폴레옹은 1801년 7월 15일 정교협약을 맺어 혁명 이래 지속된 교황과의 불편한 관계를 개선하였다. 정교협약에 의해 가톨릭은 프랑스인의 종교로 재건되었고 가톨릭에 대한 탄압도 중지되었다. 그러나 나폴레옹이 가톨릭을 인정한 것은 종교적인 동기라기보다는 정치적인 동기 때문이었다. 그는 가톨릭에 의해 남아 있는 혁명 세력을 누르고 대부분이 가

통령 정부 시기의 상류층의 모습

톨릭 신자인 프랑스 국민의 지지를 얻으려고 하였다. 그의 정치적인 속셈은 곧 드러났다. 그는 정교협약에 이어 곧 부속명령을 발하여 프랑스 교회와 교황과의 관계를 단절하고 프랑스 교회에 대한 영향력을 확대하였다.

나폴레옹의 대관식 스스로 황제의 관을 쓴 나폴레옹이 조제핀에게 황비의 관을 내리고 있다.

나폴레옹은 대외적으로 프랑스를 위협하는 세력을 제거함으로써 평화를 가져왔다. 당시 나폴레옹의 대외 팽창에 위협을 느낀 영국과 러시아, 오스트리아는 제2차 대 프랑스 동맹을 맺어 프랑스와 대치하고 있었다. 나폴레옹은 1800년 마렝고에서 러시아를 물리치고 1801년에는 오스트리아를 굴복시켜 뤼네빌 평화조약을 승인시켰다. 그 조약에 의해 라인 강 연안에 프랑스에 우호적인 벨기에 공화국이 세워졌다. 홀로 남게 된 영국은 1802년 3월 아미앵 평화조약을 체결할 수밖에 없게 되었고, 이로 인해 프랑스의 대외적 평화가 성취되었다.

이런 눈부신 성공을 발판으로 나폴레옹은 1802년 5월 국민의 압도적인 지지를 받아 종신 통령이 되었고, 1804년 12월 2일에는 국민의 인기와 교황의 비호를 발판으로 황제가 되었다.

나폴레옹이 이처럼 정치적으로 성공할 수 있었던 이유는 무엇이었을까? 우선 그는 테르미도르 반동 이후 불안해하던 부르주아에게 '혁명의 성과는 안전하다'는 확신을 주었다. 사실 테르미도르 반동 이후 위로는 망명 귀족들이 아래로는 급진적 민중들이 부르주아와 대혁명의 성과들을 지속적으로 위협하고 있었다. 뿐만 아니라 나폴레옹은 전 국민에게 사회적 평등과 경제적 번영, 종교적 자유를 보장해주었다. 무엇보다 나폴레옹의 대외적 성공은 프랑스인들에게 무한한 자긍심을 심어주었다.

나폴레옹의 유럽 정복

1804년에서 1812년의 8년 동안 나폴레옹은 유럽을 정복하여 제국을 건설하였다. 그의 야망은 과거 샤를마뉴 제국을 부활시키는 것이었다. 그는 자신의 야망을 실현할 수 있는 강인한 의지와 천재적인 능력, 그리고 충성스러운 군대를 가지고 있었다.

나폴레옹의 야망이 노골적으로 드러나기 시작한 것은 1804년 유럽 군주국들이 영국을 중심으로 제3차 대 프랑스 동맹을 맺으면서부터였다. 그 동맹에 대항하는 과정에서 나폴레옹의 유럽 정복 전쟁은 시작되었다.

영국은 항상 프랑스로서는 대적하기 힘든 상대였다. 1805년 나폴레옹은 트라팔가르 해전에서 영국의 넬슨 제독에게 패하였다. 그러나 동유럽의 전쟁에서는 대승하였다. 그는 1805년 울름 전투에서 승리하여 빈을 점령하였고, 이듬해인 1806년에는 독일군과 이탈리아군을 격파한 후 신성 로마 제국을 해체시키고 라인 연방을 수립하였다.

나폴레옹은 1806년 11월 영국을 견제하기 위해 베를린 칙령을 내려 영국의 모든 상품이 대륙으로 들어오지 못하게 하였는데, 이것이 대륙봉쇄령이다. 베를린 칙령이 성공하기 위해서는 아직 나폴레옹의 수중에 들어오지 않은 러시아의 협조가 필요하였다. 따라서 그는 1807년 러시아의 알렉산드르 1세와 평화 동맹을 체결하여 대륙봉쇄령에 대한 동의를 얻어냈다.

나폴레옹

나폴레옹은 점령한 정복지에 자신의 가족과 형제들을 왕으로 앉혔다. 그의 형 조셉은 나폴리의 왕이 되었고, 동생 루이 보나파르트는 네덜란드의 왕이 되었다. 그리고 막내 동생 제롬은 독일 왕녀와 결혼하였다.

나폴레옹은 자신의 황제 직위를 아들에게 세습시키고 싶어했다. 그러나 그보다 6살이나 연상이었던 황비 조제핀은 자식을 낳지 못했다. 물론 그에게 아들이 없었던 것은 아니다. 폴란드 점령 시기에 한 폴란드 여성과의 사이에서 아들이 태어났었다. 그러나 그는 황실의 권위를 위해서 유럽의 명망 있는 왕실의 여성과 결혼하여 정통 후계자를 얻으려 하였다. 그를 위해 그는 러시아 알렉산드르 1세의 누이에게 청혼했지만 실패하였다. 뜻을 이루지 못한 그는 1810년 당시 18세였던 오스트리아의 황녀 마리 루이즈와 재혼하였다. 그의 소원대로 결혼 이듬해 마리 루이즈는 아들을 출산하였다. 그 아기는 태어나자마자 나폴레옹 2세로 로마의 왕으로 책봉되었다.

나폴레옹 제국의 위기

1810년과 1811년 사이 나폴레옹 제국에 쇠퇴의 징조들이 보이기 시작했다. 우선 곳곳에서 민족주의 운동이 일어났다. 민족주의 운동은 1803년 스페인이 나폴레옹에 대항해 반란을 일으킨 이래 계속 증가되어 왔다. 민족주의 운동이 점차 증가하면서 나폴레옹에 대한 저항과 반란이 유럽 도처로 확산되었다.

전 유럽을 대상으로 한 대륙봉쇄령도 점차 한계를 드러내기 시작했다. 대륙봉쇄로 인해 영국은 공장이 휴업하는 등 타격을 입기도 했지만 정작 더 큰 타격을 입은 것은 대륙이었다. 대륙의 각 국가들은 설탕과 향신료, 커피 등의 부족에 시달렸고 나폴레옹 자신도 군용 외투와 군화를 영국에서 밀수해 와야 할 형편이 되었다. 결국 로마 교황에 이어 1811년에는 러시아까지 대륙봉쇄령을

어기고 영국 상선을 국내에 받아들였다.

　이에 분개한 나폴레옹은 1812년 5월, 60만의 대군을 이끌고 러시아 원정에 나섰다. 그러나 추운 겨울날 힘들게 당도한 모스크바에서 그를 기다리고 있는 것은 불타는 텅 빈 도시였다. 점령할 사람도, 먹을 것도 없었다. 그가 할 수 있는 것은 서둘러 퇴각하는 일이었다. 살을 에는 추위와 굶주림을 극복해야 하는 프랑스 군대의 퇴각은 비극적이면서도 기적적인 것이었다. 그러나 그 기적이 그의 제국을 구해 주지는 않았다.

　1813년 나폴레옹은 라이프치히 전투에서 프러시아에 대패하였다. 유럽 동맹국들은 승리의 여세를 몰아 프랑스로 진격해 파리를 포위하였다. 그러나 그때까지 나폴레옹을 지지했던 시민들은 더 이상 그를 지지하지 않게 되었다. 황비 마리 루이즈도 아들을 데리고 피신하였다.

　결국 나폴레옹은 항복하고 퇴위를 받아들였다. 1814년 4월 6

나폴레옹의 모스크바 원정 나폴레옹의 군대가 러시아 원정의 끝에 마주친 것은 불에 타오르는 모스크바였다.

일 황제 자리에서 물러난 나폴레옹은 엘바 섬의 군주로 보내졌으며, 프랑스의 국경은 1790년의 상태로 복귀되었다.

백일천하

나폴레옹은 엘바 섬의 군주로 만족하지 않고 1815년 3월 그곳을 탈출하였다. 나폴레옹이 섬을 탈출해 파리를 향해 진격하고 있다는 소식에 전후 처리를 위해 빈에 모여 있던 유럽 군주들은 당황했다.

　　그 소식은 프랑스인에게도 충격이었다. 왕정복고를 위해 귀국한 루이 18세와 그의 각료들은 벨기에로 도망쳤으며, 나폴레옹을 지지하는 군인들은 환호했다. 나폴레옹은 군대를 규합하여 권력을 장악한 후 국민에게 이전과 다른 자유주의적 통치를 약속하였다. 그는 독재적이고 권위주의적인 통치가 아니라 내각책임제를 실시하고 출판과 신앙의 자유를 보장하였다. 그러나 그의 통치

워털루 전투

는 백일을 넘기지 못하였다.

　빈에 모인 유럽 군주들은 나폴레옹의 복귀에 반대하고 100만의 병력을 동원해 그에게 전쟁을 선포하였다. 나폴레옹은 그들에 대적하여 항전했지만 1815년 6월 워털루 전투에서 결정적으로 패하였다. 그리고 다시 먼 세인트 헬레나 섬으로 유배되었다. 그는 거기서 남은 생을 보내다 1821년 5월 5일 사망하였다.

　유럽을 지배하려는 나폴레옹의 야망이 실패하긴 했지만 그의 제국은 세계사에 큰 영향을 주었다. 전 유럽에 프랑스 대혁명이 낳은 자유주의와 민족주의의 씨앗을 뿌렸다. 그는 자신이 점령한 지역에 봉건제를 폐지하고 혁명적 제도를 도입한 것이다. 그런 점에서 나폴레옹 제국의 팽창은 곧 혁명의 확대이기도 하였다. 또한 나폴레옹의 점령은 그 지역 국민의 저항을 야기하였는데, 이러한 과정에서 유럽 민족주의가 성장하고 발전하였다.

비기독교화 운동

가톨릭은 대혁명 기간에 역사상 유례없는 모진 수모를 받았다. 대혁명 초부터 나타나기 시작한 반종교적인 분위기는 결국 급진적인 '비기독교화 운동'으로 드러났다. 소극적인 의미에서의 비기독교화 운동은 기독교에 대한 무관심과 그로 인한 세속화를 의미하는 것으로 이미 대혁명 이전부터 진행되어 오던 터였다. 그러나 대혁명 기간에 일어났던 비기독교화 운동은 그것보다 훨씬 폭력적이고 급진적인 것이었다.

9월 23일 - 10월 22일	방데미에르
10월 23일 - 11월 21일	브뤼메르
11월 22일 - 12월 20일	프리메르
12월 21일 - 1월 19일	니보즈
1월 20일 - 2월 18일	플뤼비오즈
2월 19일 - 3월 20일	방토즈
3월 21일 - 4월 19일	제르미날
4월 20일 - 5월 19일	플로레알
5월 20일 - 6월 18일	프레리알
6월 19일 - 7월 18일	메시도르
7월 19일 - 8월 17일	테르미도르
8월 18일 - 9월 22일	프뤽티도르

공화력

혁명가들과 민중들은 교회는 구체제하에서 지배 집단의 문화적, 이데올로기적인 토대였다고 생각했다. 그래서 교회도 구체제의 모든 유물과 함께 제거되어야 할 것으로 보았다.

비기독교화 운동은 입법의회 시기에 제도적으로 추진되었다. 입법의회는 교회의 재산을 몰수하고 수도원을 폐지하였다. 그리고 성직자를 국가 공무원으로 규정하는 성직자 민사기본법을 제정하여 성직자의 선서를 강요하였다.

상퀼로트들이 주도한 비기독교화 운동은 훨씬 더 폭력적이었다. 그들은 십자가와 성인 상들을 부수고 교회를 파괴하였으며 성당의 제기를 녹여 무기를 만들었다. 성직자를 박해하고 심지어 독신 생활을 해야 하는 성직자들을 강제 결혼시키기도 하였다. 미사도 방해했다. 흔히 그들의 폭력적 비기독교화 운동은 문화재 파괴주의Vandalisme에 비유되기도 한다.

비기독교화운동은 혁명 기간에 사회 전반에 걸쳐 확산되었다. 거리 명으로 붙여진 성인의 이름은 혁명 영웅의 이름으로 대체되었다. 사람들은 새로 태어난 아기에게 종교적 이름을 붙이기를 꺼렸다. 비기독교화 운동의 가장 획기적인 조치는 1793년 9월 가톨릭력을 폐지하고 새로운 공화력을 선포한 것이었다. 가톨릭력이 1주일을 7일로 나눈 것에 비해 공화력은 1주를 10일로 나누었다. 그리고 각 달(月)의 이름도 바뀌었다.

가톨릭력이 폐지됨으로써 가톨릭 예배가 시민적 예배로 대체되었다. 일요 미사와 부활절 미사, 각종 성인 축일이 없어지고 그 대신 제 10일décadi의 '이성의 예배'와 시민 축제*, 각종 혁명 순교자들의 장례제가 생겨났다. 공화력의 채택은 이후 국민들의 일상생활을 세속화시키는데 큰 영향을 주었다.

테르미도르 반동 이후 교회가 개방되고 그 속에서 미사를 볼 수 있게 되었다. 나폴레옹 통치하에서 교회는 보다 적극적으로 복귀되었는데 그 계기는 1801년 정교협약이었다. 그러나 정교협약에 의해 주교의 교구 내 권한은 부활되었지만, 주교 역시 국가의 공무원으로 국가의 규제를 받아야 했다. 이로 인해 교회는 국가의 예속 상태에 놓이게 되었다.

공화주의적 정치 문화의 등장

중세의 문화가 종교적이었다면 대혁명 시기의 문화는 정치적이었다. 모든 문화는 새로운 체제인 공화제를 확립하는 수단으로 사용되었다. 그 과정에서 공화주의적인 정치 문화가 등장하였다.

혁명의 진행 과정에서 수많은 공화주의적인 상징들이 등장하였다. 구체제를 상징하던 바스티유는 오히려 혁명을 상징하게 되었다. 각종 깃발과 간판, 책표지 등에 바스티유가 등장해 민중들의 혁명적 저항을 상기시켰다. 그러나 뭐니 뭐니 해도 혁명의 상징은 삼색기였다. 삼색기는 모자와 의복, 깃발, 책자 등에 수없이

혁명을 완성한 군중들 뒤로 날리는 삼색기

등장하여 혁명의 승리를 상징하였다. 흔히 상퀼로트의 모자라고 불린 붉은 혁명 모자도 유행하였다. 당시 이 혁명 모자는 혁명세력과 반혁명세력을 구분하는 표지이기도 하였다.

이 시기에 자유를 상징하는 자유의 나무가 등장하였다. 자유의 나무는 정치적 의례와 시민적 축제의 중심이었다. 혁명의 이념인 자유를 상징하는 여성상도 등장하였다. 그 여성상들을 흔히 마리안느라고 부른다. 프랑스가 미국 독립 100주년을 기념해 미국에 선물한 자유의 여신상도 그것의 일종이었다. 프랑스 혁명을 상징하던 자유의 여신상이 이제 미국의 뉴욕을 상징하는 여신상으로 변한 것은 역사의 아이러니이다. 대혁명 시기에 등장한 이런 모든 정치적 상징들은 국민의 일상생활에 혁명의 이념과 공화주의 사상을 확산시키는데 많은 기여를 하였다.

예술의 정치화라는 측면에서 다비드는 이 시기의 가장 위대한 예술가였다. 자코뱅파의 일원이며 국민공회 의원이기도 했던 그는 모든 예술은 공화주의를 위해 기여해야 한다는 신념을 갖고 있었다. 로마 시대의 조화와 균형을 강조하고 색채보다는 형태와

선을 중요시하는 그의 신고전주의는 이미 혁명 이전 〈호라티우스의 맹세〉에서부터 나타났다. 이후 그는 혁명을 겪으면서 당대의 중요한 역사적 사건이나 혁명 의식을 고취하는 그림을 주로 그렸는데 대표적인 것이 〈마라의 죽음〉이다.

다비드는 그림뿐만 아니라 대혁명 시기에 거행된 수많은 시민적 축제를 기획하였다. 1792년 4월 15일의 '샤토비유 축제'와 1793년 8월 10일의 '통합의 축제', 1794년 6월 20

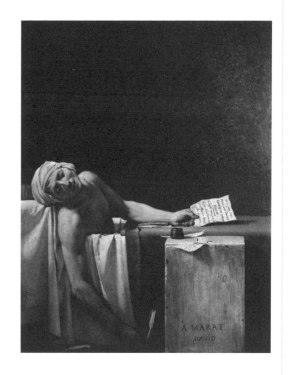

다비드가 그린 〈마라의 죽음〉

일의 '최고 존재의 축제'는 그가 기획한 대표적인 축제이다. 축제의 기획에서 그가 가장 강조한 것은 혁명과 공화제의 이념을 선전하는 것이었다.

다비드는 로베스피에르가 몰락한 후 한때 숙청될 뻔했지만, 나폴레옹에 의해 다시 기용되어 유명한 〈나폴레옹의 대관〉을 그렸다. 나폴레옹 제국 시대에는 고대 로마의 요소를 무분별하게 모방하는 신고전주의 양식이 더욱 발전하였다.

대혁명 시기에 출판과 언론의 자유가 허용되면서 각종 신문과 잡지, 소책자의 출판이 급증하였다. 혁명적 언론은 정치적 여론이 수렴되는 공간이기도 하였지만 새로운 혁명적 정치 언어가 만들어지고 새로운 정치 문화가 확산되는 통로이기도 하였다.

'말이 곧 권력'이었던 대혁명 시기에 신문과 저널의 역할은 매우 중요하였다. 마라의 〈인민의 벗〉은 이 시기의 대표적인 저널이었다.

8
공화제를 향한 시련들

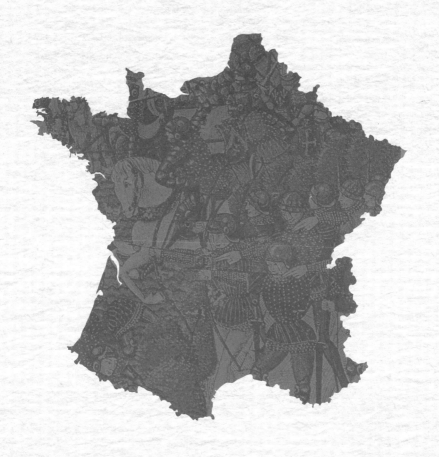

공화제를 향한 시련들

프랑스 역사의 19세기는 대혁명 기간에 탄생한 공화제가 복고된 군주제에 맞서 정통적인 정치 체제로써 확립되어 가는 역사라고 할 수 있다. 복고 왕정과 7월 왕정, 제2공화정, 제2제정 등 오랜 과정을 거쳐 제3공화정하에서 공화제는 프랑스의 정통적인 정치 체제로 확립되었다.

공화주의적 정통성의 확정

복고왕정

나폴레옹의 백일천하가 실패한 후 루이 16세의 동생인 루이 18세 (1814~1824년)가 왕으로 추대되어 왕정이 복고되었다. 루이 18세는 나이 들고 우유부단했지만 신중하고 자유주의적인 성향을 가진 왕이었다. 그는 혁명의 성과를 부인하면 왕정이 유지될 수 없다고 판단하여 자유주의적인 통치를 하였다.

문제는 극우 왕당파들이었다. 대혁명 시기의 망명생활을 마치고 귀국한 그들은 과거의 특권과 영광을 되찾으려 혈안이 되었다. 그들은 '우리는 혁명을 통해 아무것도 배우지 않았고 아무것도 잃어버리지 않았다'고 주장하며 백색 테러를 일삼았다. 그들의 지도자는 루이 18세의 동생인 아르투아 백작이었다.

극우 왕당파들은 1815년 선거를 통해 대거 의회에 진출하였다. 세력을 확대한 이들은 나폴레옹 시대의 영웅이었던 네 원수를 사형시키는 등 혁명 세력을 처단하였다. 그런데 이러한 극우파 의원들을 제지하기에는 루이 18세는 너무 노령이었다. 게다가 1820년 2월 13일 왕당파 베리 공의 암살 사건으로 인해 루이 18세의 신중한 자유주의적 정책은 더 이상 유지될 수 없게 되었다.

국왕은 극우 왕당파의 요구를 받아들여 리슐리외 공작을 등용하였다. 리슐리외 공작은 출판의 자유와 개인의 자유를 제한하는 특별법을 공포하였다. 그리고 새로운 선거법에 제정해 극우 왕당파 중에서도 초과격파가 의회를 장악하도록 하였다.

1824년 9월 루이 18세가 사망하고 아르투아 백작이 샤를 10

암살당하는 베리 공

암살당하는 베리 공

세(1824~1830년)로 왕위를 계승하면서 사태가 더욱 험악해졌다. 정국의 보수화와 반동화가 더욱 탄력을 받게 된 것이다. '불경죄' 라는 법이 통과되고 장자권이 부활되었으며 망명 귀족들에게 10억 프랑의 보상금이 주어졌다. 그리고 반정부적인 출판물의 인쇄와 보급이 금지되었다. 심지어 샤를 10세는 왕의 신권(神權)을 부활시키기 위해 랭스 대성당에서 연주창의 기적을 행하는 의식까지 감행했다.

아직도 대혁명의 기억을 간직하고 있던 프랑스 국민들은 지도층의 이런 행위를 초조하게 지켜보았다. 그러는 가운데 국민들 사이에 지도층에 대한 비판과 불만이 점점 확산되었다.

7월 혁명과 7월 왕정

극우 왕당파들의 반동 정책이 심해지는 가운데 1829년 8월 샤를 10세는 과격파인 폴리냐크에게 내각을 위촉했다. 그러자 1830년 3월 의회는 국왕과 폴리냐크의 반동 정책에 반대해 정부에 대한 불신임을 의결했다. 샤를 10세는 의회를 해산하고 새 선거를 실시하였다. 선거 결과가 불리하게 나오자 그는 개원도 하지 않은 의회를 다시 해산하기에 이르렀다. 7월 25일에는 폴리냐크에 의해 출판의 자유 중지, 의회 해산, 투표 방식의 개혁 등 위헌적인 내용의 칙령이 발표되었다.

마침내 파리 시민들은 더 이상 좌시하지 않고 봉기를 일으켰다. 칙령이 발표된 다음 날인 7월 26일《대혁명사》의 저자이며 〈르 나시오날〉지를 창간한 티에르가 칙령에 반대하는 항의서를 발표하였다. 그에 호응해 학생과 노동자들이 거리에 바리케이드를 구축하고 시위를 벌였다. 28일에서 30일, '영광의 3일' 동안 시민들은 파리를 점령하고 샤를 10세의 퇴위를 요구하였다. 시민들의 위협적인 저항에 샤를 10세를 겁을 먹고 도망쳤고, 그의 사촌인 오를레앙 공이 루이 필립 왕으로 추대되었다.

1730년의 7월 혁명은 샤를 10세와 망명 귀족들의 반혁명적 시도가 더 이상 역사의 수레바퀴를 되돌릴 수 없다는 점을 분명히 보여준 사건이었다. 혁명 전의 사회로 돌리기에는 프랑스 사회 곳곳에 뿌려진 혁명의 성과들이 너무 견고하였다. 혁명 이후 대상인과 대금융업자, 전문직 종사자, 관료, 부농 등으로 구성된 부르주아 계층이 사회의 지배층으로 확고히 자리 잡은 것이다. 따라서 그들에 대한 왕당파의 도전장은 무력하였다. 새로 들어선 7월 왕정은 형식은 왕정이었지만 결국 '부르주아들의 왕정'이었다.

루이 필립(1830~1848년)은 다른 왕들처럼 랭스에서 대관하
지 않고 팔레 부르봉의 의사당에서 추대되었다. 이것은 그가 시민
에 의해 옹립된 '시민의 왕'이라는 사실을 상징적으로 보여주는
사건이다.

대부르주아에 의지한 그의 지위는 처음부터 불안하였다. 무
역업자와 은행가, 기업가, 법조인들과 같은 부르주아를 제외하고
는 아무도 그에게 만족하지 않았다. 정통 왕당파들은 그를 찬탈자
로 규정했으며, 7월 혁명을 주도하고도 아무런 이득을 얻지 못한
공화주의자와 노동자들 역시 불만이었다. 이들 '7월의 투사'들은
점진적으로 선거권이 확대되고 있음에도 불구하고 여전히 선거권
에서 배제되어 있었다.

그 와중에 정치적 혼란을 더욱 부추긴 인물이 루이 나폴레옹

보나파르트였다. 나폴레옹 1세의 조카인 그는 스스로 나폴레옹의 후계자로 자처하며 스트라스부르와 부르고뉴에서 폭동을 선동하고 있었다.

루이 필립의 등극 7월 혁명 후 왕위에 오른 루이 필립.

2월 혁명과 제2공화정

재위 초기 루이 필립 왕은 부르주아들을 고려해 신중하게 행동했다. 대혁명 초기 혁명적 역할을 한 탓에 시민의 왕으로 옹립되었고 스스로 '인민의 벗'이기를 원했다. 그렇지만 사실 그는 뼛속 깊이 귀족이었다. 그것도 평범하고 인색한 귀족이었다. 그는 자신에게 호의적인 의회가 구성되자 점차 자신감을 얻었으며, 보수적인 기조Guizot를 등용해 반동 정책을 추진하기 시작했다.

그럼에도 부르주아 자유주의자들은 왕의 반동 정책에도 불구하고 동요하지 않았다. 왜냐하면 이미 70세의 고령인 왕이 사망하면 자유주의적 성향을 가진 오를레앙 공이 왕이 될 것이기 때문이었다. 그러나 1842년 오를레앙 공이 먼저 사망하면서 상황이 변하였다. 이제 왕이 사망할 경우 전제주의자인 뉘무르가 섭정을 맡을 것이기 때문이었다.

자유주의자들의 불안이 증가하고 도처에서 개혁을 요구하는 목소리가 높아졌다. 국민들은 전국에서 정치 연회를 개최하여 7월 왕정의 부정부패를 비판하고 보통선거를 요구하였다. 그러나 그러한 요구에 대해 기조는 단호하게 거절하였다. 그는 유권자가

2월 혁명

되고 싶으면 열심히 일하고 저축해서 부자가 되라고 대답할 뿐이었다.

기조가 정치 연회를 탄압하기 시작하자 1848년 2월 21일 노동자와 학생들은 콩코드 광장을 점령하고 시위를 벌였다. 그들은 다음 날인 22일 '기조 타도'와 '혁신 만세'를 외치며 시위를 벌였고 거리에 바리케이드를 구축하였다. 23일에는 기조의 집으로 몰려가 그 앞에서 시위를 하였다. 그런데 그 시위를 진압하는 과정에서 20여 명의 사상자가 발생하게 되었다. 시위대들은 그 중 5명의 시체를 마차에 싣고 횃불 행진을 벌였다. 시위가 걷잡을 수 없이 확대되었고 결국 루이 필립은 도망을 시도했으나 붙잡혀 궁에 억류되었다.

그 무렵 부르주아들이 의회에 모여 임시 정부를 선포하였고 비슷한 시기에 사회주의자들도 시청에 모여 임시 정부를 구성하였다. 이중 정부가 들어선 것이다. 그들은 공화제 설립에 대해서는 의견을 같이 했지만 다른 몇 가지 점에 대해서는 견해차를 보였다. 〈르 나시오날〉지를 통해 결집된 '의회파'는 즉각적인 선거에 의해 의회를 구성하고 삼색기를 채택할 것을 주장했다. 반면 〈레 포름〉지를 통해 결집된 '시청파'는 선거에 앞서 사회 정책을 먼저 실시하고 보수파를 제거할 것, 그리고 적기(赤旗)를 채택할 것 등을 요구했다.

사회 정책으로 국립공장을 설립하는 선에서 타협이 이루어졌다. 삼색기와 적기의 채택을 두고 논쟁이 벌어졌을 때 라마르틴이 한 연설은 사람들을 감동시켰다.

적기는 민중의 열정 속에서 샹 드 마르스를 한 바퀴 돌았을 뿐이지만,

바르베스와 블랑키 등 사회주의자들의 체포 되었고, 1849년 부르 제에서 참수형을 당했 다.

삼색기는 조국의 이름과 영광, 그리고 자유와 더불어 세계를 돌아왔다.

1848년 4월 말 제헌의 회를 구성하는 선거가 실시 되었다. 그런데 사회주의자 들의 기대와는 달리 온건한 공화주의자들이 대거 당선 되었다. 당선이 확실했던 블랑키, 바르베스와 같은 사회주의자들은 모두 낙선 하였다. 그것은 급진적 사회주의에 대한 부르주아, 더 나아가 국 민들의 불안이 반영된 결과였다. 사실 2월 혁명 직후 전국의 사회 주의자들이 파리로 몰려들어 언론과 정치 활동을 활발하게 하고 있었다. 그런 모습을 부르주아와 국민들은 불안한 시선으로 바라 보았고 그것이 선거의 결과로 드러난 것이다. 이후 정부의 구성에 도 사회주의 지도자인 루이 블랑이 제외되면서 사회주의자와 노 동자들의 불만이 한층 커졌다.

불만에 찬 사회주의자와 노동자들은 국립공장을 중심으로 결 집하였다. 국립공장은 일종의 생산자들의 협동조합으로 업종별로 조직되었다. 거기에 가입한 노동자들은 일정한 훈련을 거친 후 작 업에 투입되어 하루 2프랑의 임금을 받았다. 그러나 점차 국립공 장은 작업보다는 정치적 토론과 모임의 중심이 되었다. 결국 블랑 키와 바르베스는 국립공장의 노동자들을 선동하여 5월 15일 의사당에 난입해 의회를 해산하였다. 곧 이어 그들은 임시 정부의 수립을 선포하였다. 그들의 소란은 주동자들이 체포되면서 진압되었고 곧 이어 국립공장도 폐쇄되었다.

국립공장이 폐쇄되자 6월 23일 수천만의 노동자들이 바스티유 광장에 모여 국립공장을 다시 열 것을 주장하며 시위를 벌였다. 정부는 카베냐크 장군을 파견하여 시위대를 잔인하게 진압하였다. 23일에서 26일, 4일간에 걸친 치열한 전투 끝에 약 3천 명이 살해되었고 1만 2천 명이 체포되었으며 그중 다수가 알제리의 강제수용소로 추방되었다.*

* 이 사건을 6월 폭동이라고 한다.

이후 사회주의에 대한 탄압이 더욱 강화되었다. 사회주의 정당이 해체되고 그들의 신문 발행이 금지되었다. 6월 폭동은 부르주아들에게는 사회주의에 대한 위험성을, 사회주의자들에게는 부르주아에 대한 배신감을 심어준 사건이었다. 그들 사이에 패인 깊은 불신의 도랑은 이후 메워지기는커녕 점점 깊어졌다.

1848년 새로운 공화제 헌법이 제정되었고 그 헌법에 의해 보통선거로 대통령이 선출되었다. 보통선거의 도입으로 인한 가장 큰 변화는 농민들이 대거 선거권을 가지게 된 것이었다. 그런데 그 변화는 대통령 선거에서 전혀 엉뚱한 결과를 가져왔다.

그동안 정치적, 경제적으로 소외되었던 농민들이 선택한 사람은 누구도 주목하지 않았던 루이 보나파르트였다. 나폴레옹 황제의 영광을 기억하는 농민들은 그의 조카가 그러한 영광을 다시 가져다 줄 것으로 생각했다. 12월 루이 보나파르트는 농민들의 절대적 지지를 얻어 대통령에 당선되었다.

루이 보나파르트와 제2제정

대통령이 된 루이 보나파르트는 반자유주의적인 정책을 폈다. 출판과 집회의 자유를 취소하였고 팔루 법을 제정해 대학을 교회의 영향권에 두었다. 그리고 보통 선거제를 폐지하고 3년 이상 거주한 직접세 납부자에게만 선거권을 부여하는 제한 선거제를 도입하였다.

그러나 공화제 헌법은 그런 대통령의 권한을 제어하기는커녕 오히려 '재임 불가능한' 대통령에게 군대통솔권까지 부여함으로써 쿠데타의 가능성마저 열어놓고 있었다. 막강한 권력을 가진 대통령이 재임이 불가능할 때 쿠데타에 의지하는 것은 당연할 것이다. 결국 1851년 12월 2일 루이 보나파르트는 "의회의 배신적인 행동을 미연에 방지하고 국가의 기본법인 국민의 주권을 보호한다."는 구실로 쿠데타를 일으켰다. 이미 부르주아에 대한 배신을 경험한 노동자들은 루이 보나파르트의 쿠데타를 묵인했으며, 그가 자신에게 헌법 제정권을 달라고 호소했을 때는 국민투표에 의해 그것을 승인해 주었다.

새 헌법은 루이 보나파르트를 '황제와 같은 대통령'으로 만들었다. 새 헌법에 의하면 임기 10년의 대통령에게는 행정권과 조약 체결권, 전쟁 선포권, 법안 발의권, 원로원 의장과 국무위원 임명권 등 막강한 권력이 부여되었다. 대통령은 의회에 대해서도 책임을 지지 않았다. 이에 반해 보통 선거로 선출되는 의회는 무기력하였다.

그러나 루이 보나파르트는 거기에 만족하지 않았다. 제정의 설립 여부를 국민투표에 부쳐 95퍼센트의 찬성을 얻어냈으며, 그 결과 그는 1852년 제정을 선포하고 나폴레옹 3세로 황제

(1852~1870년)의 지위에 올랐다. 1856년에는 스페인의 으제니 드 몽티호와의 사이에서 황태자가 태어남으로써 그의 제위는 더욱 탄탄해졌다.

나폴레옹 3세의 정치 이념은 자유주의와 사회주의, 민족주의, 보수주의 등이 혼합된 애매한 것이었다. 그러나 그런 모호한 성격 때문에 오히려 광범위한 지지를 확보할 수 있었다. '질서와 혁명', '사회주의와 번영', '자유주의와 권력'이 혼합된 이러한 정치이념을 흔히 보나파르티즘이라고 한다.

제정 초기 나폴레옹 3세의 정치는 성공적이었다. 그는 1853년 러시아와 크림 전쟁을 일으켜 승리하였다. 그 전쟁은 오스만이 그들 제국 내의 성지 예루살렘의 베들레헴 교회 관할권을 그리스 정교에서 로마 가톨릭으로 넘김으로써 발생했다. 전쟁의 결과 나폴레옹 3세는 국내 가톨릭 신자들의 인기를 얻을 수 있었을 뿐만 아니라 러시아의 남하도 방지할 수 있었다. 이때 크림 전쟁을 승리로 이끈 맥마흔 역시 국민의 영웅으로 부상하였다.

나폴레옹 3세는 국내적으로 노동자와 빈민을 위한 각종 사회 정책을 활발하게 추진했다. 자선협회와 탁아소를 설치하고 공제조직을 설립하였으며

나폴레옹 3세

노동자를 위한 공동 주택을 건설하였다. 1864년에는 노동자들의 파업권도 인정하였다. 또한 그는 금융 제도를 개선하고 철도를 부설해 산업 발전의 토대를 마련하였다.

나폴레옹 3세는 파리의 도시 계획에도 관심을 가졌다. 그는 오스만에게 그 계획을 위촉해 파리의 모습을 새롭게 만들었다. 오스만의 도시 계획 목적은 인구증가로 더러워진 파리를 위생적으로 만들고 더 이상 거리에 바리케이드를 쌓고 시가전을 벌이지 못하게 하는 것이었다.

제정 후반기부터 경제 불황과 외교 정책의 실패로 나폴레옹 3세의 인기가 떨어지지 시작했다. 나폴레옹 3세의 야망은 그의 삼촌에 못지않았지만 그의 능력은 턱없이 모자랐다.

나폴레옹 3세는 이탈리아의 통일 문제에 뛰어들었다. 당시 이탈리아 사르디니아는 오스트리아 세력을 몰아내고 이탈리아를 통일시키기 위해 노력하고 있었다. 이에 나폴레옹 3세는 1859년 사르디니아를 도와 오스트리아에 대적해 승리하였다. 그 전쟁은 국내 자유주의자와 가톨릭신자들의 호응을 얻었다.

그러나 사르디니아가 이탈리아 통일에 교황령까지 포함하려

파리의 거리 새로운 파리의 모습을 만들기 위해 나폴레옹 3세가 세운 백화점.

하자 나폴레옹 3세는 정책을 바꾸었다. 그는 사르디니아에 대한 지지를 철회하고 교황령에 프랑스 군대를 주둔시켰다. 오스트리아와도 화해하여 오스트리아의 베네치아 지배를 용인하는 대신 자신은 니스를 정복하였다. 일관적이지 못한 그의 외교 정책은 이탈리아인은 물론이고 프랑스 내의 자유주의자와 가톨릭신자 모두의 불만을 샀다.

여론의 지지를 상실한 나폴레옹 3세는 1860년 이후 탄압 정책을 완화하고 자유주의 정책을 실시했다. 자유주의 정책에 의해 하락한 지지도를 만회하려 했던 것이다. 그러나 그것은 오히려 비판적 언론을 활성화시켜 자신에 대한 반대 여론만 증가시켰다. 이러한 분위기는 1863년의 선거에도 반영되어 자유주의자들과 공화주의자들이 대거 의회에 진출하였다.

나폴레옹 3세의 인기 하락을 돌이킬 수 없는 것으로 만든 것은 바로 멕시코 원정의 실패였다. 나폴레옹 3세는 1861년 채무 상환을 요구하며 멕시코를 점령했다. 그는 그곳에 라틴 가톨릭 제국을 건설하고, 오스트리아 황제의 동생 막시밀리안 공을 황제로 즉위시켰다. 이러한 조치는 교황과 국내 가톨릭신자와의 관계를 개선하기 위한 것이었다. 그러나 미국이 먼로주의를 내세워 강력히 반대하였고 멕시코인들의 저항도 거세어 곧 제국은 붕괴되었다. 프랑스군은 빈손으로 철수하였고 막시밀리안 공은 현지에서 처형되었다.

국민들은 점차 나폴레옹 3세의 웅대한 야망에 싫증을 내기 시작했다. 그 결과 국민과 의회의 지지도가 급격히 하락하였다. 1869년의 선거에서 반대당이 압도적으로 승리함으로써 나폴레옹 3세의 입지가 더욱 좁아졌다. 그는 의회의 법률안 발의권과 예산

나폴레옹 3세와 비스
마르크

심의권, 의회에 대한 내각의 책임 등과 같은 자유주의적 개혁을
실행하지 않을 수 없었다.

1860년 이래 프랑스와 전쟁의 구실을 찾고 있던 프러시아의
비스마르크는 나폴레옹 3세의 불안한 지위와 무모한 야망을 이용
하였다. 전쟁의 구실은 스페인 왕위 계승 문제였다. 당시 스페인
의 왕비 이사벨라 2세가 사망하자 그 왕위가 프러시아 왕 빌헬름
1세의 친척인 레오폴드 왕자에게 돌아가게 되었다. 그렇게 되면
프랑스는 프러시아 세력의 중간에 끼이기 때문에 나폴레옹 3세는
그것을 완강히 반대했다. 레오폴드 왕자는 프랑스의 반대를 받아
들여 스페인 왕위에 대한 사의를 표시하였다. 그런데 나폴레옹 3
세는 거기에 만족하지 않고 빌헬름 1세가 직접 그것을 보장해 줄
것을 요구하였다. 이는 외교적으로 졸렬한 처사였다.

비스마르크는 프랑스의 이런 '무례한 행동'을 빌미로 1870년

7월 19일 전쟁을 선포하였다. 당시 프랑스는 외교적 동맹자도 충분한 군사력도 부족하였다. 나폴레옹 3세는 한때 40만의 병력을 동원할 수 있다고 장담했지만 실제 그가 동원한 병력은 25만뿐이었다. 결국 그는 전쟁에 패하고 1870년 9월 2일 스당에서 포로가 되었다.

파리 코뮌

나폴레옹 3세가 프러시아에 패하고 포로가 되었다는 사실은 나폴레옹 1세의 영광을 기억하고 있던 프랑스 국민들에게는 충격이었다. 황제가 프랑스의 위신을 크게 떨어트렸다고 생각한 의회는 9월 4일 제정의 폐지를 선언하였다.

제정 치하에서 반정부 운동을 했던 급진파 강베타는 시청에서 임시 국방 정부를 구성하고 공화국을 선포하였다. 1830년과 1848년 혁명에서 큰 공을 세운 정치 원로 티에르는 군중이 주도한다는 이유로 국방 정부에 참여하지 않았다.

파리 코뮌

국방 정부의 첫 임무는 이미 프랑스 영토의 일부를 점령하고 있는 독일 문제를 다루는 것이었다. 독일은 강화를 제의했지만 국방 정부는 거절하고 항전을 결의했다. 그러자 독일은 1870년부터 다음해

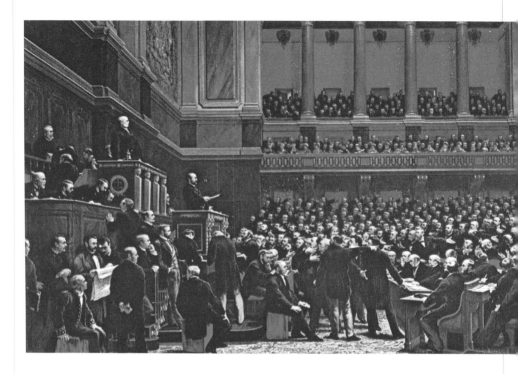

프랑스 의회 공화당파의 당수 티에르에게 경의를 표하고 있다.

1871년까지 파리를 포위했다. 강베타는 기구를 타고 파리를 탈출해 투르에 임시 정부를 세우고 저항세력을 결집하였다.

포위된 파리의 겨울은 극도로 비참하였다. 사람들은 배가 고파 개나 쥐, 동물원의 짐승까지 잡아먹었다. 그 와중에 1871년 1월 18일 프러시아는 베르사유 궁전에서 독일 제국을 선포하였다. 파리는 더 이상 견디지 못하고 항복하였다. 1월 28일 쥘르 파브르와 비스마르크 사이에 휴전조약이 맺어졌다. 그러나 강베타는 휴전에 반대해 즉시 사임했다.

1871년 2월 선거에 의해 의회가 구성되었는데 왕당파가 다수를 차지하였다. 선거가 독일군의 점령 하에 조급하게 치러짐으로써 왕당파에게 유리하게 작용한 것이다. 파리 민중들은 실망했다.

'왕당파 의회'는 파리가 아니라 보르도에 자리 잡았다. 의회가 구성되고 나서 티에르를 수반으로 하는 임시 정부가 들어섰다. 그것 역시 티에르를 좋아하지 않았던 파리 민중을 실망시켰다.

임시 정부의 수반으로서 티에르가 가장 먼저 해야 할 일은 독일과 강화조약을 맺는 것이었다. 2월 26일 그와 비스마르크 사이에 알자스와 로렌의 할양, 50억 프랑의 배상금 지불, 독일군의 파리 입성을 조건으로 하는 강화조약이 체결되었다. 이 결과는 휴전조약에도 결사반대했던 파리 민중들을 분노케 하였다. 강화조약에 따라 3월 18일 독일군이 샹젤리제 거리에서 개선 행진을 하였지만 파리 시민들은 한 명도 참석하지 않았다.

굴욕적인 강화조약에 대한 파리 민중들의 불만이 점점 더해 갔다. 임시 정부는 그들이 무장 봉기를 일으키지나 않을까 우려하였다. 그래서 정부는 지난 겨울 파리가 독일에 포위되었을 때 국민방위군에게 나누어 주었던 대포를 회수하려 하였다. 파리 민중들은 3월 13일 파리 코뮌을 만들어 정부에 저항하였다. 코뮌의 중앙위원회는 각 섹션의 장과 국민방위군, 블랑키주의자, 자코뱅파들로 구성되었다.

파리 민중의 저항에 직면해 티에르는 베르사유로 후퇴하여 총공격을 준비했다. 그는 파리 정규군의 사상을 의심해 그들에 의지하지 않고 지방에서 6만 명의 군인을 징집해 베르사유에 집결시켰다. 그리고 비스마르크와 협상하여 독일에 포로로 억류된 40

만 명의 병력을 추가시켜 파리 탈환을 준비하였다.

티에르는 4월 2일 최초로 파리의 서북부를 공격하였다. 파리에 대한 국부적인 공격이 진행되는 동안에도 티에르는 파리 코뮌이 항복하길 기대했다. 파리의 총공격이 가져올 결과를 잘 알고 있었기 때문이다. 그러나 파리 코뮌의 저항은 완강하였다. 1789년의 대혁명과 1730년, 1848년 혁명 경험과 승리의 기억들이 그들에게 힘이 되었다.

티에르는 5월 21일 파리에 대한 총공격을 감행하였다. 22일 새벽 정부군 7만 명이 파리에 진입했다. 정부군은 서쪽에서 동쪽으로 파리 시가지를 차례로 점령해갔다. 티에르는 그것을 "정의와 질서, 휴머니티, 문명이 승리하였다."고 선언하였다. 그러나 코뮌의 진압 과정에서 질서는 있었지만 정의와 휴머니티, 문명은 어디에도 없었다. 정부군은 몽마르트 시가전에서 여성과 어린이들도 잔인하게 학살했다.

잔인함은 잔인함을 부르는 법이다. 코뮌군도 잔혹하였다. 그들은 저항에 방해되는 모든 건물들을 불살랐다. 24일 파리는 불바다가 되었다. 그들은 후퇴하면서 감옥을 습격해 인질들을 잔인하게 학살했다. 파리 대주교도 이때 살해되었다. 몽마르트르 언덕에 우뚝 솟아 있는 사크레쾨르 성당은 그의 희생을 기념하기 위해 세워진 것이다.

코뮌군이 파리 동쪽까지 후퇴하자 독일군이 그들의 도망을 막기 위해 동쪽 외곽 지역에 1만 명의 군인을 주둔시켰다. 도망갈 길이 막혀 버린 코뮌군과 코뮌 가담자들은 최후까지 저항하였다. 27일 가장 처참한 전투가 있었고, 28일 코뮌은 완전히 진압되었다. 코뮌의 최후의 희생자들이 숨진 '혁명 투사의 벽Mur des fédérés'은 지금까지 남아 그날의 기억을 생생하게 전하고 있다. 총격전이 개시된 5월 21일부터 28일, '피의 주간' 동안 2만에서 2만 5천 명에 이르는 사람들이 처형되고 4만 명이 투옥되었다.

무수한 희생자를 낸 파리 코뮌은 좌파와 우파 모두에게 영향을 주었다. 이후 좌파는 그것을 계급투쟁의 신화로 숭배하게 되었고, 우파는 그것을 계기로 급진파에 대한 극도의 공포심을 갖게 되었다. 우파들에게 오랫동안 파리는 급진파들의 도시라는 인상을 주었다. 그들은 파리를 '붉은 혁명가들과 무정부주의자, 미친 여자들의 전당'이라고 생각하였다.

제3공화정

코뮌이 진압된 후 1871년 7월 보궐 선거가 있었다. 그때 공화파가 압도적으로 당선되었고 그것을 기반으로 강베타가 다시 정계에 진출하였다. 당시 강베타의 인기는 티에르를 훨씬 능가하였다. 티에르는 전후 프랑스를 재건하고 독일의 배상금을 완전히 해결하였음에도 불구하고 1873년 5월 왕당파가 주도한 의회의 불신임을 받아 사임하였다.

그 가운데 1875년 헌법이 제정되고 제3공화정이 들어섰다. 그리고 상하 양원의 합동회의는 왕당파인 막마옹Mac-Mahon을 대통령으로 선출하였다. 이처럼 의회와 행정부 모두 왕당파가 장악하고 있는 제3공화정은 형식만 공화제였다. 이러한 '왕당파들의 공화정'을 진정한 '공화파들의 공화정'으로 만든 인물이 노련한 정치 수완가 강베타였다.

강베타는 왕당파가 장악한 의회에서 공화주의를 지켜내기 위해 온건 왕당파와 기꺼이 타협하였다. 그러면서 그는 공화주의 세력을 강화시키기 위해 노력하였다. 드디어 1877년 하원 선거에서 공화파가 승리하였고 강베타는 하원 의장이 되었다. 1878년 상원 선서에서도 공화파가 승리하자 막마옹 대통령은 사임하고 후임으로 73세의 쥘 그레비Grévy가 대통령이 되었다. 강베타는 쥘 그레비 하에서 총리를 맡아 프랑스의 대외 팽창에 주력하였다.

의회와 행정부에서 확고한 기반을 다진 공화파들은 공화주의를 프랑스의 확고한 정통으로 확립시키기 위해 노력하였다. 공화주의 이념의 확립을 위해 가장 강조된 것이 교육이었다. 1881년에서 1886년 사이 교육 입법이 추진되어 초등교육이 의무화되었다. 당시 초등학교는 공화주의적인 가치를 교육시키는 가장 핵심적인 기관이었으며, 초등학교 교사들은 공화국의 가장 확고한 지지자들이었다. 그리고 쥘 페리는 팔루 법을 대폭 수정하여 학교에서 교회의 역할을 축소하였다. 이로써 국립 학교에서는 종교 교육이 아니라 세속적 국가 이념이 교육되었다.

제3공화정은 대혁명 기간에 세워진 제1공화정의 정통성을 계승한다고 천명하였다. 그 결과로 1879년에는 〈라 마르세예즈〉가 국가

강베타 나폴레옹 3세의 전제를 반대했던 강베타는 프랑스 공화정의 확립에 공헌하였다.

(國歌)로 정해졌고 다음해에는 7월 14일이 국경일로 결정되었다. 그리고 대혁명 기간에 자유와 공화국을 상징했던 마리안느 흉상이 파리 시청에 안치되었다.

제3공화정은 1889년 프랑스 대혁명 100주년을 맞이하여 그들이 대혁명의 전통을 계승하고 있음을 전 세계에 선언하였다.

구스타프 에펠은 프랑스 대혁명 100주년을 기념하기 위해 거대한 에펠탑을 샹 드 마르스에 세웠다. 또 대혁명 100주년과 때를 같이하여 파리에 만국박람회가 개최하였고, 이는 프랑스의 번영을 과시하였다.

에펠탑

정부의 착실한 노력으로 공화제가 프랑스의 정통적 정치 체제라는 인식이 사회 전반에 확산되었다. 19세기 초 7월 왕정이 대상인과 대금융업자와 같은 대부르주아의 지지를 받았다면, 19세기 말의 제3공화정은 상인과 기업가, 공무원, 의사, 변호사, 기사 등 중간 내지 하층 부르주아들의 광범위한 지지를 받았다.

공화제의 위기

공화주의 확립에 지대한 공헌을 하였던 강베타의 죽음은 공화제를 다시 한 번 위기에 몰아넣었다. 그의 사후 공화주의 정책은 우파와 중도파의 제휴세력에 의해 번번이 좌절되었다. 그러던 중 공화제를 결정적으로 위기에 빠트린 몇 개의 사건이 발생했는데 그 중의 하나가 불랑제 사건이었다.

1887년 국방 장관이었던 불랑제가 지나친 군국주의적 기질로 인해 내각에서 축출되었다. 국경 부근에서 독일과 분쟁을 일으킨 것이다. 그러나 국민들은 오히려 그를 독일한테 당한 수모를 씻어주고 프랑스의 복수를 갚아줄 영웅이라고 생각했다. 그 결과 그는 국민들의 지지를 받아 1889년 하원으로 진출하였다.

불랑제는 거기서 멈추지 않고 대통령 직선제와 국가 원수만 책임을 지는 내각책임제 등 과격한 무단 통치를 요구하기 시작하였다. 국민들 사이에도 불랑제를 '엘리제 궁으로 보내는 운동'이

불랑제 장군과 그의 지지자들 불랑제는 민주 개혁을 단행하였고, 독일과의 관계에 강경한 입장을 취했다.

이야기 프랑스사

확산되었다. 그러나 공화국을 위기에 빠트릴 뻔한 불랑제 사건은 그의 개인적 로맨스에 의해 맥없이 끝났다. 1891년 애인의 죽음에 절망한 불랑제가 그녀의 무덤 앞에서 자결한 것이다.

1893년 우익신문 〈자유언론〉이 폭로한 파나마 사건 역시 공화주의 정치가들의 위신을 크게 실추시킴으로써 공화제에 위기를 가져왔다. 파나마 운하 회사로부터 뇌물을 받았다고 밝혀진 플로케와 클레망소를 비롯한 100여 명의 공화주의 의원들이 명예를 잃은 반면 보수적인 급진파, 푸앵카레가 새롭게 부상하였다. 이 사건을 계기로 제3공화국은 보수화되었다.

불안정한 제3공화정에 결정적인 타격을 가한 사건이 드레퓌스 사건이었다. 1894년 유대인인 드레퓌스 대위가 독일에 간첩 행위를 했다는 죄목으로 군법회의에서 종신형을 선고받았다. 증거는 독일 대사관에서 발견된 한 각서의 필적이 그의 것과 같다는 것이었지만 실은 그가 유대인이라는 사실이 더욱 혐의를 짙게 한 부분이었다. 그 후 진범이 드러났지만 군 수뇌부는 사건을 은폐하였다. 이에 드레퓌스의 가족들이 진범을 고발했지만 곧 무죄 석방되었다.

드레퓌스 사건은 1898년 에밀 졸라가 〈나는 고발한다 J' Accuse〉라는 논설을 발표하면서 파장이 확대되었다. 프랑스 사회는 공화주의자와 자유주의자, 사회주의자 중심의 인권동맹파와 국수주의자, 왕당파, 교회, 군부 중심의 프랑스 조국동맹파로 양분되었다. 이 사건의 쟁점은 유죄, 무죄의 문제를 떠나 정부와 군부가 국가를 위해 한 개인의 인권을 박탈할 수 있는가라는 근본적인 문제로 파급되었다.

군부가 날조된 증거를 만들어 드레퓌스에게 재차 유죄를 선

나는 고발한다 에밀 졸라가 기고한 〈나는 고발한다〉가 대서특필된 진보 신문 〈여명(L'Aurore)〉.

고하고 날조된 증거를 제출한 사람이 자살하자 상황이 인권동맹파에게 유리해졌다. 1899년 드레퓌스는 군법회의에서 여전히 유죄를 선고받은 상태에서 대통령 특사로 석방되었다.

이후 무죄를 위한 투쟁은 계속되어 결국 1906년 최고재판소에서 무죄를 선고받고 복직되었다.

드레퓌스 사건은 한때 사회를 혼란에 빠트리고 공화국을 위기로 몰아넣긴 했지만 자유주의 지식인의 승리로 끝나면서 결국 공화제가 안정을 찾는 계기가 되었다. 이 사건으로 극우 보수파들은 결정적인 타격을 입었고 이후 정권은 공화주의적인 좌파에게 넘어갔다.

이상의 위기를 극복한 제3공화정은 새로운 세력과 대적해야 했다. 그것은 바로 사회주의세력이었다. 물론 사회주의자들이 공화제를 반대한 것은 아니지만 그것은 내용에 있어 자유주의자들이 주장하는 공화제와는 다른 것이었다.

노동 운동과 사회주의의 성장

프랑스는 원래 농업이 압도적으로 우세한 농업 국가였지만, 19세기부터 완만하게나마 서서히 산업화가 진행되었다. 프랑스의 산업화는 대규모 공장 생산을 중심으로 한 영국의 산업화와는 달리 사치품과 숙련 가공품을 위한 소규모 생산 중심이었다. 따라서 19세기 중반까지만 해도 대공장의 노동자들은 전체 노동 인구의 4분의 1에 불과하였고 대부분의 노동자들은 소규모 작업장이나 도매상인을 상대로 가정에서 일을 하고 있었다. 그리고 그들의 노동 환경이나 생활은 매우 열악하였다.

노동자들은 열악한 환경을 개선하기 위해 노동 운동에 뛰어들었다. 그들은 이미 부르주아와 함께 1830년과 1848년의 혁명에 가담하였고, 1870년의 파리 코뮌에서는 핵심적인 역할을 담당했었다. 그러나 그들이 얻은 것은 아무것도 없었다. 이 과정에서 노동자들은 부르주아에 대한 이질감과 배신감만 확인하였다.

따라서 노동자들은 좀 더 독자적이고 급진적인 운동으로 선회하였다. 그 결과 1831년 리옹의 무정부주의자들은 삼색기를 거부하고 흑기를 흔들었으며, 1830년대와 1840년대의 파리 노동자들도 적기를 흔들며 시가전에 참여했다. 이후 적기는 국제 노동 운동의 상징이 되었다.

노동 운동과 함께 사회주의

노동자들의 행진

C.G.T의 선전 포스터
노동자들의 직접적인 활동을 주장하고, 노동 운동을 주도했다.

사상이 급격하게 확산되었다. 19세기 초 '공상적 사회주의'라고 불려진 사회주의 사상이 등장하였다. 그것이 공상적이라고 불려진 이유는 그들이 사회주의 건설을 위해 제시한 방법이 계급투쟁이나 혁명과 같은 구체적인 것이 아니라 계몽이나 설득과 같은 막연한 것이었기 때문이다.

대표적인 공상적 사회주의자로 생시몽과 푸리에가 있다. 생시몽은 진보적인 산업가에 의해 새로운 평등 사회가 출현할 것으로 기대하였다. 그리고 푸리에는 파랑주Phalanges라고 하는 생산과 소비 공동체를 확립함으로써 새로운 사회를 건설할 수 있다고 주장하였다.

2월 혁명 직후 국립공장을 설립하는데 공헌했던 루이 블랑 역시 대표적인 사회주의 사상가였다. 그는 국립공장의 사례처럼 정부가 지원하는 노동자 중심의 공장과 사회주의적인 기업이 확립되면 평등사회가 도래할 것이라고 보았다. 루이 블랑이 사회주의 건설에 있어 국가의 역할을 강조한 반면 푸루동은 국가를 부정하는 무정부주의적 사회주의를 주장하였다. 그는 국가는 지배계층의 착취 도구이기 때문에 노동자들은 경제적인 수단에 의해 스스로를 해방해야 한다고 주장하였다. 그의 사상은 이후 급진적 생디칼리즘에 영향을 주었다.

19세기 후반 스스로 '과학적 사회주의자'라고 자부한 마르크스의 사상이 프랑스에 유입되었다. 그러나 실제 프랑스에서 마르크스 사상의 영향력은 그렇게 크지 못하였다.

1864년 파업이 합법화되고, 1884년에는 노동조합이 합법화됨으로써 노동 운동이 활기를 띠었다. 19세기 말과 20세기 초 프랑스 노동 운동에 가장 많은 영향을 준 것은 소렐을 중심으로 한 생디칼리즘syndicalisme 운동이었다. 소렐은 《폭력론》을 저술해 노동자들의 총파업에 의한 사회 혁명을 호소하였다.

생디칼리스트들은 소렐의 영향을 받아 정당 활동과 의회 진출 등 정치 활동을 배제하고 총파업과 보이콧 등 직접 행동을 주장하였다. 그들은 1895년 결성된 전국노동조합대의원회*를 장악하고 전국의 노동 운동을 주도했다.

* 전국노동조합대의원회 : 노동총동맹. C. G. T.

급진적인 생디칼리스트들과는 달리 수정주의적인 사회주의자들은 의회 진출을 통한 정치 세력화를 도모했다. 그 결과 의회 내 사회주의자들의 의석수가 증가하여 1893년에는 40석에 이르렀다. 대표적인 수정주의적 사회주의자 조레스는 1905년 여러 사회주의세력을 통합하여 국제노동자동맹 프랑스 지부SFIO를 설립하였다. 그것을 기반으로 노동자세력은 1906년에 51석, 1914년에 100석의 의석수를 차지하였다. 그런 정치적 성공에도 불구하고 조레스의 수정주의는 정통 마르크시즘을 주장하며 프랑스 노동당POF을 이끌던 쥘 게드로부터 개량주의라는 비판을 받았다.

1910년대 사회주의자들에게 새로운 문제가 대두되었다. 그것은 국제적 긴장이 고조되는 상황에서 조국을 위해 민족주의를 택할 것인가 아니면 국제노동자 조직의 권고대로 평화주의를 택할 것인가 하는 문제였다.

19세기의 문화사조

낭만주의

19세기 전반기에 신고전주의와 합리주의에 반대해 낭만주의가 등장하였다. 그 시대의 젊은이들은 세기의 수많은 혁명과 전쟁을 통해 열정과 환희, 희망과 고뇌를 경험하였다. 그러한 경험을 겪으면서 그들은 고전적 전통을 파괴하고 새로운 혁신을 추구하였다. 이성보다는 감성을 중시하였으며 이국적인 것을 동경하여 과거를 이상시하였다. 이 시대 역사가 유행한 것도 그 때문이다.

샤토브리앙의 《르네》(1802년)와 스탈 부인의 《독일론》(1810년)에 의해 확립된 프랑스 낭만주의 문학은 라마르틴의 《명상시집》(1820년)과 빅토르 위고의 희곡 〈에르나니〉(1830년)에 의해 더욱 발달하였다.

낭만주의의 흔적이 가장 확연히 나타난 분야는 미술이었다. 낭만주의 미술가들은 신고전주의에서 나타나는 형체의 조화와 균형보다는 강렬한 색채와 격렬한 감정을 중요시하였다. 낭만주의 미술의 선두주자는 다비드의 제자인 그로Gros였다. 〈자파의 흑사병 환자〉와 〈에일로 전투〉에는 생생한 색채와 움직

에일로 전투

임이 유감없이 발휘되어 있다. 그로에 의해 시작된 낭만주의 미술은 들라크루아에 의해 완성되었다. 들라크루아는 중세와 종교에서 많은 영감을 얻어 그것을 강렬한 색채와 열정으로 표현하였다. 대표적인 작품으로는 〈단테의 배〉와 〈민중을 이끄는 자유의 여신〉 등이 있다.

프랑스 낭만주의 음악의 대표자는 베를리오즈이다. 그의 음악에는 인간의 열정과 환희, 고통이 생생하게 표현되어 있다. 고전주의의 틀을 벗어난 그의 작품은 대부분 균형이 없긴 하지만 유연한 선율을 가지고 있다. 대표적인 극작품으로 〈벤베누토 첼리니〉와 〈괴테의 지옥〉 등이 있으며, 교향곡에는 〈환상 교향곡〉과 〈장송과 개선 교향곡〉 등이 있다.

낭만주의는 종교에도 영향을 주었다. 한때 합리주의가 득세하면서 종교적 회의론이 팽배했는데 낭만주의가 등장해 사람들의 종교적 심성을 자극한 것이다. 신교도들 사이에서 '신앙 부흥 운동'이 일어났고 가톨릭신자들 사이에서 '라므네 운동'이 나타났다. 라므네 운동은 자유주의적 사제였던 펠리시테 드 라므네가 주도한 운동으로 신과 자유를 조화시키기 위한 운동이었다. 그러나 교황으로부터는 많은 비판을 받았다.

사실주의와 인상주의

프랑스 낭만주의는 영국이나 독일에 비해 그렇게 발달하지 않았다. 대혁명이라는 역사적 경험을 가진 프랑스에서는 오히려 현실을 중시하는 사실주의적인 경향이 일찍부터 나타났다. 젊어서 낭만주의에 심취하기도 했던 플로베르는 1857년 낭만주의에 반대

빅토르 위고

하며 현실을 사실적으로 묘사한 〈보바리 부인〉을 발표했고, 허무주의자 보들레르는 1857년 시집 〈악의 꽃〉을 출판하였다. 이후 사회적 현실과 부조리를 반영하는 스탕달의 〈적과 흑〉, 발자크의 〈인간희극〉이 나오면서 사실주의 문학이 더욱 발달하였다. 그리고 에밀 졸라의 〈목로주점〉에 의해 사실주의는 자연주의로 나아갔다.

미술 분야에서 사실주의적 경향은 농민들의 모습을 많이 그린 쿠르베에 의해 발달하였다. 그는 현실참여적인 의식을 가지고 미천한 사람들을 소재로 한 그림을 많이 그렸는데, 〈오르낭의 장례식〉과 〈아틀리에〉, 〈만남〉 등이 대표적이다. 1870년대에는 사실주의를 계승해 인상주의가 등장하였다. 인상주의 미술의 개척자는 마네였으며, 이후 모네와 피사로, 시슬리에 의해 개화되었다. 특히 모네의 〈생 라자르 역〉과 〈루앙 성당〉, 〈수련〉 등은 시시각각 변하는 빛의 변화를 잘 포착한 인상주의 미술의 백미라고 할 수 있다.

19세기 후반에는 프랑스 음악의 황금시대라고 할 만큼 음악가들의 활동이 활발했다. 비제의 〈카르멘〉과 〈아를의 여인〉, 생상스의 〈삼손과 데릴라〉, 드뷔시의 〈목신의 오후 서곡〉과 〈야상곡〉,

라벨의 〈죽은 왕녀를 위한 파반느〉와 〈물의 장난〉 등은 모두 이 시대의 대표적인 음악들이다.

　19세기 후반에는 또한 과학과 산업을 신봉하는 생시몽 학파가 등장하였고 실증주의가 발달하였다. 과학의 발달은 의학의 발달로 이어졌다. 파스퇴르가 종두를 발명하여 의학과 외과 술에 혁신을 일으켰다. 그의 '보건혁명'은 인류의 건강과 위생을 획기적으로 개선하였다.

9

세계대전과
오늘날의 프랑스

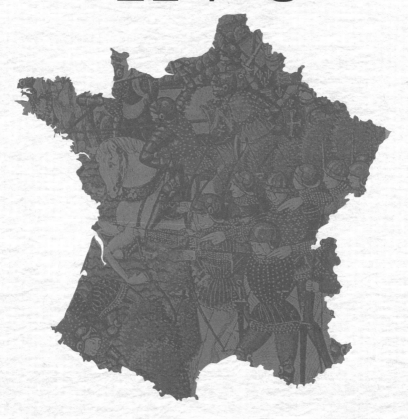

세계대전과 오늘날의 프랑스

공화제가 확립된 프랑스는 곧 제국주의 전쟁인 제1, 2차 세계대전에 휘말렸다. 제2차 세계대전 중 근근이 유지되어 오던 제3공화정이 해체되고 친독일적인 비시 정권이 들어섰다. 그러나 전쟁 이후 비시 정권은 그 정통성을 인정받지 못하고, 제4공화정이 들어섰다. 정치적 혼란을 거듭하던 제4공화정은 곧 드골의 제5공화정으로 교체되었으며, 드골은 강력한 대통령 중심제를 통해 정치적 혼란을 종결지었다.

제1차 세계대전

제1차 세계대전 이전의 국내외 정세

19세기 중엽부터 유럽 선진국과 미국을 중심으로 제2차 산업혁명이 시작되고 자본주의가 급격히 발전하였다. 자본주의가 발전하면서 유럽 각국은 국내의 잉여 자본을 새롭게 투자할 해외 식민지가 필요하였다. 따라서 그들은 19세기 말과 20세기 초 새로운 식민지를 획득하기 위해 적극적으로 해외로 진출하였다. 해외팽창이 적극적이고 무력적으로 이루어진 이 시대를 제국주의 시대라고 한다.

프랑스가 본격적으로 해외 팽창에 착수한 것은 제3공화정 시기부터였다. 프랑스의 진출은 이미 해외 진출 분야에서 고지를 선점하고 있던 영국과의 충돌을 가져왔다. 그 대표적인 것이 1898년에 발생한 파쇼다 사건이었다. 이 사건은 1898년 남아프리카 연방과 이집트를 연결하려는 영국의 종단 정책과 알제리, 튀니지, 마다가스카르를 연결하려는 프랑스의 횡단 정책이 수단의 파쇼다에서 충돌하면서 발생하였다. 이 사건에서 프랑스는 영국에 양보해·후퇴했지만, 모로코에 대한 지배권을 확보하고 타협하였다.

프랑스와 영국의 관계를 우호적으로 만든 것은 독일의 성장이었다. 독일은 비스마르크 주도로 통일을 완료한 후 급격히 성장하여 유럽의 세력 균형을 위협할 정도가 되었다. 가장 위협을 느낀 것은 프랑스였고, 대륙의 세력 균형을 바라고 있던 영국으로서도 독일의 성장은 못마땅하였다.

19세기 말 비스마르크의 외교 정책에서 가장 중요한 것은 프

조레스 프랑스 사회당을 설립했다.

랑스를 고립시키는 것이었다. 그는 그것을 위해 프랑스에 적대적인 오스트리아와 이탈리아를 규합해 3국 동맹을 결성하였다. 독일에 위협을 느끼던 프랑스 역시 동맹세력을 보색하기 시작했다. 우선 프랑스는 멀리 있는 러시아와 손을 잡았다. 1894년 프랑스와 러시아 사이에 군사 동맹이 체결되었고, 이후 영국이 여기에 가담하였다.

프랑스와 러시아, 영국의 결속은 독일 황제 빌헬름 2세의 호전적인 제국주의 정책Weltpolitik으로 더욱 강화되었다. 1898년에가 빌헬름 2세는 해군법을 제정하여 적극적으로 군비를 확장하자 이들 세 나라는 그간의 결속을 더욱 강화시켜 3국 협상을 체결하였다. 이로 인해 유럽은 3국 동맹 대 3국 협상의 대결 상태로 들어가게 되었다.

이처럼 국제적인 긴장감이 고조되어 가고 있는 동안 프랑스 국내는 분열되어 있었다. 우파는 제국주의와 민족주의를 주장했고 그들에 맞서 좌파 급진주의자들은 국제주의와 평화주의를 주장했다. 좌파들의 반대는 당시 대통령 푸앵카레가 전쟁을 예감하고 병역 기간을 2년에서 3년으로 연장하자 더욱 거세졌다. 좌파 지식인들과 노동자들은 국제노동자 조직과 연대하여 제국주의 전쟁에 휘말리지 않을 것을 결의하였다.

그러나 막상 전쟁이 터지자 국제적인 연대를 주장했던 약속은 없어지고 독일 노동자들이 가장 먼저 전쟁을 지지하였다. 프랑스 노동자들은 동요하였다. 그 와중에 전쟁 반대를 주장하는 조레스가 한 광신적 민족주의자에 의해 암살되는 사건이 발생하였다. 결국 지도자를 상실한 프랑스 노동자들도 전쟁에 휘말려 들어가게 되었다.

제1차 세계대전의 발생

마치 때가 오기만을 기다린 듯한 국제적 긴장은 1914년 6월 28일 세르비아의 한 청년이 오스트리아 황태자를 암살하면서 세계대전으로 비화되었다. 오스트리아는 1914년 7월 28일 세르비아에 선전포고를 하였고, 러시아는 같은 슬라브족을 보호한다는 차원에서 세르비아를 돕기 위해 개입하였다. 이에 오스트리아와 군사동맹 관계에 있던 독일이 8월 1일 러시아에 전쟁을 선포하였다. 프랑스 역시 러시아와 동맹 관계에 있었기 때문에 총동원령을 내리고 전쟁에 대비하였다. 그러자 8월 3일 독일이 프랑스에 선전포고하였다. 독일이 중립국인 벨기에를 공격하자 영국이 개입하였다. 여기에 각 열강들의 식민지까지 전쟁터로 변하면서 세계전쟁으로 확대되었다.

제1차 세계대전에서 독일의 기본 전략은 슐리펜 장군이 고안한 '슐리펜 계획'이었다. 그것은 프랑스와 대결하는 서부 전선에서 신속하게 승리를 거둔 후에 곧 동부로 힘을 돌려 러시아를 공격함으로써 전쟁을 단기간에 종결시킨다는 전략이었다. 그러나 그 계획은 러시아의 진출이 의외로 빨라 서부 전선의 병력을 일부 동부 전선으로 빼돌리면서 좌절되었다. 게다가 프랑스와 영국의 저항도 완강하여 단기간에 끝내려 한 서부 전선이 참호를 파고 대치하는 장기전이 되어버렸다.

1916년 독일은 서부 전선의 교착상태를 끝내기 위해 베르덩에 대한 총공격을 단행했지만 프랑스의 저항에 부딪혀 실패하였다. 영국은 제해권을 장악하여 연합국에 필요한 물자와 병력을 조달해주고 있었다. 따라서 독일은 영국의 제해권을 분쇄하기 위해 무제한 잠수함 작전을 실행하였다.

그러나 이 무제한 잠수함 작전은 미국의 참전을 가져왔다. 독일의 잠수함 공격을 받고 미국의 상선이 침몰하여 수많은 희생자가 발생한 것이다. 이것을 계기로 미국은 1917년 4월 연합국 측에

베르사유 조약의 조인

가담해 참전하였다. 미국의 참전은 연합국의 전력을 크게 강화시켰다. 전력이 증가된 연합국의 총공격에 의해 1918년부터는 전세가 역전되어 독일이 후퇴하기 시작하였다. 결국 독일은 전력의 열세만이 아니라 군부의 사기 저하, 국내의 폭동 등으로 인해 10월 12일 항복하였다.

제1차 세계대전은 총력전의 양상을 보여 군인뿐 아니라 전 국민이 전쟁에 연관되었다. 모든 남자들은 전시 태세를 갖추어야 했고 여성들은 부족한 노동력을 보충해야 했다. 이러한 상황에서 국민의 사기를 높이는 것은 매우 중요한 일이었다. 따라서 전쟁은 선전전의 양상을 보여 동맹국 측과 연합국 측의 치열한 선전전이 펼쳐지기도 하였다.

프랑스는 전쟁 동안에 군수품 수요를 충당하기 위해 통제 경제를 실시하였고 전쟁이 끝나기 직전에는 배급제를 실시하였다. 사람들은 식량을 타기 위해 길게 줄을 서서 기다려야 했다. 전쟁이 끝나고 프랑스는 베르사유 조약에 의해 독일로부터 알자스-로렌 지방을 얻었다. 그러나 패전국 독일 못지않게 프랑스의 인적, 물적 피해는 막대했다.

전후의 정치적 혼란

1920년 1월 푸앵카레 후임으로 데샤넬Deshanel이 대통령에 당선되었다. 전후 프랑스에 러시아 혁명의 영향으로 '레드 공포증'이 확산되어 있었다. 이러한 상황을 고려해 데샤넬은 우파와 함께 연립 내각을 구성하였다.

데샤넬은 병으로 인해 전후 독일의 배상 문제와 재정 문제 등

산적한 문제를 해결하지 못한 채 중도하차하였다. 그의 후임으로 밀레랑Millerand이 대통령이 되었다. 그는 1922년 전쟁 기간 동안 대통령을 지냈던 푸앵카레를 수상으로 임명하였다.

푸앵카레는 독일이 전쟁 배상금을 제대로 지불하지 않자 1923년 루르를 점령하였다. 그것은 프랑스로서는 최선의 방법이었지만 독일의 권익을 침해하는 것이었다. 의회는 푸앵카레의 이러한 호전적 태도를 비난하였고, 결국 그는 실각하였다.

1924년 밀레랑의 후임으로 두메르그Doumergue가 대통령이 되었다. 그는 말썽 많은 루르 지방을 독일에 돌려주었다. 또한 재정 문제를 해결하기 위해 개인 소득세를 징수하였지만 성공적이지 못했다. 게다가 1926년 금의 유출로 인해 국가의 신용이 추락하고 프랑화가 1파운드당 225프랑으로 폭락하였다.

푸앵카레

이러한 경제적 위기를 배경으로 푸앵카레가 다시 수상으로 임명되었다. 그는 프랑화의 가치를 다시 인상하는데 성공하였고, 1925년 10월에는 독일과 로카르노 조약을 맺어 국경 지방의 평화를 재확인하였다. 1928년에는 푸앵카레의 명성에 힘입어 온건파들이 선거에서 승리하였다.

1931년 대통령에 당선된 두메르Doumer는 그 다음해 암살되었다. 그의 후임으로 르브룅Lebrun이 대통령이 되었다. 그 당시 제3공화정은 극좌파와 극우파의 공격을 받아 크게 위기를 겪었다. 전쟁 이후 좌파는 계급혁명과 프롤레타리아 독재를 주장하는 공산당과 레옹 블룸을 중심으로 하는 사회당으로 분열되어 대립해왔다. 러시아 공산당의 영향을 받고 있던 프랑스 공산당은 프랑스 국가의 상징인 〈라 마르세예즈〉와 삼색기 대신에 노동자의 상징인 〈인터내셔널가〉와 적기를 선택하였다. 사회혁명을 주장하는 그들의 존재는 공화국에 위협이 되었다.

다른 한편 극우 왕당파들은 독일과 이탈리아에서 일어난 파시즘의 영향을 받아 전체주의를 주장하였다. 그들은 1933년 증권 위조 사건인 스타빈스키 사건으로 공화파 위원들의 위신이 추락하자 반정부적인 운동을 강화하였다. 급기야 1934년에는 하원을 포위하기에 이르렀다. 그러나 파리의 노동자와 사회주의자들이 공화주의 정부에 대한 지지를 표명했고, 그 결과 제3공화정은 위기를 모면하였다.

1936년 2월 선거에서 공산당과 사회당, 급진당은 파시즘을 주장하는 전체주의자들에 대비해 합당하여 인민전선을 형성하였다. 그 타협을 위해 공산당은 적색기와 〈인터내셔널가〉를 포기하고, 삼색기와 〈라 마르세예즈〉를 받아들였다. 선서 결과는 인민전선의 압승이었다.

그러나 각 정파간의 의견 대립이 심해 인민전선의 결합은 오래가지 않았다. 사회당의 레옹 블룸은 미국의 '뉴딜 정책'과 유사한 평화적이고 합법적인 사회혁명을 원했고, 반면 공산당은 공장

점거를 계속하며 좀더 급진적인 사회 정책을 요구하였다. 또 급진 당은 온건한 상원과 제휴하여 레옹 블룸을 견제하려 하였다. 이러한 분열 속에서 인민전선의 정책은 프랑스 정치에서 고질적이었던 '자금의 벽'에 부딪혀 실패하였다.

이처럼 제3공화정이 안정을 찾지 못하는 가운데 독일의 위협이 점점 증가했다. 실제 베르사유 체제는 독일의 위협을 완전히 제거하지 못하였다. 독일은 무장해제되지 않았으며 전쟁을 수행한 장군들도 처벌되지 않았다. 게다가 역설적으로 패전국 독일의

유럽의 협력 여신들이 들고 있는 각 국의 깃발은 유럽의 나라들을, 발밑에 던져진 칼은 무력 대신 서로의 협력을 상징하고 있다.

경제는 프랑스보다 건전해졌다. 독일은 미국에서 현금으로 차관을 들여와 프랑스에 배상하고 프랑스가 그것을 다시 미국에 전시차관의 형식으로 갚도록 하는 방법을 통해 교묘히 중간이득을 보았고 그것으로 새로운 군수 공장을 건설하였다.

　　반면 프랑스는 전승국임에도 불구하고 전쟁으로 막대한 손해를 입었으며, 알자스-로렌을 회복하였지만 여전히 독일로부터 안전하지 못한 상황이었다. 윌슨이 제안한 국제연맹은 유명무실하여 프랑스의 안전을 보장해주지 못하였다. 자구책을 강구하던 프랑스는 푸앵카레의 노력으로 1925년 스위스의 로카르노에서 유럽 7개국과 만나 어떠한 침략에 대해서도 상호 보장한다는 로카르노 조약을 맺었다. 그러나 1936년 3월 히틀러의 라인란트 진주에서 드러나듯이 로카르노 조약은 유명무실한 것이었다.

제2차 세계대전

제2차 세계대전의 발생

독일의 위협은 히틀러가 정권을 장악하면서 더욱 현실적인 것이 되었다. 1936년 히틀러는 베르사유 조약과 로카르노 조약을 무시하고 라인 강 왼쪽 지대에 주둔하였다. 그러나 영국은 국내 자유주의적 여론의 압력을 받아 그것에 적극적으로 대처하지 않았다. 독일과 이탈리아는 더욱 공공연히 전쟁 준비에 몰두하였다.

그들은 1936년에는 스페인 내전에까지 개입해 파시스트 정권을 지원함으로써 유럽을 불안하게 하였다. 영국은 여전히 독일의 요구 몇 가지를 들어준다면 유럽의 평화가 유지될 것이라는 낙관적인 기대를 갖고 있었다. 독일은 이런 상황을 교묘히 이용하여 1938년 3월에 오스트리아, 이어 10월에는 체코를 침략하였다.

1939년 3월 영국은 뮌헨 조약을 맺어 독일이 그때까지 점령한 체코 영토를 인정해주었다. 그러나 독일은 뮌헨 협정을 무시하고 체코의 전 지역을 병합하였다. 결국 영국은 타협 정책을 포기하고 독일의 다음 침공 예상지인 폴란드와 상호 원조조약을 체결

독일군의 파리 입성
1940년 6월14일 프랑
스는 히틀러에 항복했
고, 독일군이 파리에
입성했다.

하였다. 예상대로 독일이 1939년 9월 1일 폴란드를 침공하자 9월 3일 영국이 히틀러에 선전포고를 하였다. 뒤이어 11월 3일 프랑스도 가담하였다.

페탱의 비시 정부

독일은 1940년 5월 10일 중립국인 벨기에와 룩셈부르크, 네덜란드를 침략하고 파죽지세로 파리로 진격하였다. 룩셈부르크와 벨기에를 통과하면 파리를 함락하는 것은 시간 문제였다. 독일의 파리 공격이 임박하자 프랑스 정부는 파리의 파괴를 막기 위해 저항

을 포기하였다. 내각
수반이었던 페탱은
보르도로 후퇴하여
독일에 휴전을 제의
하였다.

1940년 6월 22일
휴전 조약이 체결되
었다. 프랑스는 독일
이 점령한 북부와 대
서양 연안의 점령지

페탱

구와 비시에 자리 잡은 임시 정부의 지배를 받는 남부 자유지구로
양분되었다. 1940년 7월 10일에 소집된 국민의회는 르브룅 대통
령을 해임하고 페탱에게 전권을 위임하였다. 이로써 불안하게 유
지되던 제3공화정이 종말을 고하였다.

페탱은 독재적이고 전체주의적인 국가 체제를 확립하려 했
다. 그는 '일과 가족, 국가'를 새로운 체제의 기초로 설정했다. 그
리고 그것을 실현하기 위해 가부장적이며 권위적인 가치와 대가
족 제도를 장려하는 한편 이혼과 낙태를 금지하였다. 1943년 낙
태론을 주장하는 한 여성이 처형되기도 하였다.

또한 페탱은 제3공화정 시기의 정치가들 중 공산당과 프리메
이슨, 유대인들을 숙청하는데 열을 올렸다. 그 역시 히틀러만큼이
나 반유대주의자였다. 실제 그는 라발과 함께 히틀러 정권을 노골
적으로 지지하고 독일에 막대한 물자를 지원하기도 했다. 이러한
지원을 위해서는 국내의 강압통치와 통제 경제가 필요했기 때문
에 1942년 이후 배급제가 실시되고 임금이 통제되었다.

드골과 레지스탕스

전쟁 중 독일과 페탱 정부에 대항하기 위한 레지스탕스 활동이 점점 성장하였다. 레지스탕스 활동가들의 구성은 프랑스 임시 정부 하의 남부와 독일이 점령한 북부에서 차이를 보였다. 남부의 레지스탕스 활동가들이 주로 엘리트를 중심으로 구성되었다면, 북부의 레지스탕스 활동가들은 보다 광범위한 계층으로 구성되었다.

레지스탕스 활동가들은 연합국을 돕기 위해 그들에게 정보를 보내고 포로들의 탈출을 지원하고, 지하신문을 배포하였다. 뿐만 아니라 군사 및 산업 시설에 대한 직접적인 사보타주를 벌여 연합군의 전쟁 수행에 상당한 도움을 주었다. 실제 노르망디 상륙 작전이 성공한 요인 중에는 레지스탕스 활동가들이 제공한 정보가 중요하게 작용하였다.

* 자유 프랑스 : 이후 '전투하는 프랑스'로 개칭.

드골

레지스탕스 활동가들은 〈라 마르세예즈〉가 아니라 〈인터내셔널가〉를 선택하였다. 그것은 그들이 사회주의를 신봉해서라기보다는 당시 페탱의 임시 정부가 이미 〈라 마르세예즈〉를 국가로 하고 있었기 때문에 그것에 저항하기 위해서라는 이유였다. 레지스탕스 활동 조직은 1942년에서 1943년 사이 전국으로 확대되었고 이 조직을 총체적으로 지도한 사람은 드골De Gaule이었다.

드골은 프랑스의 해방을 위해 영국에서 '자유 프랑스'*라는 단체를 결성하고 영국 라디오 방송을

이야기 프랑스사

연합군 영국 해안에서 노르망디 상륙작전을 준비 중인 연합군.

통해 프랑스 국민의 사기를 고무하였다. 국민으로부터 크게 명성을 획득한 드골은 1943년 영국에 임시 정부를 조직하고 스스로 그 수반이 되었다. 이후 국내에 있는 비시 임시 정부는 이미 국민으로부터 신망을 상실하였기 때문에 드골의 임시 정부가 정통성을 확보하게 되었다.

드골은 국내의 레지스탕스 조직과도 긴밀한 연락을 취하였다. 그는 레지스탕스 평의회를 단순한 군사위원회가 아니라 해방이후 권력을 이양 받을 수 있는 조직으로 성장시키기 위해 노력하였다.

1940년 8월부터 9월까지 독일은 영국에 상륙하기 위해 영국공군에 대한 총공격을 시도했지만 실패하였다. 반면 동유럽과 아프리카에서 독일과 이탈리아가 승리하였다. 독일은 승리의 여세를 몰아 1941년 6월 러시아를 공격하였다. 그리고 그해 12월에 미국에 선전포고하였다. 전쟁 이후 간접적으로 연합국을 지원해오던 미국은 일본의 진주만 공격과 독일의 선전포고로 인해 참전을 결정한 후 독일을 집중적으로 공격하였다.

미국의 참전은 연합국에 유리하게 작용하였다. 1943년 11월 28일 루스벨트와 처칠, 스탈린이 테헤란에 모여 노르망디 상륙작전을 결정하였다. 그 작전의 총사령관에 미국의 아이젠하워 장군이 임명되었다. 마침내 1944년 6월 6일 엄청난 인적, 물적 자원을 앞세워 연합군이 노르망디에 성공적으로 상륙하였다. 그들은 별다른 저항 없이 파죽지세로 진격해 8월 25일 파리를 해방시켰다. 다음날인 8월 26일 드골 장군이 개선문에서 노트르담 대성당까지 개선식을 하였다.

연합군은 파리를 해방시킨 후 빠른 속도로 라인 강을 향해 진격하였다. 소련군도 발칸 반도에서 독일군을 물리쳤다. 서쪽과 동쪽에서 독일 본토를 향해 진격하던 이들 연합군과 소련군은 1945년 4월 엘베 강에서 만나 악수하였다. 양쪽으로부터 공격을 받은 히틀러는 결국 패배를 인정하고 자살하였고, 5월 7일 독일은 무조건 항복하였다.

제2차 세계대전 후 프랑스의 재건

제4공화정의 정치적 혼란
전쟁 기간 동안 국민의 신임을 상실한 비시 정부는 독일의 패망과 함께 1944년 8월 해체되었다. 페탱은 종신형을 선고받고 그의 옆에서 독일을 도와준 라발은 사형에 처해졌다. 그 외에도 전쟁 중독일에 협력한 사람들에 대한 보복이 자행되었다. 무려 3만에서 4만 명이 재판을 받았다. 독일군과 동침한 여성들은 머리가 잘리고옷이 벗겨지는 수모를 당하였다. 그러나 이러한 무차별적인 보복은 공산주의자들이 혁명을 일으킬 수 있는 기회가 될 수 있었다.그래서 드골은 그것을 진정시키기 위해 노력하였다.

드골은 파리가 해방되기 이전인 1943년 알제리에서 레지스탕스 세력을 중심으로 프랑스 국민해방위원회를 조직했고 곧 이어 1944년 6월 2일에는 그것을 프랑스 임시 정부로 개조하여 스스로 수상이 되었다. 페탱의 비시 정부가 해체된 상황에서 드골의임시 정부는 파리가 해방 된 후 파리로 옮겨 프랑스의 정식 임시정부로 확립되었다.

임시 정부 관리하에 제헌의회를 구성하기 위한 국민투표가실시되었다. 투표 결과 공산당과 통일사회당, 가톨릭 계열의 인민공화운동파M. R. P.가 3대 정당이 되었고 급진파와 독립파가 그뒤를 이었다. 가톨릭 정당이 진출할 수있었던 이유는 프랑스 역사상 처음으로 여성들이 투표에 참가함으로써 그들의 지지를 얻을 수 있었기 때문이다.

제헌의회와 드골은처음부터 충돌하였다.공산당과 사회당세력이강한 의회는 주요 산업

여성의 참정권 드골의임시 정부 때부터 여성은 처음으로 투표권을 행사할 수 있게 되었다.

시설의 국유화와 계획 경제에 의해 전후 경제를 재건하려 하였다. 그러나 드골에게 경제를 재건하는 것보다 더 시급한 것은 세계에서 프랑스의 역할과 위대함을 확립하는 것이었고 그를 위해 군사비를 증가시키는 것이었다. 의회의 저항에 부딪힌 드골은 1946년 1월 사퇴하고, 사회당 출신의 구앵Gouin이 그를 계승하였다.

제헌의회가 주도한 첫 번째 헌법 초안은 국민투표에 의해 부결되었다. 1946년 10월 그것을 수정한 두 번째 헌법 초안이 근소한 차이로 통과됨으로써 제4공화정이 탄생하였다. 제4공화정의 헌법은 임기 7년의 대통령, 하원과 참의원으로 구성된 양원제, 내각책임을 규정했다.

제4공화정하에서 구성된 입법의회에서 공산당이 제 일당이 되고 인민공화운동파와 사회당, 좌익연합 등이 그 뒤를 이었다. 1947년 1월에는 사회당의 오리올Auriol이 대통령으로 선출되었다. 이렇게 제4공화정의 윤곽이 잡혀 가는 가운데 사퇴한 드골은 재야에서 프랑스 인민연합을 결성해 헌법 개정 운동을 벌이고 있었다.

뱅상 오리올 대통령하에서 라미디에를 수상으로 인민공화운동파와 공산당, 사회당으로 구성된 제1차 연립내각이 설립되었다. 그러나 곧 공산당이 독자 노선을 폄으로써 연립내각이 와해되었다. 당시 공산당은 종전의 임금 동결 주장을 철회하고 국민들의 요구에 부응해 임금의 인상과 파업에 찬성하고 르노 사의 전국적인 총파업을 지지하였다. 공산당의 지원을 받아 1947년 말 전국 규모의 총파업이 발생하는 등 정국이 매우 혼란스러웠다.

이러한 상황에 직면하여 사회당의 레옹 블룸은 '제3세력'이라는 새로운 당을 결성하였다. 그것은 독재를 거부하는 공화주의자들로 구성된 모임이었지만, 실제로는 매우 다양한 정파의 세력들을 포함하고 있었다. 제3세력은 그럭저럭 위기를 모면하며 1951년 총선거를 맞이했다.

1951년 총선거는 비례대표제에 개인투표제가 가미된 새로운 선거제로 실시되었다. 예상대로 공산당과 좌익연합의 의석수가 상대적으로 감소하고 보수적인 독립파가 새로 의회에 진출하였다. 국민들은 새로운 의회에 많은 것을 기대했지만 의회는 개회하자마자 고질적인 논쟁과 분쟁에 빠져 들었다. 그들은 새 수상 피네가 제의한 과세안을 부결시키고 1953년에 참의원과 함께 베르사유에서 르네 코티Coty를 대통령으로 선출하였다.

논쟁과 분쟁을 거듭하던 의회는 외국의 식민지 문제를 효과적으로 해결할 수 없었다. 해외 식민지를 포함하는 프랑스 제국은 1944년 이래 제국이 아니라 프랑스 연합이라는 이름으로 불려오고 있었다. 프랑스 연합 내의 여러 식민지, 예를 들면 알제리, 튀니지, 모로코, 인도차이나, 라오스, 캄보디아 등은 다양한 통치 방식으로 다스려지고 있었다.

프랑스는 국내 문제를 해결하느라 식민지의 개혁 기회를 놓쳐 버렸다. 그러는 동안 식민지 내에 불만의 소리가 커지고 독립을 향한 운동이 증가했다. 북아프리카에서 민족주의적인 아랍 연맹이 결성되면서 반프랑스 감정이 확산되었고 인도차이나 전쟁은 성과 없이 계속되고 있었다.

인도차이나 문제를 적시에 해결하지 못한 이유로 라니엘 내각이 물러가고 결단력 있는 망데스-프랑스Mendés-France가 새 수상이되었다. 그는 제네바 회의에 인도차이나 문제를 평화적으로 종결짓고 튀니지의 내정 독립을 허용함으로써 식민지 문제를 해결하였다. 그러나 알제리 문제가 점점 복잡해지는 상황에서 그는 1955

푸자디스트 당의 선거 포스터 서점주인이었던 피에르 푸자드가 만들었다.

년 의회의 신임을 얻지 못하고 실각하였다.

그의 후임으로 에드가 포르가 새 수상이 되었고 1956년 1월 총선거가 실시되었다. 이 선거를 통해 공산당, 사회당과 망데스-프랑스파가 결집한 공화전선, 수상 포르파, 사회주의 공화당 그리고 처음으로 의회에 진출한 푸자디스트 당Poujadists이 의회에 진출하였다. 생-케레의 한 서점주가 지도하는 푸자디스트 당은 소매업자와 수공업자들의 지지를 받아 구성되었다. 그들은 처음에는 주로 납세 거부 운동을 벌였지만 점점 과격하고 선동적인 선거 운동을 시작해 의회에서 52석을 차지하였다. 그런데 이 의회는 정국의 혼란을 더욱 가중시킬 요인을 포함하고 있었다. 왜냐하면 반정부 세력인 공산당과 푸자디스트 당을 합하면 의회 과반수를 넘기 때문에 정부의 정책 수행이 더욱 어려워지게 되었기 때문이다. 이 상황에서 소수 사회당의 기몰레가 내각을 조직해 위급한 문제를 해결하며 간신히 1년을 넘길 수 있었다.

기몰레는 모로코와 튀니지에 완전한 독립을 부여함으로써 식민지 문제를 해결하였다. 그러나 알제리의 문제는 훨씬 복잡하였다. 알제리에는 프랑스 거류민이 많이 살고 있는데다가 프랑스의 협상단체인 국민해방전선F.L.N.이 프랑스 거류민의 재산권을 보장해주지 않고 있었기 때문이다. 결국 기몰레는 전쟁을 결심하고 알제리에 병력을 파견하였다.

지속되어 온 유럽연합 문제를 논의하던 중 기몰레 내각이 물러나고 부르제-모누리가 수상이 되었다가 다시 페릭스 가일라르로 교체되었다. 이러한 내각 불안정과 정국의 혼란은 제4공화정의 헌법하에서는 필연적인 것이었다. 왜냐하면 여러 정파가 장악한 의회가 늘 분열과 논쟁을 거듭하는 상황에서 그들에 의해 좌우되는 내각이 안정을 찾는 것은 불가능하기 때문이다. 따라서 연립내각의 불안정성을 경험한 국민들은 점차 헌법 개정의 필요성을 느끼게 되었고 그 결과 헌법 개정 운동을 벌이고 있는 드골에 주목하게 되었다.

1958년 당시 드골은 정치적 불안을 해결해줄 유일한 사람으로 인식되었다. 그러나 드골은 합법적 절차에 의거하지 않고는 정권을 인수하지 않겠다고 주장하였다. 그의 주장대로 드골은 우선 내각을 조직한 후 의회의 승인을 거쳐 수상으로 취임하였다.

그 후 그는 의회를 휴회하고 새 헌법의 초안을 작성하는 일에 착수하였다. 새 헌법은 대통령에게 의회해산권과 국민투표권을 부여하는 강력한 대통령 중심제였다. 1958년 9월 28일 새 헌법이 국민들의 압도적인 지지로 승인되었고, 제5공화정이 탄생하였다. 11월 말에 실시된 의원 선거에서 드골을 지지하는 정당이 절대다수를 차지하였다. 의회의 지지까지 확보한 드골은 12월 21일 프랑스 제5공화국과 프랑스 연합의 대통령으로 7년간의 임기를 시작하였다.

드골의 제5공화정

드골은 1962년 알제리의 독립을 인정함으로써 알제리 문제를 해결하였다. 그러한 해결책은 알제리의 프랑스 거류민의 불만을 샀지만 드골은 그들을 프랑스로 귀환시켜 정착시킴으로써 문제를 해결하였다. 1950년대에서 1960년대까지 약 130만 명의 사람들이 모로코와 튀니지, 알제리로부터 프랑스로 귀환하였는데, 이들은 한동안 피에 누아르(검은 발)라고 불리기도 하였다. 이후 프랑스의 식민지는 크게 두 부류로 나뉘었는데 하나는 프랑스 의회에 대표를 보내고 프랑스 국적을 부여받는 영토DOMS였고, 다른 하나는 그보다 낮은 지위로 정치적 권리만 부여받는 영토TOMS였다.

드골이 이룩한 가장 큰 업적은 정치적 안정을 확보한 것이었다. 그는 강력한 대통령 중심제를 기반으로 정책을 효율적으로 운영해 전후 계속된 정치적 불안정을 종식시켰다. 그것을 기반으로

드골과 퐁피두

산업 구조를 고도화하는 경제개혁을 단행했으며 핵무기 개발에도 착수해 1960년 최초로 핵실험을 실시하였다. 그리고 그는 미국에 편승하지 않는 독자적인 외교정책을 수행하였는데, 1964년 공산 국가인 중공을 승인한 것은 그 대표적인 예이다.

드골 통치의 최대 위기는 1968년 5월 혁명이었다. 정치와는 달리 프랑스 경제는 1945년 이래 지속적인 성장을 거듭하였다. 경제적 성장으로 인해 소비가 급격하게 증가하였고 노동자들의 생활도 향상되었다. 1956년에 도입된 연간 3주간의 유급휴가제로 인해 새로운 여가 문화가 창출되었고 주말 휴가도 대중화되었다. 그러나 이런 경제 성장의 결실은 프랑스의 남부와 서부 지역, 이민 노동자들이 거주하는 파리 변두리의 판자촌에까지 미치지는 못하였다.

경제 성장의 또 다른 여파로 사회 전반에 소비주의와 물질주의, 지나친 상품화가 만연하였다. 1950년대부터 이러한 경향에 대한 비판과 자성의 목소리가 지식인을 중심으로 점차 나타나기 시작했다. 그들은 부조리 연극이나 누보 로망, 누벨 바그를 통해 일상생활의 인습을 강하게 비판하였다. 이러한 비판적 지식인의 활동은 1968년 5월 혁명이 일어나게 된 원인 중의 하나였다.

5월 혁명은 파리 근교의 낭테르 대학의 학내 시위에서 시작되었다. 학생들의 영향을 받아 파리에 바리케이드가 세워지고 전국의 노동자들이 파업으로 동참하였다. 당시 학생과 지식인, 노동자들은 정치적 안정화 과정에서 신격화된 드골의 독재적 권력과 정치적 야합으로 얼룩진 정당 정치를 비판하였다. 그리고 베이비붐 시대에 증가한 학생 수를 감당하지 못하는 대학의 형편없는 시설과 노동자들의 열악한 노동 조건도 함께 비판의 대상이 되었다. 5월 혁명은 거리에 바리케이드가 세워지긴 했지만 지식인과 학생, 노동자들이 정치적, 사회적 요구를 하며 벌인 축제이자 연회이기도 하였다.

드골은 5월 혁명에 직면해 노련한 정치 수완을 발휘하여 총선거를 제안하였다. 그의 예상대로 6월 말에 실시된 총선거에서 우익이 승리함으로써 5월 혁명은 용두사미로 끝이 났다.

그러나 장기적인 측면에서 5월 혁명이 사상사와 운동사에 끼친 영향은 과소평가할 수 없다. 5월 혁명으로 인해 포스트모더니즘이 등장하였고 여성 운동과 녹색 운동, 동성애 운동 등과 같은 새로운 시민운동이 발전하였으며 그로 인해 새로운 정치 문화가 형성되었기 때문이다.

드골은 1968년 6월 총선거에 의해 5월 혁명의 위기를 모면했지만, 1969년 4월 상원과 지방 제도의 개혁을 골자로 한 그의 개혁안이 국민투표에서 거절되었다. 그 투표를 자신의 신임여부를 보여주는 것으로 생각했던 드골은 투표의 결과에 책임을 지고 사임하였고, 이듬 해 사망하였다.

미테랑의 사회주의 정책

드골의 후임으로 1969년 6월 드골주의자 조르주 퐁피두Pompidou가 대통령이 되었다. 퐁피두는 드골 체제를 계승하며 최소한의 개혁만을 하였다. 그는 독자적인 외교 정책을 유지하였으며 지방 발전을 위해 툴루즈의 항공 산업과 마르세유의 정유 산업을 육성하였다. 그리고 또한 그는 파리의 도시 개발에 많은 관심을 가져 라 데팡스와 몽파르나스를 건설하였고, 1977년에는 보부르 센터를 설계하였다. 보부르 센터는 이후 그의 이름을 따서 퐁피두 센터로 개칭되었다.

풍피두가 암으로 사
망한 후 1974년 5월 발레
리 지스카르 데스탱D' Estaing
이 대통령이 되었다. 그가
집권한 1974년에 오일 쇼
크로 인해 경제가 후퇴하
였다. 그 여파로 그는

미테랑

1981년 대통령 선거에서 미테랑Mitterrand에게 패배하였다.

미테랑은 1981년에서 1993년까지 장기 집권하였다. 드골보
다 1년을 더 집권한 셈이다. 그는 사회당의 당수로 정치 이념은
드골과 달랐지만 드골 체제를 유지하였고 그 결과 우파들의 지지
도 확보하였다.

미테랑은 제5공화정을 신격화하기 위해 '역사와 사회적 기
억'을 강조하였다. 역사적 기억들을 통해 제5공화국의 정통성을
확보하고 권위를 더욱 강화하고자 했던 것이다. 그 일환으로 그는
프랑스 대혁명의 상징인 바스티유 광장에서 사회당의 승리를 기
념하는 의식을 거행하였으며, 팡테옹을 방문해 1848년의 혁명가
인 빅토르 쉘세르, 사회주의자 장 조레스, 레지스탕스 활동가 장
물랭을 기념하였다. 그리고 지스카르 대통령 시기의 장송곡풍의
〈라 마르세예즈〉를 다시 당당한 군가풍으로 돌려놓았다. 이러한
시도를 통해 그는 공화주의적인 역사를 상기시키고 그것을 기반
으로 급진적이고 사회주의적인 전통을 확립하려 하였다.

사회주의자인 미테랑은 각종 사회주의 입법을 단행했다. 그
는 사형 제도를 폐지하고 법원의 치안 권한을 축소시켰으며 지방

자치권의 폭을 확대하였다. 또한 노동자의 상황을 개선하기 위해 1982년 오루Auroux법을 통과시켜 노동자 교섭권의 강화, 임금 상승, 가족수당 지급, 주거 보조금, 노령연금 등을 실시했을 뿐만 아니라 주당 노동시간을 39시간으로 축소하고 매년 5주간의 유급휴가를 지급하였다. 노동자에게 이런 막대한 혜택을 부여하기 위해서는 많은 재원이 필요하였는데 그것은 부유세와 고용주의 세율을 증가시킴으로써 해결하였다. 그리고 미테랑은 경제적으로는 케인즈주의를 추구해 국영 기업을 증가시키고 국가의 경제적 권력을 확대하였다.

그러나 1983년부터 미테랑 정부가 추진한 개혁의 부정적인 측면들이 나타났다. 프랑화의 강세로 수출이 줄고 인플레이션과 실업이 증가하였다. 정부는 서둘러 임금과 물가를 동결하고 공공 지출을 축소하는 등 디플레이션 정책으로 전환하였다. 1984년 가톨릭계 교육 기관에 대해 국가의 통제를 강화하려는 사보리Savory 법은 우파의 거센 저항을 일으켰다. 결국 이러한 과정에서 미테랑 정부의 신임도가 추락하였다. 그것을 반영하듯 미테랑 정부는 1984년 유럽의회 선거에서 이민을 반대하고 반유대주의를 주장하는 장-마리 르펭의 국민전선에 패배하였다.

미테랑의 정책이 실패하고 그의 인기가 추락하였음에도 불구하고 1988년의 대통령 선거는 그에게 유리하게 작용하였다. 시라크와 르펭의 인가가 하락하면서 미테랑이 반사이익을 본 것이다. 미테랑은 '단결된 프랑스'라는 모토를 내걸어 또다시 대통령 선거에서 승리하였다.

미테랑은 대통령이 되자마자 자신에 비판적인 의회를 해산하고 총선거를 실시하였는데 거기서 사회당이 다수를 차지하였다.

이후 그는 신중한 정책을 추진했지만 계속되는 경제적 침체로 인해 1993년 선거에서 패배하였다. 이처럼 그와 사회당의 몰락은 경제적 침체 때문이기도 했지만, 5월 혁명 이후의 일련의 변화에 적응하지 못한 데도 그 원인이 있었다.

1968년 5월 혁명 이후 새로운 정치 문화가 자리 잡았다. 좌우의 이데올로기를 넘어서 새로운 정치 운동들이 등장하였다. 예를 들어 자신들의 정체성을 찾고자 하는 이민자들과 여성들, 동성애자들의 목소리가 커지고 그들에 의해 페미니즘 운동이나 동성애자 운동이 본격화되었다. 이 외에도 지역의 다양성을 추구하는 지역주의 운동이 등장하였고 무엇보다 생태주의 운동이 급성장하여 이데올로기에 싫증난 좌파 지식인들을 끌어들였다.

이처럼 5월 혁명 이후 좌파 지식인들은 자본주의도 아니고 사회주의도 아닌 제3의 길을 통해 새로운 사회를 모색하고 있었다. 그런데 당시 좌파 정당인 사회당은 이러한 지식인의 변화를 읽어내지 못했다. 그러한 변화에 맞는 정책을 추진하지 못한 것이 사회당 몰락의 중요한 원인 중의 하나였다.

20세기 프랑스 문화

제1차 대전 전후의 문화

입체파 | 19세기 말 인상파 미술을 이어받아 20세기 초에는 야수파와 입체파 미술이 등장하였다. 강렬한 색깔의 대비를 강조하는

아비뇽의 여인들

야수파가 '색채의 혁명'이었다면 입체파는 '형태의 혁명'이라고 할 수 있다. 입체파는 기존의 물체의 모양을 분석하고 해부하여 새롭게 구성한 것이 그 특징이다.

입체파의 대가는 피카소와 브라크 등이다.

피카소는 스페인 태생이지만 1904년 이래 프랑스의 파리 몽마르트와 남프랑스 일대에 머물면서 작품 활동을 하였다. 1907년 제작한 〈아비뇽의 여인들〉은 입체파를 창시한 작품으로 알려져 있다. 피카소 미술관은 그의 고향인 스페인 외에도 프랑스 파리와 앙티브에 소재해 있다.

다다이즘과 초현실주의 │ 제1차 대전 이후 흔히 전위 예술이라고 불리는 아방가르드 예술이 등장하였다. 그 중의 하나가 전후의 절망과 파괴 정신을 담아낸 다다이즘이다. 뒤샹의 〈계단을 내려오는 나체 No.2〉와 〈신부〉, 〈샘〉 등은 다다이즘의 정신을 담아 낸 대표적인 작품들이다.

전후 세대의 불안과 분노를 표현하기 위해 꿈과 환상을 주로 사용하는 초현실주의 역시 이 시대에 등장하였다. 초현실주의는 다다이즘에 기원을 두고 있으나 단순히 부정적이고 파괴적인 다다이즘의 한계를 뛰어넘어 적극적이고 창조적인 태도를 취하였다. 그들은 근대가 쌓아올린 합리성과 부르주아 윤리에 대해 비판하였다. 다다이즘의 영향을 받아서 브르통과 아라공, 엘뤼아르 등이 초현실주의 시를 주창하였고, 소설에서는 프루스트의 〈잃어버린 시간을 찾아서〉가 대표적인 초현실주의 작품이다.

연극과 영화 | 이 시대의 전위적 연극 역시 전쟁의 영향을 받아 그로테스크와 판토마임, 잔혹극, 쇼크 등의 특징을 가지는데, 코포와 콕토가 대표자들이다. 특히 콕토는 연극만이 아니라 시와 소설, 영화에 이르기까지 다양한 재능을 보여준 만능인이었다. 아르토는 마술과 제의에 기초를 두고 있는 인간에 잠재된 잔혹성과 선정성을 보여준 잔혹극을 발전시켰다.

영화 역시 전위예술의 영향을 받아 새로운 시도를 하였다. 이런 시도의 결과로 나타난 것이 스토리와 스타 중심의 영화를 비판하고 영화의 이미지 자체를 중시한 순수 영화였다. 대표적인 순수 영화로는 레제의 〈발레 메커닉〉과 클레르의 〈막간〉 등이 있다.

제2차 세계대전 전후의 문화

20세기 중엽 프랑스에서 가장 발달한 사조는 실존주의였다. 실존주의는 어떤 것의 일반적 본성과 본질보다는 개별자로서의 그 존재 자체를 강조하였다. 실존주의에는 유신론적 실존주의와 무신론적 실존주의가 있는데, 프랑스의 대표적인 실존주의자인 사르트르는 후자를 대표한다. 그는 인간의 본질을 결정하는 신은 존재하지 않는다고 주장하고 인간 자신의 자각과 자유를 강조하였다. 젊은 시절에 보부아르와 계약 결혼을 하기도 했던 그는 독일에 가서 후설의 현상학을 공부한 후 실존주의를 체계화하였다. 그 후

카뮈

그는 실존주의 소설 〈구토〉와 인간의 의식과 자유를 강조한 철학서 〈존재와 무〉를 발표하였다. 이후 그는 마르크스주의에 매료되어 1950년대에는 공산당에 입당하는 등 활발한 정치 활동을 하기도 하였다.

사르트르와 함께 프랑스 실존주의의 쌍벽을 이룬 인물이 카뮈였다. 그는 알제리에서 태어나 가난한 어린 시절을 보냈으며 자라서는 공산당에 입당하였고 연극 활동도 활발히 하였다. 그러다가 전쟁 중인 1942년에 소설 〈이방인〉과 에세이집 〈시지프의 신화〉를 발표하였고, 전쟁이 끝난 후 1946년에는 장편 소설 〈페스트〉를 발표하여 큰 반향을 일으켰다.

1950년대에 프루스트나 사르트르, 카뮈의 선구적인 시도를 더욱 밀고 나가 전통적인 리얼리즘 소설을 파괴하는 실험적인 소설이 등장하였는데 그것이 누보로망nouveau roman이다. 뷔토르와 사로트, 시몽 등이 그 대표자들이다.

연극에서는 카프카의 영향을 받아 스트린드베리와 자리Jarry를 선두로 부조리극이 등장하였다. 그들은 세계의 부조리와 존재의 무상성을 강조하였다. 사르트르의 〈파리떼〉(1943년)과 카뮈의 〈칼리굴라〉(1944년)를 비롯해 베케트의 〈고도를 기다리며〉(1953년)와

이오네스코의 〈대머리 여가수〉(1950년) 등이 여기에 해당된다.

제2차 세계대전 후 영화계에서도 새로운 변화가 있었다. 1950년대 등장한 젊은 영화인들의 새롭고 참신한 시도를 누벨 바그Nouvelle vague라고 하는데, 고다르의 〈멋대로 해라〉가 대표적이다. 그는 즉흥 연출과 영상과 음악의 괴리, 픽션과 논픽션의 융합 등 기존의 영화 기법을 무시하는 파격적인 기술을 구사하여 주목을 받았다. 그 외에도 트뤼포와 샤브롤, 로메 등도 누벨 바그의 대표적인 영화인들이다.

실존주의를 비롯한 누보 로망과 부조리극, 누벨 바그 등은 제2차 대전 이후 사회를 바라보는 비판적이고 새로운 시각을 제시하였다. 1950년대의 그러한 문화 조류는 1960년대를 거치면서 5월 혁명을 이끌어내는 견인차 역할을 하였다. 그리고 5월 혁명은 겪은 이후의 프랑스 문화계는 또 다른 변화를 꿈꾸고 있다.

찾아보기

아